Biography of
Song Ailing

宋蔼龄
全传

孙 琳 著

团结出版社

图书在版编目（CIP）数据

　　宋蔼龄全传 / 孙琳著. -- 北京 ：团结出版社，
2019.11
　　ISBN 978-7-5126-6620-7

　　Ⅰ．①宋… Ⅱ．①孙… Ⅲ．①宋蔼龄（1890-1973）
－传记 Ⅳ．①K827=7

　　中国版本图书馆 CIP 数据核字 (2018) 第 210226 号

出　版：团结出版社
　　　　（北京市东城区东皇城根南街 84 号　邮编：100006）
电　话：(010) 65228880　65244790　（出版社）
　　　　(010) 65238766　85113874　65133603（发行部）
　　　　(010) 65133603（邮购）
网　址：http://www.tjpress.com
E-mail：zb65244790@vip.163.com
　　　　fx65133603@163.com（发行部邮购）
经　销：全国新华书店
印　装：三河市东方印刷有限公司

开　本：170mm×240mm　　16 开
印　张：17
字　数：280 千字
印　数：5045
版　次：2019 年 11 月　第 1 版
印　次：2019 年 11 月　第 1 次印刷

书　号：978-7-5126-6620-7
定　价：58.00 元

宋蔼龄 全传

Biography of Song Ailing

前言

宋家神话的创造者

如果说，宋庆龄是20世纪30年代的政治舞台上的佼佼者，那么，她的大姐宋蔼龄就是躲在弟弟妹妹身后，策划和操纵国家大计的垂帘者，是宋氏家族崛起的真正领袖。以至于她去世40多年来，她的魅力和气质仍然令人回味和津津乐道。作为一位女强人，她不是水中月，也不是镜中花，而是在如烟的岁月里，追逐着权力和成就财富，给宋氏家族戴上了巨大的光环，成为引人注目并颇具影响的政治人物和金融家。追寻她踏遍千山、纵情天下、天高海阔、从容老去、无限传奇的一生。

宋蔼龄

《纽约时报》在她享尽85岁年华去世的时候，这样形容她："这个世界上一个令人感兴趣的、掠夺成性的居民昨天在一片缄默的气氛中辞世了。这是一位在金融上取得巨大成就的妇女，是世界上少有的靠自己的精明手段敛财的最有钱的妇女，是介绍宋美龄和蒋介石结婚的媒人，是宋家神话的创造者，是使'宋家王朝'掌权的设计者。"

是什么让她在中国民国政坛上叱咤风云？是什么让她具有这么强大的公众影响力？又是什么让她在风光无限的同时集各种矛盾于一身？

宋蔼龄出生在江苏昆山的商人家庭，在宁静的朝飞暮卷，雨丝风片环境里，一点点长大，她的内心日渐丰盈。

1904年5月28日，14岁的宋蔼龄漂洋过海，抵达美国，进入佐治亚州梅肯市卫斯理安女子学院就读，很快，她适应了异域学校的生活，聪明的她，学习成绩的优秀，加之沉稳、温婉、刚柔互济、游刃有余的性格，她很快成为引人注目的人物；留学生涯，让她的梦想插上了飞翔的翅膀，生命的张力静若处子、动若脱兔，从此，拥有了更加强烈的个人魅力。

1905 年，宋蔼龄的姨父温秉忠出席美国第 26 届总统西奥多·罗斯福在白宫举行的宴会，她竟然敢和美国总统叫板，并欣然接受其道歉，可以想象她内心的坚韧和刚强，让她如此的大胆和勇敢。

1910 年，宋蔼龄以优异的成绩，完成了她在卫斯理安学院的全部课程并取得毕业证书，毕业后回国即投身了革命，她曾任孙中山的秘书，和孙中山一起到全国各地勘察，参与制订营建 20 万里铁路的计划。"二次革命"失败后，她依然追随孙中山，与父亲宋嘉树同去日本，仍任孙的秘书。这段日子，精通五种语言的她，热情洋溢、典雅脱俗、执着、坚定、智慧，在岁月的长风里，脚步匆匆，沉淀着生命的一份厚重。

1914 年，宋蔼龄和孔祥熙在日本横滨结婚，然后，随丈夫回故里省亲，在山西经营家业，帮助丈夫主持铭贤学校事务。这时的她，依然渴望着远方，仿佛听见了风啸、雪崩，看见了群鸟逃遁。她的心，意志雀跃。

抗日战争时期，她与妹妹庆龄、美龄共同参加抗日活动，积极支持中国工业合作协会，组织妇女指导委员会，创办全国儿童福利会，担任香港"伤兵之友协会"的会长，直到 1947 年移往美国定居。

宋蔼龄以精明、厉害著称，连蒋介石也畏她三分。蒋介石的侄孙兼副官蒋孝镇说："委座之病，惟夫人可医；夫人之病，惟孔可医；孔之病，无人可治。"

宋蔼龄的一生，总是与传奇和神话联系在一起，两面性的处事方式，既显示了人性的复杂性，也让她的故事扑朔迷离。她曾与其夫君官商勾结，套取官股红利，一夜暴富。有时，她却也深晓大义。对日抗战，她倾财解囊，当仁不让。她的慷慨曾让伤兵、孤儿落泪。宋蔼龄坐拥亿万家财，弄权玩谋，丝毫不在妹妹宋美龄之下。她策划"蒋宋联姻"，游说"四大家族"，将其夫君推至"行政院院长"的宝座，无不表现出她精明过人之处。因此，民国政权有"红楼王熙凤，民国宋蔼龄"之说。

宋蔼龄在'宋家王朝'之中，起到了不可低估的作用，她首先成为孙中山的秘书，辞职后，介绍妹妹庆龄接替工作，而宋美龄与蒋介石的婚事，在宋家的一片反对声中，却在宋蔼龄的竭力支持与撮合下，得以"玉"成其事。"蒋宋联姻"，给民国历史添了不可忽视的一笔。

宋蔼龄的内心，始终有个力量在支撑着她，她让自己的生命之花按照自己的方式开放，她的眼神在黑白分明中透露出隐隐的锋芒，在奔流不息的生命长河里，保持一份对权力和金钱一如既往的热情。

她是宋家神话的创造者。

本书沿着宋蔼龄的人生轨迹，去挖掘宋氏家族神话的创造者的那些值得玩味、值得深思、值得借鉴的独立自主的人生，揭示她的命运，相信对读者会有启发。

孙琳

于 2016 年 11 月 22 日葫芦岛陋室

CONTENTS · **目 录**

第十章　不动声色的大手笔

第十一章　生命里值得留下篇章

第十二章　将乱世风景尽收眼底

第十三章　留在大陆的最后时光

第十四章　异域仍旧风光无限

第十五章　花落独飘零

宋蔼龄 全传

· Biography of Song Ailing ·

第一章

宋家有女初长成

宋蔼龄从小就霸道、贪婪，桀骜不驯。

她本是客家女儿，韩姓相门之后，祖先的辉煌，父亲的影响，对于她的性格魅力的形成，起到了决定的作用。

那么，她一生的际遇，又是谁策划的呢？

宋家有女初长成。

儿时的坚韧，让她五岁就离开父母独立学习、生活，以至于逐渐成长为具有坚强性格的女人。她的毅力非常人能比。

这样有毅力的孩子，从没见过

1889年7月15日，宋蔼龄在上海虹口新建的宋宅出生。

这一天，天气格外炎热，闷闷的让人透不过气来，只有树上的蝉一声声不厌其烦地鸣叫着，和刚刚呱呱坠地的孩子哭声，组合成了一曲动人的音乐，恰似响亮的歌唱，使新落成的宋家宅院一下子充满了生气。传教士宋嘉树（查理）望着自家雕花的门窗，绘画的照壁，高挑的屋檐，心满意足。他知道，这些旧时代的言语，总被崭新的阳光照亮和抚摸，而自己的女儿，会牵着夜的灯光，踩着无声的召唤，一直朝前走去。

这一年的大清王朝走过了盛世岁月，蹒跚着进入黯淡、迅速销蚀的暮年。面临着中国积贫积弱，列强入侵，割地赔款，康熙、雍正时代史诗般的基业被蚕食、掏空。此时光绪皇帝，面对王朝残局，恋恋不舍地回眸大清曾经耀眼的辉煌，勉强维持着大清王朝最后的威严。

"庭院深深深几许"？此时的宋嘉树也许不会想到，自己怀抱里的女儿，将在推翻帝制的革命中，成为反清的革命志士，在民国的政坛上，具有一定政治影响；更没有想到她会在金融上取得巨大成就，成为世界上少有的靠自己的精明手段敛财的最有钱的女人，成为"宋家王朝"掌权的设计者，与宋家神话的创造者。有风轻轻拂来，他低下头，无限爱怜地仔细端详怀里的孩子，她胖嘟嘟的脸蛋红润润的，小小的嘴角翘弯弯的，舞动着的小胳膊浑圆有力，煞是可爱。宋嘉树的眼里暗暗浮动着喜悦，突然想到，女儿是宝瓶星座，日后必然大有成就，自己一定要好好地培养她。

漫长的岁月证明，父亲宋嘉树的许多品质，造就了他的女儿宋蔼龄，他的传奇经历提供了蔼龄成长的营养素。

宋嘉树给刚出生的女儿起名叫爱琳，以示他敬重、热爱美国总统林肯。他还给女儿起了个洋名叫南希。小爱琳一天天成长起来，开始了她风风火火的生命历程。她不同于一般女孩的温柔腼腆，逐渐显露出自命不凡、桀骜不驯、喜欢发号施令而不愿意服从别人的独特个性。随着弟弟妹妹们相继出生，宋蔼龄表现出了大姐姐的风范，更显示出办事专心致志、虑事周全、富有心计以及善于组织领导的卓越才能，小大人一样带着弟弟妹妹们玩耍。

中国有句俗话，三岁知十岁，十岁看到老。宋蔼龄从小就是个性格独特的孩子。她勇敢，好斗，活泼爱动，却又是个乖乖女。还是个孩子的她，故意放着大门不走，而爬上院墙再翻下来，男孩一样的顽皮，常常吓得母亲倪桂珍心惊肉跳；她喜欢到大自然中寻找乐趣，跑到农民的稻田里，抓小鱼、捉青蛙、踩倒大片的庄稼，到农家庭院附近的果树上偷摘未熟的青果，农家心疼地里的果实，无奈找宋嘉树告状，他对女儿的淘气和顽皮哭笑不得，又欣赏和放纵她，戏谑地给女儿起了个外号——"撒旦小羔羊"。在所有的孩子中，宋蔼龄和父亲在一起的时间最长，受父亲的影响最大。父女两人志趣相投，常常一起唱歌，她跟父亲学了不少的美国歌曲，那是父亲辗转北卡罗来纳州和田纳西州时学会的歌曲。

宋蔼龄的成长就像美国乡村音乐里唱的那样："比树古老，比山年轻，成长如微风。"

宋蔼龄2岁的时候，有一天，她正跟着身为传教士的父亲在家里玩耍，忽然"哐当"一声，窗户上的玻璃被从外面飞来的一块砖头打碎了，这显然是受人指使的暴徒在威胁父亲。父亲还没反应过来，宋蔼龄已把手中的布娃娃用力抛向了窗户，查理被她及时的反击行为逗乐了，十分赞赏女儿类似自己的斗士天性。

宋嘉树长期在美国生活，喜欢吃西餐，夫人倪桂珍不得不学做西餐，并成为出色的西餐厨师，她常把子女召集起来，向她们传授美式烹调的奇特花样，文静的二女儿宋庆龄和活泼的小女儿美龄在母亲手把手的传授下，有了不错的厨艺，当她们成为"第一夫人"后，会在重要客人来家做客时，亲自下厨，做几样精致的食品招待客人。唯独宋蔼龄不爱厨艺，当母亲教她时，她不耐烦地站在那里，心不在焉地弄出些事故来，不是碰翻了盆子，就是烫了手，几年过去了，她一技无成。

刺绣是中国女孩的必修课，倪桂珍给女儿们请了位刺绣师，宋蔼龄却不喜欢，她认为半天绣一个花边的工作沉闷无聊，想尽办法戏弄羞辱刺绣师，刺绣师忍无可忍，跑去找倪桂珍告状，宋蔼龄被母亲体罚，刚好父亲宋嘉树赶回了家，他对夫人说，刺绣不学也罢，需要时买不就行了。让孩子们利用时间多学点文化知识岂不更好？从此，母亲不再逼她学刺绣。成年后，宋蔼龄还不时炫耀自己的胜利。

小爱琳生性活泼好动，却出奇地酷爱学习。小爱琳5岁时，父亲多次带她到教堂做礼拜，让她初步了解教会与教堂，而后又带她去教会学校。没想到小爱琳特别喜欢这所教会学校，她坚决要求上学。宋嘉树听了女儿的要求，望着她晶亮的渴望的眼眸，非常高兴。倪桂珍却担心孩子太小，不适应学校的生活，宋嘉树耐心地说服了夫人，郑重其事地领着小爱琳去见马克谛耶女子学校的校长。

宋蔼龄跟着父亲去上学，一路上背着妈妈给她做的新书包，蹦蹦跳跳，格外高兴。

马克谛耶女子学校又称"女塾"，位于上海汉口路，是外国教会1890年3月在中国开办的第一所收费女子学校，是专门为外国小姐和上海的上流社会子女开设的寄宿学校。学校根据美国教会办学的宗旨和教育内容，培养亦中亦西的通才。除语文外，一律用英语教学，甚至连中国的历史和地理课本也是由美国人编写并在美国出版的，而且还由美国教师讲授。

校长室里，宋蔼龄站在父亲的身边，一双亮晶晶的眼睛打量着屋子里一切，目光里流露出新奇和希望。海伦校长好奇地打量着这个身穿花格呢上衣和绿裤子、梳着两根朝天辫的中国小姑娘，用英语半开玩笑地问道："学校可不是捉迷藏的地方，你真的想上学吗？"小爱琳很坚定地点了点头，用英语执拗地答道："想上学胜过一切。"海伦校长愣了愣，真想不到一个5岁的孩子竟能这么准确地表达自己的愿望，那一脸的庄重，让人无法怀疑也无法忽视。她被小爱琳感动了。她亲切地与这个中国小姑娘交谈起来，交谈后海伦校长才发现，这个小女孩比一般的孩子早熟，她知道的东西远远超过了同龄孩子所掌握的范围。于是，海伦校长破例同意了小爱琳的要求，让她入学试读，以"特殊学生"的身份对待。

宋蔼龄就是这样，在5岁的时候，开始了独立的学习生活。

马克谛耶女子学校，为她日后成为宋家神话的缔造者，奠定文化知识基础，也是她果敢要强的性格形成的摇篮。

初秋的时候，学校开学了。上学的前夜，母亲倪桂珍把小爱琳上学需要的用品和书籍都装进父亲为她制作的箱子里，宋蔼龄欣喜若狂，可当她看见箱子未装满时，大失所望地噘起嘴巴，无奈，母亲只好把根本用不着的冬天的棉衣装了进去，看着装得满满的箱子，她才露出满足的笑容，母亲把一篮子美食交给父亲带着，小蔼龄看见里面有鲍泽牌黄油硬糖和黑色巧克力，一把夺过来抱在怀里，不再撒手。

宋蔼龄拉着父亲宋嘉树的衣襟来到学校。

一进校门，她的眼睛就不够用了，她乖乖地歪着头观察着学校的一切，静谧的教学楼在一片绿荫中伫立，教室里的黑板和讲台，还有学生们的课桌，都让她感到惊奇。她的小心脏在朗朗的读书声中，怦怦地跳着，激动让她的小脸红扑扑的。当父亲为她办好了一切手续，就要离去的时候，孤独和陌生感突然袭上心头，她扑上去紧紧搂住了父亲的脖子，伤心地哭了。

宋嘉树心里涌起一阵难过一阵不舍的浪潮，女儿才5岁，就要离开父母独立生活和学习了，他怎么舍得？对于女儿爱琳来说，她不仅要过学习关，还要过生活关。一切都得靠她自己了，宋嘉树为她擦去脸上的泪花，无数遍地叮嘱，小爱琳乖乖地点头，他一步三回头地离去。

别看宋蔼龄小，她的自制能力还是很强的。小小的她懂得如何生存下去，比如，吃饭的时候同学们你争我抢，偏偏小爱琳个子太矮且胳膊太短，够不着饭桌中央的饭菜，吃得又慢，所以饿肚子是经常的事，她硬是挺着不说饿；又比如，到了晚上熄灯后，同室年龄大的女生都去上晚自习了，屋子里一片漆黑，她独自一人躺在被窝里，孤独和害怕袭来，曾听过的鬼怪故事，在脑海里作怪，她害怕得睡不着觉，越睡不着就越害怕。每当这个时候，她总是咬牙坚持，有时睁着双眼静候天亮。海伦校长知道后，情不自禁地称赞说："这样有毅力的孩子，从没见过。"

为了减轻她想家的压力，学校专门派理查森小姐给她上课，有一次她念一首美国儿歌："有个小姑娘，漂亮又聪明，一束长卷发，留在头中央。"念完，理查森小姐问她："小姑娘是谁？"宋蔼龄总是奶声奶气地回答："当然是我。"

小爱琳愿意上学，在学校不论遇到什么困难，都没有打消她上学的念头，也从来未要求过父母把她接回家。她坦然面对独立生活的困难，顽强地坚持学业，一点一点地长大，终于坐在课桌前时，腿可以够得着地板了，她的双脚坚实踩在教室的地板上；吃饭的时候，她胳膊可以够到饭桌中央的饭菜了。长大的她在知识的熏陶中，逐渐温文尔雅，在花开花谢的岁月中，静守执念，静听花开，坐看落雨，跨越生命的残冬，去迎接人生暴风骤雨和迎面扑来的浓浓情意。

当庆龄和美龄分别于1900年和1904年进入马克谛耶女子学校读书时，姐姐小爱琳早已是"老资格"的学生了。宋蔼龄是三姐妹中学习的开拓者和成功者，她在学校很快成为引人瞩目的人物，在强烈的表现欲望的驱使下，她参加唱诗班，表演节目，出风头的事都有她一份，老师的好评，同学的尊敬，让她既满足又骄傲，她的这些经历和从中总结的经验，让她终身受益。

宋家有女初长成。

宋嘉树一直对孩子们采取近乎放纵的教育方式，让宋蔼龄做事我行我素，无所顾忌，不把别人放在眼里。宋蔼龄的骨子里桀骜不驯的分子，时时蠢蠢欲动，她的至情至性，有的时候，彰显着她的本真和品质。她的桀骜不驯成为她日后果断处理宋家事务、引领宋家走向神话的重要因素。

宋家是有六个孩子的大家庭，身为大姐，宋蔼龄对弟妹关心爱护有加，逐渐显露出办事专心、虑事周全、富有心计而又有卓越组织才能，在弟妹面前树立了很高的威信。有这样一件事情，足以说明她的小霸王气质。10岁那年，父亲宋嘉树送给她一辆"飞鹰"牌自行车，她罕见地成了在旧中国拥有一辆自行车的女孩，如获至宝的她，从此，黏在车上下不来了。尽管车高她的腿短，无数次地摔跤也不气馁的她很快学会了骑自行车。那个时候，和父亲骑车兜风是她最喜欢的运动。一次宋蔼龄和父亲骑自行车到了南京路的尽头，路口亮起了红灯，她看也不看就冲了过去，在那里指挥交通的是个留着大胡子的印度锡克族交通警察，他哇哇大叫着要宋蔼龄退回去。宋蔼龄呢，明知他喊的是什么，可偏偏不理不睬，暴躁的警察跳出来抓住车把，把宋蔼龄连人带车推回了停止线。当宋嘉树赶到时，绿灯已亮，宋蔼龄气呼呼地又冲了过去，围着警察的岗亭一圈又一圈地转个不停。来往的车辆呼啸而过，警察警告危险，可她根本不听，因为这时她已在路中心，并不违反交通规则。最后，警察不得不央求她到别处骑，因为若是在他眼皮子底下出了交通事故他要承担责任。但宋蔼龄仍不理，直到骑累了才离去，以后她每到那里，总要绕着警察骑十几圈，以此向警察示威。

宋蔼龄霸道的性格，在后来的人生路上，演绎为果断而强势，工于心计、手眼通天，这个女强人终于成为宋氏家族崛起之后的真正领袖，在20世纪30年代的中国甚至世界都有一定的影响。

本是客家女

宋蔼龄是客家女？

纵观近100年的政治经济往事，宋庆龄、宋美龄、宋蔼龄三姐妹在一次次风云事件中举足轻重的分量，使她们成为全中国以及世界瞩目的人物。

从宋蔼龄的成长岁月论，似乎和她血脉相通的祖先不无关联，本是客家女的她，传承着祖先的智慧、睿智和桀骜不驯的性格，就像南国澄澈而高远的天空，安详寂寥得让人觉得苍凉而邈远。也如青春般鲜活明亮的阳光，渐渐地把她的各种潜能激活。

穿越时空的隧道，捡拾一些先人背影的点滴，血脉终究完全覆盖了她的人生岁月。所有的过往，都与她血脉相连的延展有关。

《宋庆龄的故乡——文昌县》很明确地说明了宋氏家族历史渊源："宋庆龄的祖父韩宏义是海南客家人，远祖则是中原汉人，原住河南相州安阳……在南宋时期，由于中亚部族侵入时中原人相继南迁，其中有个叫韩显卿的人，先到浙江会稽县任县尉，后又入粤任廉州太守。公元1197年渡琼州海峡，定居文昌锦山。"

中原汉民南迁形成了南方汉族客家民系，宋庆龄祖父韩宏义是海南客家人，仍说客家话，保持客家风俗。如今海南已有数十万客家人，他们仍保持客家风俗，并说着有古汉语特色的客家话，传统风俗中透露着古中原文明的印记。到清代这一系韩氏后裔居住在罗豆市圮乌坡村，后又迁到昌洒区古路园村。宋庆龄远祖的神主牌一直安放在罗豆市圮乌坡村，1950年，回国不久的韩裕丰还到那里去祭扫。这些神主牌在1953年被毁坏了，但宋庆龄近代的祖公牌还放在昌洒祖居内。

1980年出版的《辞海》（缩印本）对什么是客家，做出了这样的解释："相传西晋末永嘉年间（4世纪初），黄河流域的一部分汉人因战乱南徙渡江，至唐末（9世纪末）以及南宋末（13世纪末）又大批过江南下至赣、闽以及粤东、粤北等地，被称为'客家'，以别于当地原来的居民，后遂相沿而成为这一部分汉人的自称。"1982年出版的《简明社会科学辞典》也说："客家，'土著'的对称。中国因战乱所迫渡江南徙至赣、闽、粤等的中原一带汉族居民。原为迁居地当地居民对他们的称呼，后相沿成为他们的自称。"至此，我们对客家有了明确的概念，客家其实就是土著的对称。

对于宋氏家族到底是不是客家人，历来是有争论的。

翻开台湾学者陈运通主编的《客家菁英》一书，首先映入眼帘的第一章的标题这样写道：《客家女儿永远的第一夫人宋美龄》，文中肯定地说："活了106岁，跨越三个世纪的蒋夫人宋美龄女士是客家人。"并举了这样一个颇有说服力的例子："现任台北市北区客家会会长刘兴明证实：当年刘兴明会长考上圆山饭店电工，慢慢培养成为高级主管，都是由于蒋夫人的提拔，蒋夫人叫他小刘，有空会找他用客家话聊天……"至此，宋氏家族本是客家人的说法，得到了证实。

在一些资料里，我查到这样的事实，宋庆龄在与埃德加·斯诺对话时曾说，她的"祖先是海南岛的客家人"。埃德加·斯诺把她的这句话写进了他的《复始之旅》一书中；在海外出版的一些著作中，斯特林·西格雷夫的《宋家王朝》（1985年），比埃米莉·哈恩的《宋氏家族》（1941年）晚出40多年，除了都认同宋耀如祖籍为山西外，后者更"发现"宋耀如祖辈中有一些是客家人。

宋氏大家族就像一扇朱红色的大宅门，它的后面，是一个斑斓的世界，以至于在20世纪初得以崛起。从早年迁到海南的客家人，到留洋的宋嘉树，曾一代代在极贫瘠环境中艰难求生。当宋蔼龄的父亲宋嘉树下南洋进而漂泊美国，终以一己之力开出一片新天地；之后，宋嘉树建立了一个重视西方教育和基督教传统的家庭，他在整个家庭中树立中国式民族气节与风范，在祖国陷入衰落的19世纪末，他和女儿宋蔼龄、宋庆龄两代人，追随革命者孙中山开始了如火如荼的资产阶级革命，终把整个家族日后的命运与国家兴亡紧紧联系在一起。

作为客家后代的宋蔼龄，虽没有像两个妹妹那样，坐上"第一夫人"的宝座，却以自己独特的姿势，在宋氏家族参与中国政治、经济的每一件大事中，这位家庭长姐都起到了决定性的作用。

她的聪明和心计，足以操纵着宋家的一切大事，后期的她总揽了"四大家族"的所有事情；她的阴谋和权术，以及那双神秘的巨手，隐在背后，却不断左右中国政坛的形势，成为中国政坛上权势显赫的女人，成为中国现代史上的风云人物。从其担任过孙中山先生的英文秘书，后与山西首富、孔子第75代孙孔祥熙结婚而声名鹊起。在丈夫孔祥熙前后任国民政府实业部长、工商部长、中央银行总裁、财政部长、行政院长等要职的光环下，她地位显赫。有谁知道，这一切都是她躲在背后操纵的结果？她的神秘，她的权谋让丈夫在职期间，敛财无数，与蒋介石、宋子文、陈果夫并称"四大家族"。她本人更是个敛财高手。据说，新中国成立前夕，宋家和孔家在美国曼哈顿的存款竟达20亿美元之巨。人们用"爱钱"这样最简单最形象的词形容她。

追本溯源的韩姓之后

树有其根，水有其源。

一部《百家姓》，让中国人的姓氏历史悠久，每一姓氏都有自己专门的家族生命史。

宋蔼龄的姓氏曾经扑朔迷离，在命运几度历经辉煌和磨难的轮回之后，研究和追索她的家世和最初的姓氏，对于追索她的一生值得回味和咀嚼，应该是有帮助的。

对于宋氏家族，人们只知道她原籍广东省文昌县，对其远祖知道者却甚少。

宋蔼龄父亲宋嘉树，字耀如。宋嘉树原来并不姓宋，而是姓韩，名教准。

其实，宋氏家族若寻根也不难，宋姓是在宋蔼龄的父亲宋嘉树开始的。

　　宋蔼龄的祖父韩宏义是个农民，韩教准（宋嘉树）是其次子。韩宏义夫人为王氏。宋氏姐妹的母亲倪桂珍则出生于上海，倪桂珍这一支母系祖先可以追溯到明末大学士徐光启。那个时候的韩家，家境贫寒，韩教准熬不住极其困苦的生活，12岁那年就漂洋过海，到美国找堂舅父谋生，韩教准舅父姓宋，是旅居美国马萨诸塞州波士顿经营丝茶生意的侨商，他没有儿子。韩教准就被舅父收为养子，从此改姓宋，名嘉树，字耀如。宋嘉树在美国加入基督教，取英文名字查理·琼斯·宋。韩改宋后，才逐渐发迹成为影响海内外的"宋氏家族"。但宋氏并非宋蔼龄的本家，据《宋庆龄年谱》记载："父亲宋嘉树（1866—1918年），原名乔荪，字耀如，西名查理·琼斯·宋。原姓韩，是客家人韩宏义之子，由于12岁时过继给宋姓舅父，遂改姓宋。"此文为海南省政府网专门介绍，宋嘉树舅父才是莆田宋氏之后，而宋嘉树的父亲韩宏义以上世代是韩家人，跟莆田宋氏无关。

　　韩家的家史可以追溯至大宋王朝。根据专家的考证，宋蔼龄的远祖就是北宋时期的三朝贤相韩琦。韩琦（公元1008—1075年）字稚圭，相州安阳人。北宋名相、安阳籍韩琦，知道者甚少。

　　据韩家家谱记载韩琦六子，为：忠彦、端彦、良彦、纯彦、粹彦、嘉彦。第六子韩嘉彦，字师茂，生于治平四年（公元1067年），娶齐国公主（神宗第三女）为妻，拜驸马都尉，终赢海军承宣使。宋高宗建炎三年（公元1129年）卒，谥端节。生有子六子：韩恕、韩诏、韩诫、韩谘、韩瑛、韩燮。韩诫，字文仲，生于绍圣元年（公元1094年），历任团练使、防御使、承宣使。孝宗隆兴二年卒。有子三人：侃胄、仿胄、佗胄。

　　韩仿胄，字秉实，生于徽宗政和三年（公元1113年），曾任韶州通判。隆兴二年卒。

　　韩缙选，字时举，生于绍兴六年（公元1136年）为韩仿胄独子。家居雷州海康县，曾任湖州知州，宁宗庆元三年（公元1197年）卒。有子二人，长子韩世卿，次子韩显卿。

　　韩显卿，字灼道，生于绍兴二十五年（公元1155年），曾任廉州知州。他于南宋宁宗庆元三年（公元1197年）抱宗谱渡过琼州海峡，定居在当时尚属蛮荒之地的广东省海南岛文昌县的古路园村。成为广东省海南韩氏一世始祖，为安阳韩琦第六世孙。

这么显赫的家族史，是不是试图诠释宋氏家族的生命状态和命运密码？

中国人比世界上任何一个国家的人都重视流淌在自己身体里血液的来源。

那么，韩氏改为宋姓，从何时开始。这个比较明确，始于宋蔼龄的父亲宋嘉树。

宋蔼龄的祖父韩宏义是一位崇尚儒家观念的商人，为人宽厚，热心公益事业，因经办赈务，耗尽了积蓄，家境渐趋贫寒。1863年，宋嘉树出生于广东省海南文昌县古路园村，取名韩教准，小名阿虎，弟兄三人，兄政准，弟致准。

1872年，大清帝国陷入鸦片战争战火中，西方列强和晚清统治者疯狂镇压太平天国革命运动，国无宁日，南方难以过活的贫苦百姓越洋，逃到海外去谋生。那一年，韩教准9岁，国家积贫积弱，百姓的日子更不好过。韩家家境贫寒，无法继续生存，韩教准不得不随哥哥政准，到印度尼西亚的爪哇当学徒。1875年，韩教准过继给在美国波士顿经商的姓宋的堂舅，并随养父远渡重洋，到美国学习经商。从此改名宋嘉树，又名宋耀如。宋蔼龄的父亲跟舅舅姓，到后来也就没改过。

宋氏家族的起源已经非常的清晰了。

宋嘉树的侄子韩裕丰曾说："二伯在印度洋群岛当学徒，有时年节也会回到文昌老家，深感郁郁不得志。这时候，恰逢二房祖姩母的弟弟从美国回来，探望姐姐，二伯他们也称舅父。舅父在美国马萨诸塞州的波士顿，开设一家茶丝商店，生意不错，唯一遗憾的是膝下犹虚，祖姩母建议将二伯过继给舅父。舅父见二伯聪明伶俐，大为高兴，当即偕往美国，由于舅父姓宋，韩教准从此改名为宋嘉树。"

韩裕丰是宋嘉树三弟致准的后代、宋蔼龄的堂弟，他的回忆为扑朔迷离的宋氏家族家史，做了清晰注解，他回忆说："我家的祖坟都在，老屋西北400米的牛酸树林中，墓碑中间刻有'韩姩王氏之墓'，她便是宋蔼龄和我的祖母，左下方刻有一行小字：'男政准、教准、致准；孙乾丰、裕丰'等字样。祖父的墓也在，位于本县宝芳区大品坡上，落款也完全相同。因此墓碑上的教准和宋嘉树，实际上是一个人。"

宋蔼龄的伯父韩政准，无后嗣。三叔韩致准，生三男：长子韩乾丰，已故；次子韩德丰，已逝；三子韩裕丰，是宋蔼龄的堂弟，现仍居住在海南岛古路园村，虽然年近百岁高龄，身体仍然健旺。

宋蔼龄站在荒芜的原野上，从韩氏家族的千年之梦中醒来，仿佛看见祖先们站着、倒下，再站着、再倒下，姓氏的血脉开始在她的眼前静静地流淌，她意识到自己振兴家族的责任，是如此的重大。她叱咤风云的一生，无不打上老祖宗们的烙印。

宋嘉树其人

家族生命史为宋蔼龄提供了生命养料，对她影响最大也最深刻、最直接的，应该是父亲宋嘉树。

宋嘉树（1864—1918年）：字耀如，教名查理·琼斯，汉族，海南文昌人，生于广东省海南岛文昌县韩姓人家，原名韩乔孙。宋嘉树有六个子女，其分别是宋蔼龄、宋庆龄、宋子文、宋美龄、宋子良、宋子安。宋嘉树把大部分资金用来支持孙中山的资产阶级民主革命，成为孙中山争取国民革命成功的重要财力支柱。1918年5月3日，宋嘉树因患肾病不治，在上海逝世，年仅54岁。

宋耀如

宋蔼龄的成长岁月证明，她继承了父亲宋嘉树的许多品质，他的传奇经历提供了蔼龄成长的营养素。

在研究宋蔼龄的一生时，有必要介绍她的父亲宋嘉树。

宋嘉树的一生，跌宕起伏，颇具传奇色彩。

1864年，宋嘉树出生于海南文昌县古路园村，原籍河南安阳，少时名韩教准，小名阿虎，弟兄三人，兄政准，弟致准。为客家人韩宏义之子，家境贫寒，9岁时，被迫离开父母和家乡跟哥哥政准到印度尼西亚的爪哇当学徒。

韩教准的宋氏舅父，早年旅居美国马萨诸塞州波士顿经营丝茶生意，作为侨商，生意做得很大，他没有儿子，这就等于庞大的家业没有继承人。12岁的韩教准过继给宋姓舅父，成为宋氏舅父的养子，遂改姓宋。

据海南省政府网有关介绍，宋嘉树并非什么莆田宋氏之后，宋嘉树舅父才是莆田宋氏之后，而宋的父亲韩宏义及其以上世代是韩家人，跟莆田宋家无关。所以不能称其远祖是莆田人。

当少年宋嘉树于1875年站在航行在太平洋上轮船的甲板上，迎着轻柔的海风，望着远方水天一色的景致，那水鸟自由地在蓝天上飞翔，他的内心，被这辽阔的画卷所感动，祖先轻柔的声音，远远地传来，仿佛精灵如蝶翅翕动在枝头。他感受到了震撼，幽怨和茫然一扫而光。

那一年，他先是随宋姓堂舅赴美洲古巴，3年后赴美国波士顿，在丝茶店当学徒。

养父对宋嘉树关怀备至，专门为他聘请了一位通晓美国历史的英语教师，他在学习英语的同时，接受了林肯等人的民主革命思想，从而也希望自己的祖国能够爆发推翻腐朽的满清政府的民主革命。

异域生活经历，让他眼界大开。他结识了一些在美国留学的好朋友。他们纷纷劝宋嘉树去学校读书，由于舅父的坚决反对，他一时难以如愿，但小嘉树渴望学习、渴望自由，他不想活在一片混沌中。

机会终于来了。

那是一个晴朗的日子，宋嘉树发现一艘政府缉私船停泊在波士顿港口，他偷偷地跑上船。当他被人发现，他没有懊恼，挺着胸脯勇敢地站在船长面前，也许，是韩氏祖先的坚韧性格帮助了他，他赢得了船长的同情。船长看着这个聪明、坚毅的中国孩子，之后，他随船长来到了美国南方的北卡罗来纳州

（North Carolina），结识了当地教堂的牧师。

1880年11月7日，对于16岁的宋嘉树来说，是重要的日子。这一天，他接受了基督洗礼，被命名为查理·琼斯·宋（Charles Jones Soong），人们习惯称之宋查理。1881年4月，宋嘉树进入北卡罗来纳州杜克大学圣三一学院学习，一年后转学到万德毕尔特大学神学院学习。1882年入田纳西州范德堡大学神学院。其间除了学习神学知识外，民主思想日益在他的心里扎根，他称颂并支持美国的黑人解放运动。

1885年，宋嘉树于圣三一学院毕业，正遇美国掀起迫害华人的恶浪，唐人街被烧，大批华工惨遭杀害，他十分愤慨，认识到要从根本上改变海外华人受人欺凌的状况，就必须有一个强大的祖国，必须在千百万人心中点燃民主革命的火炬，推翻腐朽的清朝政府，他决定尽快回国，用民主革命的思想去唤醒国人。

1886年1月，太平洋邮船公司的海船将宋嘉树送至上海码头，阔别14载的海外游子宋嘉树回国了。他先后在苏州、上海等地传教，并执教于教会学校。他年轻而潇洒的身影，急速地行走在祖国的大地上。后来，胡适成为他的学生。

宋嘉树回国的这年初夏，发生了这样一件事，足以说明宋嘉树的爱国热情。这一天，他带着一群中国人，举着要求摘掉外滩公园门口写着："华人与狗不得入内"的牌子，上街示威游行。他毫无畏惧地怒视着从英国领事馆内冲出来的印度巡捕，大声地反复念着《新约全书》的一段话："使我们胜了世界的，就是我们的信心。"

1887年的夏天，宋嘉树与倪桂珍结婚，其妻子为我国明代著名科学家、学者徐光启（1562—1633年）的后裔。

两年后宋嘉树在上海创办美华印书馆，印行中文本《圣经》，并参与创立中华基督教青年会，还兼任上海福丰面粉厂经理。走在创业的路上，他信心满满，踌躇满志。

这个时候，他还有一大喜事，他的大女儿宋蔼龄诞生了，感谢上苍的恩赐，他和祖先的血脉，终于在下一代的血管里激越、奔流，得以传承了。

面对自己所处的时代，大清国的积贫积弱，宋嘉树下定决心，做大事，传承韩姓祖先的血脉和意志，改变社会现实。

1894年，上海的夏天格外炎热，知了一声声鸣叫，更增添了烦闷。此时的宋嘉树正在为创业而奔走，巧遇途经上海北上的孙中山和陆皓东，经过交谈，宋嘉树为孙中山先生的革命思想所倾倒，两人对推翻帝制是那样的志同道合，宋嘉树终于找到了改良社会的道路，从此，他全身心地追随孙先生成为坚强的反清革命志士。他积极协助孙中山筹建"兴中会"和"中国同盟会"，他倾全部精力为革命筹集巨额经费，并在宣传组织方面做了大量工作，为革命伟业贡献了毕生的精力。他一方面从资金上支持孙中山的革命活动，另一方面在传教的同时，暗中印行革命刊物及小册子。民国成立后，宋嘉树曾随孙中山访问日本；"二次革命"失败后，宋嘉树带着全家避居日本。

理想，奋斗，探索，创造，是宋嘉树一生的追求。在十里洋场的大上海，他一边传教布道一边兴办实业，就像一棵树，在那里扎下了根基。与孙中山先生的结识与交往后，宋嘉树发生了最大最根本的转变，他成为孙中山的热情支持者和挚友，也成了中国资产阶级革命的斗士，宋嘉树常常向孩子讲述自己青少年时期的曲折经历。他强烈的爱国主义、民主主义思想，与命运抗争不怕艰难困苦、不屈不挠的意志、不卑不亢谦虚自尊的精神以及对子女大胆和有远见的培养，都对宋蔼龄的性格的形成产生了重大而深远的影响。

但他的生活道路并不平坦。宋嘉树在传教布道上曾经受人排挤，他没有放弃，他转而为教会印刷《圣经》，谁知歪打正着，靠印刷《圣经》而发财。他进一步扩大经营，兼做进口机械的代理商，成为中国上海较早的买办商人。二十多年的苦心经营，他积累了五六十万两白银。后来，他把大部分资金用来支持孙中山的资产阶级民主革命，成为孙中山争取国民革命成功的重要财力支柱。他还用经商所得举办公益事业，创办了一所教会学校、一个儿童乐园和一间大众医药所。随后他又创办了"华美印书馆"。

走进宋嘉树故居，望着浓密的椰子树、龙眼树、牛酸树掩映中的宋氏祖居，坐西南，向东北，庭院不大，两进房加一个天井，是一座普通的平房农居。建于清嘉庆年间，已有200余年。进院左边是正屋，三开间，中间是厅，右居室就是宋嘉树出生的房间。出了正屋，穿过前庭到天井，左边是厨房，右边是农具房和便门。就是这样一座小农居，却经历过"辛亥风云""抗战烽火"和1941年日本兵侵占。

宋嘉树一生育有三子三女，宋蔼龄是大女儿。他把自己的三个儿女都送到美国读书，决心把他们培养成林肯、华盛顿那样的人物。他的子女果然没有辜负他的殷殷瞩望和精心栽培，他的六个子女敢于步父亲的后尘，以留洋西学的举动，挑战和冲击了当时中国旧的传统体制和保守观念。四个子女成为20世纪中国政治舞台的叱咤风云的人物；三个女儿有两个是"第一夫人"，大女儿宋蔼龄虽少出头露面，却实际操纵着宋氏家族的命运之船，是宋家神话的创造者。

1918年，这位辛亥革命的元老宋嘉树去世，享年54岁。他生前嘱咐子女，做不成人，不能回乡认祖、见父老乡亲。

宋嘉树完成了从传教士到企业家再到资产阶级革命党人的飞跃，而且，开创了一个对20世纪产生重大政治影响的家族——宋氏家族。以至于后来闻名于世界的宋氏三姐妹和宋氏三兄弟各自的价值观念和人文精神，无不渗透着其父亲宋嘉树影响的痕迹。

宋蔼龄 全传

Biography of Song Ailing

第二章

漂洋过海为求学

年轻时候的宋蔼龄是个注重实干，关注实际利益的现实主义者。

天有阴晴，月有圆缺，人有旦夕祸福。

这是人生的规律。

人的一生总是和起伏跌宕联系在一起，不论是帝王将相，还是凡夫俗子，一帆风顺的人生，几乎不存在。

宋蔼龄是中国第一个出国留学的女子，她一路坎坷，风尘仆仆，在旧金山海关遭遇，让她心目中自由民主的国度形象，失去了原有的色彩。

她在留学期间学业成绩优异，被人称为"艾丽丝"。

她作为留学生，敢于和美国总统叫板，并欣然接受道歉，勇气可嘉，其斗争精神化为一江怒涛，在一个民族的血液里沸腾不已。

她终于结束了一个人的漂泊，迎来了来美国留学的庆龄和美龄两个妹妹，相聚的日子，写满求知、奋斗的佳话。

她以优异的成绩毕业，被预言为未来的"总统夫人"。

她的命运始终和中国近现代政治舞台风云息息相关，最终创造了宋家神话。

旧金山海关遭遇

1904年5月，上海码头人头攒动，14岁的宋蔼龄身穿洋装，站在美国轮船"高丽号"的甲板上，倚靠着栏杆，目不转睛地默默地看着正沿着黄浦江朝上海码头前行"维多利亚"小船，父亲宋嘉树正站在甲板上看着她，父女依依惜别。

宋蔼龄感觉脚下的轮船动了，平稳地滑向了碧波万顷的东海，那艘载着父亲的小船"维多利亚"号，消失在黄浦江水烟迷蒙中，此一别将是千山万水。故乡一点点地远去，乡愁不禁满心间。她的情感激烈地撞击着，眼泪泉水一样流出，如同浪花拍打着礁石。她结束了马克谛耶学校的10年学习生活，要去大洋彼岸的美国佐治亚州的梅肯城里的专为妇女设置的卫斯理安女子学校去读书了。父母亲的嘱托，临行时的欢送仪式，早已过去，只剩下空荡荡的心和迷茫的前程。还是少女的她，一个人去一个陌生的国度，将会遇到怎样的情景？

此刻的宋蔼龄还不知道，此行，将一路奇遇和坎坷，颠覆了她心目中民主、自由的国家——美国的形象。

一群海鸥振翅飞行在蓝天上，拍打着轻捷的翅膀，越飞越高。

这不曾被风雨折断的翅膀，穿破云雾，不倦地飞翔。宋蔼龄止住哭泣，一切都是自己愿意的，去美国接受教育，是父亲给她安排的道路，也是她心所向往的，有什么可哭的呢？她要在一个陌生的国度，学习知识，结交朋友，为今后的事业打下基础。

据有关资料表明，宋蔼龄是中国第一位到美国留学的女子，开了中国之先河。当时，中国正处于半殖民地半封建社会的状态，女子出国留学闻所未闻。宋蔼龄出国求学的事一传出，立即在亲朋好友、邻里之间引起一场轩然大波，人们认为，出国留学是男孩子们的事，女孩子出什么国，学了又怎么样？还不是找婆家嫁人。出国装了满脑袋的古怪思想回来，谁敢娶她？父母若是为她着想，就为她赚钱准备嫁妆。宋嘉树反对这种僵化的思想，宋蔼龄也不为这些闲言碎语所动，父女俩勇敢地冲破旧思想的束缚，为当时女子出国留学走出了一条路。

宋蔼龄擦掉眼泪，难为情地四下看了看，和她同行的步慧廉牧师夫妇和四个儿子就站在不远处的栏杆旁，此刻，正望向远方。

步慧廉牧师是父亲宋嘉树的委托人，他按照父亲的嘱托，一路上照顾着小蔼龄。他看到她在哭泣，却没有走来安慰她，是想叫她发泄一下，这样才能进入最佳状态。

步慧廉是宋嘉树在万德毕尔神学院的同窗好友，高大的身材，诙谐热情的性格，学生时代经常和宋嘉树开着友好的玩笑。宋嘉树回国后，步慧廉也来中国传教，是宋蔼龄家的常客。他和小蔼龄用英语谈话，给她讲述美国的风土人情，听说宋蔼龄去美国留学，他立即帮她联系了学校，并乘回国休假的机会，把宋蔼龄带到美国。

宋蔼龄虽然年纪不大，意志却坚强，面对旅途的艰难险阻，她勇敢闯了过来。

"高丽号"航船行驶了几天后，停在了日本的神户。一名旅客死于肺炎，日本海关却怀疑死于鼠疫。为了防止传染到日本国土，他们对轮船进了药水熏蒸消毒，还让船上旅客进入放了药水大木盆里浸泡。轮船被扣留10天才开始航行到下一个港口横滨。这让许多人吃不消，身体虚弱的步慧廉的妻子发起了高烧，送进医院抢救无效死去。步慧廉要留下来处理妻子的后事，无法按计划继续旅行了，前面的旅途如此遥远，他认为宋蔼龄一个人是不能完成旅行的，他决定让她回国，找机会再去美国。宋蔼龄却坚决不同意，她认为她自己完全可以完成去美国的旅行。步慧廉拧不过这个倔强的中国姑娘，只好把她委托给另一对美国夫妇，宋蔼龄离开步慧廉的照顾，开始了一个人的旅行。

船从横滨开出后，宋蔼龄换了件漂亮衣服，戴上个蝴蝶结发卡，高兴地去拜望那对美国夫妇，来到舱门前，她惊讶地听到那位美国太太说着终于离开那些肮脏的中国人和野蛮人了的话，她震惊了！西方人竟然如此污辱中国人，她感到屈辱。她曾听马克谛耶学校的理查森小姐和父亲说，美国是自由、平等、博爱的国度，她想到当年父亲在美国，一定也受到过白眼和歧视。原来，美国也竟然有人如此看待中国人。她急匆匆跑回舱，气愤地哭了。她开始忧虑起来，不知还会遇到什么情况，此次留美，前程如何？

宋蔼龄是坚强的，她觉得自己应该勇敢地面对。她脱下洋装换上旗袍，不再哼唱平时挂在嘴边的美国南方小曲，做好了迎接一切困苦的准备。

夏天的海风轻柔地吹拂着站在甲板上的宋蔼龄，她觉得一股暖流涌遍全身，心里那束火焰燃烧着，点燃了她热烈的追求和向往。

海上航行寂寞的日子里，她结识了朝鲜女子金水姬，两个人相谈甚欢。她不再孤独寂寞，不再纠缠美国太太对中国的偏见，心境明朗起来。

宋蔼龄做梦也不会想到，她在美国的旧金山遭遇了此生最大的劫难。

1904年7月1日，轮船驶进美国旧金山港口，宋蔼龄和金水姬早早来到甲板上，准备下船。

谁知世事难料，海关入口处，一个满脸横肉的海关人员，说宋蔼龄的护照有问题，不准她上岸入境，并说要把她遣返回国。宋蔼龄惊呆了也吓坏了。她和金水姬怎么解释也不行，她不知道，美方之所以拒绝她上岸，是因为美国国会在1894年通过的旨在把更多的华人排挤出美国的"排华法案"在起作用，解释有什么用呢？满脸横肉的家伙要把宋蔼龄抓进拘留所。这时，一个满脸胡子的官员走过了，说，美国拘留所不适合关畜生一般的人，这个中国女孩只能返回船上，等船重新起航时把她带走。宋蔼龄的愤怒和屈辱可想而知。退回到"高丽号"轮船，她一筹莫展。这个标榜自由的国度，竟然不接受她。

她该怎么办？宋蔼龄是按照步慧廉夫妇护送的计划来美的，却完全出乎父亲的设想。美国海关不准她踏上海岸，她又不知如何联系相关的人，她和金水姬四目相对，愁云四海，常常坐到天明。多亏了朝鲜女子金水姬，她为了陪宋蔼龄也没有上岸，尽管她也是急着看望病重的父亲。

好在宋蔼龄没有被立即遣返。她和金水姬辗转各艘轮船，宋蔼龄突然想起临行前父亲和步慧廉说起到达美国海岸后会有一个叫里德的人来接他们。至于里德住在哪里，如何能联系上，他为什么没有来接她，她都一无所知。金水姬却认为顺着这条线索想办法也许会摆脱困境。她安排宋蔼龄在船上等着，自己去打电话。可是，美国叫里德的人至少有几百个，如何找到她们要找的里德？功夫不负有心人，当金水姬打第33个电话时，终于找到了里德。

里德很快来了，原来，那天船到码头时，他和女友来接人，等到船上的人都走光了，也没有见到步慧廉夫妇，他以为步慧廉改了船期，得知宋蔼龄被扣，他道歉和自责，匆匆地去找海关。

当里德要求海关准许宋蔼龄入境时，海关人员却把这件事忘了。海关和移民局互相推诿，都认为对方部门该解决这个问题，皮球踢来踢去，里德跑来跑去，转了一圈又一圈，谁都说该解决，谁都不签署准许入境的文件，里德气得大骂这些官僚是狗官。

此时的宋蔼龄被折磨得筋疲力尽，几乎坚持不住了。聪明的里德终于想出了一个办法，他通过教会向华盛顿高级官员反映了此事，教会以宋查理是受美国教会派遣到中国的传教人员为由，要求海关允许宋蔼龄上岸，并对他的子女返回美国教会学校学习受到阻挠，表示了强烈的不满。一周后，华盛顿的政府官员出面，宋蔼龄才被允许上岸。距离她到达美国的时间整整过去了一个月。这个时候，步慧廉处理完夫人的后事，也来到了旧金山，带着宋蔼龄匆匆赶往佐治亚州梅肯城，女子学校马上就要开学了，稍有耽搁，宋蔼龄就得耽误整整一个学年。

1904年8月2日的午夜，宋蔼龄和步慧廉终于到达卫斯理安女子学院。站在教学楼前，宋蔼龄百感交集，就当这一路的坎坷是对灵魂和生命的洗濯吧。

一切安顿好后，宋蔼龄拿起笔给父母写信，懂事的她，对于自己在旧金山被扣的遭遇只字不提，她怕父母担心。

宋蔼龄进入卫斯理安女子学院的当天，梅肯当地的报纸《电讯报》第一版重要位置报道了这样一条消息：

前来卫斯理安学院途中被扣在旧金山船上的中国姑娘宋蔼龄小姐，已随同步慧廉牧师于今天凌晨零点三十分来到梅肯，步慧廉牧师离开上海后在路上耽搁了一段时间。大家不会忘记，步慧廉夫人回国途中在横滨病逝。这位中国姑娘在旧金山耽搁的时候，一直在等待着步慧廉……

当然，学院方面不会勉强其他小姐同这位中国姑娘交朋友，不会的，我们不会强迫或勉强其他任何人这样做。

……

根据格里院长所掌握的情况，宋小姐是前来卫斯理安学院学习的第一位中国姑娘，也是专为读书从中国来到美国的第一位中国姑娘。众所周知，该学院过去曾录取过印第安姑娘。

宋蔼龄手拿报纸，反复阅读着，这美国人的处事习惯真的跟中国人不一样啊，她这么个小姑娘也上了当地新闻显著的位置？她突然感觉到了什么，这篇报道的真实目的还是把中国人置于劣等民族之列，录取一个中国姑娘如同一项慈善事业。什么不会勉强其他小姐同她交朋友，难道同中国姑娘交朋友是件可耻的事情吗？宋蔼龄的愤怒从心中升起，咬紧牙关不让眼泪落下来。

她不能失态。她迎着同学们观赏、怪异的目光，从容地走进宿舍。经过思考，她决定要靠自己的聪明智慧，改变这里的人们对中国人的看法，愿意和自己交朋友，圆满完成学业。

　她十分自信，明天将会是个阳光灿烂的日子。

她的梦，依稀明亮起来。

宋蔼龄在一波三折中，终于迎来了开学的日子。

成绩优异的"艾丽丝"

这一年的秋天，宋蔼龄进入预科班，主要学习美国英语和基础知识。

卫斯理安女子学院位于奥克穆尔吉河西岸的佐治亚州的梅肯市，市内林木葱葱，幽静闲雅。

原名为佐治亚女子学院的卫斯理安女子学院，创立于1836年，附属于联合卫理公会教堂。建校之初规模不大，仅有一幢主楼，学生不多，且多来源于南美富裕人家的小姐。20世纪初，主楼由希腊复兴时代的建筑风格改为维多利亚式的华美楼房，又增盖了双层斜坡式楼顶，被称为"教育用房之最完美的大厦"。学生宿舍在顶楼且内部装备舒适，有大洗脸室和更衣室，每层楼还有一间浴室，里边有浴盆和瓷制便器。1900年学院又建了一座附属建筑，以为新入学的住宿生提供住处。清静、舒适的校园环境，为来这里读书的女孩子提供了一个良好的学习条件和生活条件。

继宋蔼龄之后，宋庆龄和宋美龄，也曾在卫斯理安女子学院读书，后来，这所女子学院也因培养了宋氏三姐妹而名声大振。

时光，从来没有停留过，就像潺潺汩汩的流水，日夜向前。

宋蔼龄终于成为美国这所

年轻的宋氏三姐妹

女子学校的第一个中国留学生，她是否为此而骄傲？

　　同学们都用一种好奇的目光看待她，宋蔼龄的心里，有说不清楚的复杂。她给自己定下了行为准则，不特意讨好谁，更不有意接近谁，含蓄持重，落落寡合，不苟言笑。

　　人们常常看到成熟稳健的她迈着轻松的步子，拿着书走在学校曲径通幽中，一袭中国旗袍，让她典雅而高贵，每当有同学迎面走来，宋蔼龄礼貌地打着招呼，那一口流利的英语，让人感到亲近，仿佛她不是来自异域，而是土生土长的"美国人"。她的朋友渐渐地多了起来。

　　上下课或放学后，同学们从教室里涌出来，宋蔼龄就会站在一旁，去欣赏和研究她的同学们的美式服装，并从她们的服装上推断出她们的父亲到底拥有多少财产。每当这个时候，宋蔼龄的脑海里，就浮现出她小时候和父亲宋嘉树一起坐黄包车到上海的大街小巷转悠时，父亲给她讲解城市的秘密，他建议她注意观察周围的人，学会如何判断哪些行色匆匆的人是什么职业，在社会上的地位以及他们有多少财富，有着怎样的心态等等。那个时候，小小的她心中泛起一股股的暖流。父亲这样的教育，使宋蔼龄早熟，她的社会经验让她独处异国他乡时，心机深深，得心应手。宋蔼龄看得多、说得少，她的小脑袋瓜总是在琢磨事。美国同学们都把她的沉稳含蓄看成羞怯，当她们搞清了这个矮胖的圆脸中国姑娘不像她们想象的那样丑陋和野蛮，不会给她们构成任何威胁，相反，她心性率直，富有教养，特别善解人意，是一位遇事很有办法，值得信赖的伙伴。

　　宋蔼龄懂得一个人真正的价值不在于服饰打扮，不在于他的外表而在于他的学问。

　　宋蔼龄把大部分的时间用于读书上，就像在一朵花中隐居，她闻着浓郁的墨香，汲取精神营养，那一行行的英文字，仿佛一杯醇香的咖啡，深醉其中的她，感到欢愉无限，每当父亲给她寄来中国书籍，是她最快乐的时光。她都拿着书来到学院的蓄水池边，坐在斜斜的长满青草的土岸上，仔细地阅读。读累了，她常常抬起头，看着池里游荡着的五颜六色的鱼儿出神；喜欢这里的景致和幽静，几乎每天下午上课，她都来这里，靠在石凳上，专心致志，去读中国古代思想家们的经典著作和关于国家形势和中国前途的言辞激烈的小册子，沉醉在典籍的博大深邃中，仿佛父亲正在深情地注视着她，那温暖的注视若隐若现，如同夜里星星的眼睛。她从中悟到了父亲的期望，也更加深刻地悟到了经典著作和中国传统千丝万缕的联系。

经过努力，她在学院里的学习成绩异常突出，尤其是数学成绩，是所有同学都望尘莫及的。就是英语，在那些土生土长的美国人面前，她也毫不示弱。刚入学那会儿，有同学想看宋蔼龄的笑话，用英语中一些词尾相同而词意不相干的词来打岔，想难住她。一次大家上山采果子，一个同学问："果子是从哪里来的？"宋蔼龄用流利的英语说："当然是从树上来的。"那个同学又问："那么炸面包圈从哪来的呢？"宋蔼龄想到，"炸面包圈"的词尾与"榛子"相同，"厨房"的词尾与"树"谐音，如果问的是"炸面包圈"，就该对"厨房"，如果词尾是"榛子"那么词尾应该回答"树"，这是英语的双关语，她脱口而答："是从厨房里长出来的。"同学们大笑起来，都为这个聪明好学的同学天衣无缝的回答感到骄傲。

在整个留学期间，宋蔼龄表现得庄重、严肃，待人却非常坦率和友善，她的热情、开朗，好接近，在音乐和表演方面特别有才华，让同学们感到亲切。同学们都愿意和这位中国姑娘打交道，闲暇时都聚集在她的身边，或者怀着极大的兴趣挤进她的宿舍，聆听宋蔼龄用甜甜的声音，讲那遥远而神秘的东方故事。宋蔼龄的故事永远也讲不完，她的宿舍成了同学们的"俱乐部"。宋蔼龄的嗓音甜润而洪亮，在家父亲又教过她唱歌，这使她在演出方面占有绝对优势。每当学校集体活动或联欢时，宋蔼龄自然成为引人注目的人物。

于是，宋蔼龄成了同学们喜欢谈论的"热点"人物。

1909年，宋蔼龄以优异的成绩毕业，人们都对这个中国女孩儿印象深刻，不由自主地叫她"艾丽丝"。

毕业晚会上，宋蔼龄用甜润的嗓音朗诵了《蝴蝶夫人》剧中的一段台词。

媒体称赞她的文章，并预言："宋小姐将会成为中国领袖的夫人。"

叫板美国总统

宋蔼龄很快适应了美国的生活方式，她不再拘束，剪掉了辫子，梳起了美国流行的发式，穿上美国式西式衣裙，还学会了五花八门的美国俚语，英语口语更加流利，俨然一位地道美国姑娘。这一切宋嘉树都看在眼里，他写信给女儿，向她介绍最新的上海情况，推荐有关的中国历史书籍，鼓励她要自己努力，她的根依然在中国，不论在美国待多久，最终还得回到中国。宋蔼龄从父亲的教诲中悟到学习是每一个成长中的女孩子的必经之路，父亲的教诲犹如警钟在她的耳边长鸣，给了她了启示和力量。

宋蔼龄是清醒的，她一边尽享着美国物质文明，吸收大量的知识，一边顽强地在内心深处保留着炎黄子孙的尊严，永远保持着不变的中国心。

一次，宋蔼龄在上历史课上，认真地回答了马克涅教授问的关于美国独立战争的一个问题，沉稳坐下来，她听见教授夸奖她："瞧！好学生应该是这样回答问题的！"脸上飞上红晕。不料，马克涅教授又说："请你描述一下谢尔曼进军佐治亚州的情景。"她又一次站起来，低头沉思，轻声说："哦。这个问题我不能回答。"谁知，教授却借题发挥，说："我想蔼龄同学绝不是回答不出，而是出于我和大多数南方人同样的感情。不管美国南北战争的性质如何，谢尔曼是北军将领，他率兵进攻我们南方，对我们南方人是一种感情上的伤害。蔼龄同学不愿回答这个问题，说明她已经把自己当成美国南方人了。"马克涅教授这种风马牛不相及的说法，令宋蔼龄心里十分不快，觉得既好笑又牵强附会，为了不引起不必要的不快，她沉默不语。谁知，马克涅教授接着又说了句："我认为，现在可以说，宋蔼龄小姐已经是一位优秀的美国公民了。"此刻的宋蔼龄再也不愿意沉默了，她忽地站起身，大声说："马克涅教授，我想我应该提醒你一句，我不是美国公民，更谈不上优秀的美国公民。我是中国人，我家祖祖辈辈都是中国人，而且永远是中国人，我为我是中国人感到自豪！"

课堂上响起了咻咻地笑声，尴尬的马克涅教授不得不说："嗯，是的是的。当然谈不上优秀，对，谈不上，谈不上。"教室里顿时爆发了肆无忌惮的大笑。

也许，是美国女生想起了教授平时在课堂上目空一切、侃侃而谈的样子，这回，那股劲不知哪里去了？她们怎能不开怀大笑呢？

马克涅教授气急败坏地说："有什么好笑的，我一点都不觉得好笑。你们这是不尊敬师长，课没法上了，下课！"说完，把讲义夹在腋下，愤愤地离开教室。

这一次和教授的交锋，让她的美国同学知道了祖国在宋蔼龄的心里不容亵渎，不由得对她生出敬意。

宋蔼龄生活的年代，是一个极为动荡不安的年代。

1906年1月，美国的冬天和往年一样，没有什么特别的，宋蔼龄却在这个冬天惊喜了一把。宋蔼龄在学校接到父亲的信，得知父亲宋嘉树和姨父温秉忠来到美国，她高兴极了，赶紧跟学院请假，获得校方特别批准，她要赶到华盛顿，去见父亲宋嘉树和姨父。下了车，她却没有见到父亲，只有姨父温秉忠满脸笑容地前来接站。

温秉忠告诉宋蔼龄，父亲宋嘉树来美国是为革命党筹集经费做生意的，此刻，正和美国的生意伙伴谈生意，宋蔼龄理解父亲，只要来了就好，晚一点见面也没有什么。温秉忠也非常的忙，他是受慈禧太后的派遣，率中国代表团到美国考察教育的。

宋蔼龄从姨父的口中知道些国内的政治形势。风雨飘摇中的大清政府勾结西方列强共同镇压了义和团运动，慈禧太后偕光绪皇帝出逃西安后重又返回北京。这时候，慈禧一改往常主意，突然高喊起"变法"，并似乎要在全国范围内实行"新政"。其实，"变法"不过是慈禧太后为了缓和国内外危机的一种姿态而已，"新政"主要包括提倡和奖励私人资本办工业；废除科举考试制度，设立学堂；改革军制，裁撤旧式的绿营和防勇，组成新式军队。正是在这种背景下，宋蔼龄的姨夫温秉忠率团来到了美国考察教育。

宋蔼龄见到温秉忠之后，非常高兴，这毕竟是她来美国后第一次见到来自故乡的亲人。随后，宋蔼龄作为温秉忠的客人，一同出席了美国总统罗斯福为中国教育代表团举办的招待会。

宴会开始前，罗斯福总统在休息室会见了中国代表团。总统身后的侍从人员和随行官员就有十多人，再加上蜂拥而上的一大群记者，场面之大，是宋蔼龄第一次见到。当罗斯福和温秉忠等代表团成员一一握手时，摄影记者的镁光灯不停地闪烁。温秉忠向罗斯福介绍说："这是我的外甥女，她目前正在美国自费留学。她对您非常尊重，渴望见到您。我今天把她带来了。"

罗斯福见宋蔼龄是位16岁的妙龄女子，很高兴。他仔细端详着，满面笑容地说："姑娘，欢迎你来美国留学！能跟我谈谈你对美国的印象吗？"

宋蔼龄微笑着，没有丝毫的羞怯，她不等翻译开口，就作了回答："总统先生，美国是个非常美丽的国家，我在这里生活得很愉快。"

罗斯福听了哈哈大笑，说："是啊，我们美国是世界上最美丽的国家，也是最著名的自由之邦，任何人到美国来，都会受到最热烈的欢迎！"

宋蔼龄听了罗斯福的话，脑海里立即浮现了她初来美国时的遭遇，旧金山的那一幕她永远不会忘记。她不顾一切地反问："总统先生，您怎么能说美国是自由之邦呢？我为求学而来，刚到旧金山就被您的官员粗暴地拒之门外，竟在港口的船上耽搁了整整四个星期……"

温秉忠听了宋蔼龄竟然在这种场合谈这个话题，急忙给宋蔼龄使眼色，示意她不要讲这种扫兴的话。他不知道，宋蔼龄的心里始终憋着一股火。宋蔼龄抽出罗斯福的大手，一把把姨父扯她衣服的手推开，回头嗔怪地看了一眼说："你扯我干什么？我想这事绝不会是总统的意思。"她喷着火的双眼，盯着罗斯福又问："把一个14岁的女孩拒之门外，这不会是总统的命令吧？如果有美国姑娘到中国去，她们绝不会受到这样的对待，这不符合我们中国人的待客之道。今天，我把这件事告诉总统，会有助于总统了解下面的混乱，更好地治理这个国家。"

这场面被敏锐的记者全部记录下来。他们不顾警卫人员的阻拦，涌到宋蔼龄跟前，侧耳倾听，手里的笔刷刷地写个不停。

休息室里，涌起了不小的骚动，旋涡中心是宋蔼龄。

罗斯福总统的尴尬是可想而知的。他低声说："哦，我很遗憾。"转身离去。

第二天，美国很多报纸登出大字标题："中国女留学生向总统抗议美国的排华政策。"

宋蔼龄又一次成为美国的新闻人物。

当时，宋蔼龄的父亲宋嘉树也正在纽约为中国同盟会进行募捐活动。看到当地报纸上的消息，想象爱女的斗争精神，非常的激动；同学们得知宋蔼龄竟然敢和总统叫板，佩服得不得了。宋蔼龄成了新闻人物，大家都用敬佩的眼光看着她，向她打听当时的情况。

温秉忠在华盛顿参加完有关活动后，带着宋蔼龄前往纽约。

宋蔼龄一踏上纽约的土地，就见到父亲宋嘉树，父女重逢了，格外欣喜。

她看见父亲的目光是那样温暖，那温暖里面似乎还有欣赏和夸赞，果然，一见面，他就热烈地赞扬了她的勇敢和战斗精神。她的心，既安慰又兴奋。经历风雨的磨炼，她会读懂前行的方向，并从此生机勃勃。

宋嘉树看见站在他面前的宋蔼龄，不再是一脸稚气的小姑娘了，她剪掉了脑后的那根大辫子、操着一口流利英语，穿着美国最流行的西式衣裙，浑身上下充满青春活力。宋耀如的心，溢满了欣慰之情。

宋蔼龄走过来，挽住父亲的胳臂，这个动作似乎让父亲明白，她的血管里流淌着祖先的血脉，她的骨头里凝聚着石头的刚毅和山的脾性。当父女俩抬起头的时候，看见云在天空中自由舒展，翅膀间的银河，坠入星语，成全了一个梦的夙愿。

三姐妹相聚美国

1907年，宋蔼龄和妹妹庆龄、美龄在卫斯理安女子学院相聚。

自宋嘉树和宋蔼龄父女俩从纽约分开后，就随着温秉忠渡过哈得逊河，到新泽西州的小镇萨米特去参观克拉拉·波特温小姐创办的一所朴实无华的学校。宋嘉树特别喜欢这所学校的环境和学习气氛，他想让自己的另外两个女儿庆龄和美龄来这里读书，他特此询问了波特温小姐，得到了肯定的回答。

至此，宋蔼龄已经在卫斯理安学院，独自度过了漫长的3年学习生活。她已经成长为气质颇佳的大姑娘了。她的心像风一样，跟着水漾动。她的灵魂早已栖息在各种知识中了。

1907年夏天，宋蔼龄迎来了她的两个妹妹，文静的庆龄和活泼的美龄。宋氏三姐妹终于在美国团聚了。

宋蔼龄似乎悟到了父亲送两个妹妹来美国的意图，她不说破，默默地做着迎接两个妹妹的准备。

其实，宋蔼龄的思虑不是没有道理。父亲宋嘉树送两个妹妹来美国学习，的确是有目的的。他知道，自己参加反清运动，随时随地都会遇到危险，一旦被抓获，就有掉脑袋的可能，他必须把家人安顿好，以免逃亡时牵肠挂肚。大女儿宋蔼龄已经在美国读书了，即将在上海圣约翰中学毕业的宋子文，马上要来美国哈佛大学深造了，宋子良、宋子安年纪还小，只有庆龄和美龄让他惦记，15岁的庆龄可以到美国读书了，美龄才8岁，还不到出国的年纪，但她跟着庆龄也不会有事，他相信庆龄会照顾好妹妹的。

于是，宋嘉树考察了波特温小姐的学校。

学校坐落在一片桦树林边，环境幽静典雅，虽然简陋，却管理得非常的好。

宋嘉树一下子就喜欢上这所学校了，他给波特温小姐的学校捐了笔钱，提出了让两个女儿来此学习的要求，波特温小姐愉快地答应了。

正赶上温秉忠再次访美，宋嘉树把两个女儿交给他，乘坐"满洲号"豪华客轮，横渡太平洋直抵美国。温秉忠是外交官，和他同行十几个人都是美国的头面人物。入境时，宋庆龄和宋美龄顺利地通过了移民局的检查。

两个妹妹的到来，让宋蔼龄非常的高兴，她紧紧地拥抱着她们，姐妹三人畅谈已逝的时光，回忆儿时曾在一起的点滴，激动得热泪盈眶。相拥着庆祝在异国他乡的重逢。三姐妹你挨着我，我靠着你，像海南文昌故居里的树木，一棵棵的彼此依靠，在月光里聆听彼此内心深处的歌唱，久久不愿睡去。

十岁的宋美龄

紧接着，宋庆龄上了萨米拉小学的预习班，一年后，顺利进入了卫斯理安女子学院；宋美龄因为年龄太小，转入距离不远的皮德蒙特小学读书，并被允许住在卫斯理安学院，三姐妹终于可以在一起，为共同的理想而学习了。

三朵姐妹花，在异国他乡各自忙着学业。宋蔼龄除了学习，还要照顾两个妹妹，尽到做大姐的责任，她向庆龄详细地介绍了卫斯理安学院的各方面情况，叮嘱她尽快适应环境。

晚上，宋蔼龄不再孤独，三姐妹凑到一起，聊天、聚餐、探讨学习上的问题，那年轻的梦想，摇曳在夜的窗台上。

宋蔼龄毕竟也是个孩子，她有时也淘气，捉弄两个妹妹，为的是让枯燥的学习生活兴趣盎然。

那一天，宋蔼龄收到步慧廉寄来的邮件，她打开一看，里面有烤火鸡、咸肉、腰果、瓜子、桃仁等，平时，这些好吃的东西是要大家分享的，宋美龄却提议三姐妹独自饱餐一顿。宋蔼龄还是留下了两个好朋友。5个女孩子在就寝时间，悄悄地大吃大嚼起来。正吃得高兴，忽闻外面有脚步声，宋蔼龄眼珠一转说，不好，查铺的老师来了。就寝时间聚餐是违反校规的，大家立即慌了，宋蔼龄把一件衣服盖在食品上，藏到了床底下。几个女孩子分别藏进了卫生间和壁橱里。他们听见宋蔼龄打开房门大声说，杰克老师，今天你查夜啊。接着杰克老师用好听的男中音说，是啊，已经熄灯了，我听见你屋里还有人说话。都谁在这里？接下来是宋蔼龄的声音，没有哇，我屋里早就没别的人了。接着又是杰克的声音，不对，我明明听见有人说话，我得进屋看看！藏在壁橱和卫生间的女孩子们吓得大气都不敢出。只听杰克老师说，她们一定是藏在哪里了，我要坐着等她们出来。宋蔼龄说，真的没人，你快去别处看看吧。杰克老师又说，不行，我一定要等等看。接下来，鸦雀无声，女孩子们闷在藏身处憋了半天，也没有听见老师离去的声音。宋美龄实在憋不住了，悄悄推壁橱门留一条细缝，向外一望，哪里有什么杰克老师，只有宋蔼龄坐在那里大吃大嚼，一只鸡腿都被她啃完了，跳出去就扯宋蔼龄的头发，两人大笑。其他女孩子才知道，宋蔼龄在表演口技捉弄了她们。

1909年，宋蔼龄以优异的成绩完成学业，5年的留学生涯，她更加成熟、儒雅。

在毕业典礼上，宋蔼龄朗诵莎士比亚的一段戏剧台词，惟妙惟肖，精准地揣摩透了人物的心理的对话，博得了全场热烈的掌声。

宋蔼龄又一次上了梅肯城的《电讯报》，标题为：《未来中国的改革者》。文中写道：

"宋蔼龄小姐以优异的成绩学完了她在卫斯理安学院的全部课程，昨日取得了毕业证书。她在美国学得的知识和吸收的民主思想，必将在回国后引起一场闻所未闻的伟大变革！飘扬了三百年的龙旗将被她的同志扯下。年轻貌美的宋小姐将成为革命后中国的'总统夫人'，领袖的妻子是支持宝座的真正力量！由于她的英明睿智，中国已大步迈进！"

宋蔼龄读到报纸时脸红了，却怦然心动。她是多么的渴望美国报纸的预测和祝愿成为现实。她躲开恶作剧的同学们，去报亭买了十份报纸，悄悄塞进回国的行囊。

分离的时候到了，宋蔼龄和两个妹妹依依惜别，踏上了归国的轮船。回转身，看见两个妹妹朝她挥动双手，她的泪水夺眶而出。

宋蔼龄 全传

Biography of Song Ailing

第三章

归国毅然投身革命

漫长的岁月，总会发生故事，故事里总有桃花的味道。

繁华过后，留下的叹息，绵绵长长。

宋蔼龄学成回国之后，毅然投身了革命。

在父亲身边的日子，她义无反顾地为革命贡献着自己的青春年华，勤奋工作，奔流的热血，写进年轮的日记；

追随大总统孙中山左右，她从容自然，精明干练，把秘书工作做得风生水起。

当初恋来临，我是你梦中的温情女子，你是我骑着骏马的王子，为何中间隔着千山万水，只能遥望，却无法走近？

当宋蔼龄遭到孙中山的拒绝，她离开他，回到上海的家，独自疗伤？

果敢飘逸的背影

宋蔼龄终于学成回国了，当夕阳的光辉洒满上海码头的时候，她斜挎坤包，稳步走下轮船，顾不得取行李，燕子一样扑向在港口等候多时的父母。

5年了，离家的游子是否认得回家的路？

宋蔼龄泪水盈盈地看着激动万分的父亲宋嘉树和泪流满面的母亲倪桂珍，她有多少话要对他们说，她的喉咙哽咽着，不成句子的问候，隐藏着怎样的深情厚谊？她泪眼模糊地望着二老。她知道，母亲倪桂珍为了她去美国留学，忍受了多少闲言碎语，而父亲更是操碎了心。

父母面前的她，不再是那个掏空人家的南瓜，往里面塞小鱼小虾的小淘气包了，不再是骑着自行车围绕着大胡子锡克族交通警察转圈的倔强女孩了，如今，她体态丰满，秀发飘逸，浑身散发着青春的气息和活力。更重要的是，她已经学到了当时的女人不可能有的知识，还有开阔的眼界和见识，凭着这些，她要在中国的土地上建功立业，不再过中国老式妇女，围着男人转、围着锅台转那样的生活，她突然感觉自己对于家庭和国家是有责任的。

南风吹过，宋蔼龄临镜未眠，透过雨声，寸心难说执念。

　　夜晚，宋蔼龄独自躲在自己的卧房里，从行李箱里拿出美国梅肯城的《电讯报》，仔细地阅读着关于她毕业的那篇报道，然后，把它压进了箱底，发誓不再读它，因为，她要有一个新的开始。

　　归来的日子，是令人兴奋而忙碌的，寻访昔日的朋友，跟着母亲拜访亲戚，她一身的洋装引来异样目光，羡慕？嫉妒？还是排斥？归家途中，她透过车窗饱览朝思暮想的大上海，却感觉楼房没有她小时候看到的高，街道也变窄了，一座座建筑灰头土脸的。

　　那个夜晚，月亮隐进了云层。宋蔼龄饭后落寞地闲坐。父亲走进来，问她回国印象。她开始把抱怨倾诉给父亲，发泄种种看不惯的牢骚，奚落那些人的僵化和守旧。

　　父亲宋嘉树耐心地听着她的不满和牢骚，语重心长地说，我亲爱的女儿，你现在踩的是中国的土地，不再要用美国的眼光看这看那，我这有非常重要的事情等着你做。从明天起，是不是尽量用中国话表达你的思想，多一点时间穿中国衣服？要知道，也有人在盯着你摇头呢。

　　宋蔼龄的脸忽地红了，父亲的话，像重锤一样敲打在她的心上。

　　这段日子，宋蔼龄一直沉醉在亲朋好友见面的激动、客气和亲热里，出国留学的优越感一直在心头痒茸茸的，父亲说的问题她连想都没有想过。她恍然大悟，顿觉惭愧赧然。

　　从此，宋蔼龄换上了中国服装，说话和思考问题都用汉语词汇。她的转变应该说是艰难的。5年前，为了适应美国的学习，她有过一次艰难的转变，现在，她刚刚习惯使用英语，却又要因适应国情转回来。5年前，她是个孩子，可现在她已经是成年人了，各个方面都已经定型，说话时一不留神，英语就脱口而出。她站在镜子前打量自己，穿西装是多么合体多么的富有朝气。可是，自己是中国人，走在中国的土地上，在中国建功立业，还要嫁给中国人，就应该说中国话穿中国衣，按照中国的生活方式去生活，再艰难的转变也要坚持。

　　宋蔼龄是个坚强而有毅力的姑娘，说变就变。她穿上一件白底粉花旗袍，额上的头发压低梳到脑后，绾了个蓬松的髻，脚上的鞋子换成半高跟，信心十足、春风满面地出现在父亲面前。

　　宋嘉树的脸，绽开了会心的笑容。

向往是一件美好的事情，只是季节总会循规蹈矩。宋蔼龄站在黄浦江边，借助一面水的平静看穿过往的表情。

1910年，大清王朝风雨飘摇、岌岌可危。孙中山领导的革命党的活动紧锣密鼓，社会上的三合会、哥老会、青帮和红帮等各种势力也异常活跃。同盟会要组织好自己的队伍。同时，也要与这些会党帮派协调行动，以借助他们的力量。宋嘉树手中有大量的账目表册和来往信件，其中有不少密信，要经过特殊处理才能解读。以往，这些信件都是宋嘉树自己处理，不但浪费时间，还弄得筋疲力尽。他早就需要个秘书了。

那个早晨，宋蔼龄跟着父亲走进了华美印书馆的办公室，窗下新添置的办公桌上有一台小巧的英文打印机。她瞪大了双眼，望着父亲，像是在问，这是我办公的地方？

宋嘉树显得很激动，他让女儿坐下，指着那张桌子，说，从今天起，你的大部分时间要在这里工作。教会学校的主日教师仅仅是你的公开身份，你的实际身份是我的秘书，不是企业董事长秘书，而是同盟会司库秘书，你要协助我处理革命经费的筹措和安排使用，协助我处理各地同盟会以及其他会党的联络工作，特别是与孙中山先生的联络要迅速及时，准确无误。

宋蔼龄仔细听后陷入了沉思，这份工作的极其重要性，她是知道的。

宋蔼龄对工作是极其认真和精细的。遇有密信，她小心地剪开，再用毛笔蘸上药水抹在上面，字迹就清晰地显示出来。她将内容告知宋嘉树，由他去决断并处理，需要回复的，宋嘉树说出意见，由她斟酌文字写成文件。对于一些捐款名单、调拨计划，宋蔼龄负责登记造册，处理得井井有条、清清楚楚。她不但心细如发，还认真实干，一份文书，她都是读几遍，确保没有差错。她从来不把自己当成宋嘉树的女儿，是以应聘秘书的角度，严肃认真地工作的。

宋蔼龄以父亲的秘书的身份，参加了中国的资产阶级革命，成为反对和推翻帝制的革命战士。在父亲宋嘉树的教育下，她懂得了保密的原则，她知道，父亲宋嘉树把革命党的一切秘密都交付于她，她肩上责任重大，她知道组织、人员、经费、武器，还有行动计划等，守口如瓶，是她必须做到的。当父亲告诉她，因为她掌握着秘密，她也会成为敌人搜捕的目标，危险时刻伴随着你！听了父亲的话，宋蔼龄激动得热泪盈眶，她走到父亲的桌前，捧起一本《圣经》，右手按在上面起誓：竭尽全力，做好工作。严守秘密，绝不泄露。坐牢杀头，永无反悔。

宋蔼龄做了父亲的秘书，大大减轻了宋嘉树案牍上工作，他心悸失眠好了，容光焕发的。望着桌上井井有条的文件，他知道，自己有时间去思考更重要的问题，有了更多的精力去开辟财源。父女二人在这间办公室并肩战斗，接待来访者，一起出去参加各种社会活动，在宴会和舞会的掩护下，与革命党人接头。每当宋嘉树和重要的人物接头，宋蔼龄都准备好对方的资料，比较方案，让宋嘉树了解其背景，注意事情的本质。宋蔼龄担当宋嘉树的秘书不久，就感觉到了，她已经是他不可缺少的助手了。

宋蔼龄作为同盟会的正式成员，通过司库秘书这样重要的工作，接触了许多重要人物，使她对资产阶级革命有了更深刻的认识，同时，她的精明和富有心计与这些主要人物建立了良好的关系，为她日后在国民党政界各大员之间纵横捭阖奠定了坚实的基础。

一次，宋蔼龄接到孙中山从槟榔屿发来信件：同盟会为了发动武装起义向美国纽约财团借款事宜告吹。她非常着急，父亲宋嘉树却不以为然，他不想因为革命失去国家主权。从这件事上，她认识到了美国财团唯利是图的本来面目，以及他们之所以借款支持中国的资产阶级革命，原来是在觊觎革命后在中国享有开矿实业的特权。

按照孙中山的要求，宋蔼龄积极配合父亲，迎接革命的到来，在国内积极筹措资金，保证大规模的武装起义在广州按时举行。

孙中山的革命计划，让宋蔼龄倍受鼓舞。她反复地阅读信件，那些黑色的汉字仿佛舞动起来：一旦得手，将由黄兴率一支军队出击湖南、湖北，赵声率一支军队出击福建、江西，分兵合击，半壁江山指日可待。

宋蔼龄崇拜孙中山，那是一位体内蕴含着无限的激情，做事情一往无前的革命者。4岁的时候，她就认识了留着小胡子的孙先生。她在马克谛耶学校读书时，他就是她家的常客，她听过他寓意深刻的故事；在卫斯理安学院读书时，每次父亲来信，都会提到孙中山的革命活动，她对他印象深刻。

此刻，宋蔼龄心情激动，恨不得马上出去为革命筹措经费，以支持孙中山先生革命壮举。她建议和父亲两个人分头行动。

她的大胆让父亲很是吃惊。他多年的社会经验让他深知，世上最难的事，就是劝别人掏腰包。自己经验丰富，还经常碰得头破血流，一个初出茅庐的女孩子，能筹来资金？是不是太不知深浅了？

宋嘉树徘徊着，拿不准主意。却听到女儿说，定个目标看谁先完成。

望着女儿渴望而坚定的目光，宋嘉树微笑着点头。

宋蔼龄第一个登门是上海大银行家、上海自治公所所长沈缦云。这天，由于市面混乱，沈缦云应上海道台之邀，指派自治公所几百人的武装上街巡逻去了。他自己躲在家里闭门谢客，静观局势。

宋蔼龄来到沈家门外，受到门房的阻拦，凭着聪明机灵，得以登堂入室。彬彬有礼见过沈缦云，她并不先说来意，而是从两个人都在美国留学入手，使谈话轻松愉快。当沈缦云留她吃饭时，她才说出为同盟会捐款的事。沈缦云听了一愣，说，朝廷正在通缉同盟会的人，一旦抓住格杀勿论，你在我这里募捐，不怕我把你抓起来吗？宋蔼龄听了咯咯地笑起来，她似乎漫不经心地指出沈缦云曾向摄政王请愿，要求召开国会的义举。最后，她说了这样一句话：连美国朋友都为您的民主思想叫好呢。沈缦云听了很得意，和她就归还人民民主的话题议论起来，痛心并指责大清朝廷腐败透顶无药可救了。聪明的宋蔼龄趁机使出了紧逼法，给同盟会捐款，早日推翻这个腐败的朝廷。沈缦云头摇得像拨浪鼓，表示绝不上贼船，做大逆不道之事，免得满门抄斩。宋蔼龄不急不馁，微笑着指出沈缦云曾经为《民呼日报》和《民立报》捐资，这两张报纸可都是同盟会员于右任创办的。报纸鼓吹革命，煽动人心，抵得上十万军队。沈缦云的头上沁出汗珠，接着，她分析了革命形势，终于说服了沈缦云。

宋蔼龄不虚此行，凭她的聪明才智，给革命党筹措了百万元的宝贵资金。初战告捷，她大受鼓舞，筹措工作进展顺利，几天下来，她筹来的资金比父亲还多。

宋嘉树将筹措来的资金购置武器弹药，秘密发往广州，其中的具体联系事宜，都是宋蔼龄经办的。

1911年4月末，传来了广州起义失败的消息。黄花岗72烈士壮烈牺牲，阴云笼罩了南国的上空。

宋蔼龄不明白，清政府在抵抗外国人的入侵时，连战必败，对付起革命党人的起义时，却毫不留情。她沮丧极了，但她没有忘记寻找起义失败的原因。陈其美到达上海，揭开了失败的秘密。原来，同盟会集中了财力，却没有集中人力，没有形成绝对必胜的优势，且内部纪律松弛、组织不严，领导者优柔寡断，起义时间一变再变，最后，仓促起义，只有少数人采取了行动，虽攻进了两广总督衙门，却很快被清军优势兵力包围惨败。

这时，宋蔼龄接到了孙中山先生的信，告诉她和宋嘉树，他已经赴欧美筹措更多的经费，以继续积蓄力量，准备更大规模的起义。这封信，让她倍受鼓舞，她敬仰他革命家的远见卓识和百折不挠的精神，下定决心，追随他继续革命。

根据孙中山信中的指示，1911年7月31日，同盟会中部总会在上海正式成立，陈其美担任了庶务部长，和宋教仁、谭人凤一起组成领导核心。会上，决定在长江流域举行大规模的武装起义。

这时，革命形势发展迅速，全国多半省会成立了革命军政府，清朝皇族内阁辞职，彻底推翻两千年封建专制胜利在望，但是，由于资产阶级的局限性决定，革命党内部出现了争权夺利的现象。老资格的同盟会会员坚决反对黎元洪做元帅，旧势力的代表却抓住黄兴在汉口保卫战中的失利，阻挠其任元帅，一场内乱不可避免地就要发生。

面对革命党内部暗流涌动的局面，宋嘉树和宋蔼龄父女二人知道，高层的权力之争，他们无能为力，只有迅速请孙中山先生回国，才能稳定大局。

在宋嘉树安排下，宋蔼龄在一天之内给孙中山连续发了三封电报，希望他放下一切，归国主持大局。

清晨的露珠，沾湿了她一夜未眠的双眼。

精明干练的总统秘书

1911年12月25日，这一天是宗教节日，也是耶稣的诞生日。往年，作为基督教徒的宋嘉树和宋蔼龄父女，会举行庆祝仪式，为亲人和朋友祝福。今年的这一天，父女俩却顾不得圣诞节，早早地赶到上海金利源码头，迎着寒冷刺骨的北风，站在霏霏细雨中，翘首盼望着孙中山先生归国！

辛亥革命爆发了，孙中山先生就要回国了，他们的激动可想而知。

正在美国为革命筹措经费的孙中山，得知黄兴率领军队在武昌起义，辛亥革命爆发！孙中山为革命者胜利占领武昌惊喜万分。他立即取消了到堪萨斯城筹款的计划，前往华盛顿。10月15日，他途经芝加哥，和当地华侨举行了声势浩大的预祝中华民国成立大会。华侨们为祖国的新生兴高采烈，像欢迎英雄那样欢迎孙中山的到来。美国的新闻媒体连续刊登文章，预言孙中山将当选未来的共和国总统。这个时候的孙中山虽然心潮澎湃，却表现得很低调。当记者赶来采访他，他却悄然走掉。

在宁静深沉的暮色里，孙中山感觉到自己的心魂，在歌声里越发的豪放。是的，为了"驱除鞑虏，复我中华"，从事推翻帝制以来。16年过去了，他作为"粤省首犯"，长期被清政府通缉，被迫流亡海外，他曾被日本政府"递解出境"，曾在英国被清朝使馆诱捕，差点被押解回国处死。一次次的蒙难，他的意志越来越坚定。今天，他终于在辛亥革命的炮声中回国，去敲响千年封建帝制的丧钟了。

孙中山一踏上祖国这片神奇的土地，就看见了宋嘉树，他激动万分地奔过去，热烈地拥抱了他，然后，他回转身向同行的胡汉民、廖仲恺等人介绍了宋嘉树，他们中只有胡汉民知道宋嘉树的身份，其他人都以为宋嘉树就是个传教士和善于经营而发财的唯利是图之人。听见孙中山的介绍，才知道他就是为革命作出重大贡献的理财人，都瞪大了眼睛，前来握住他的手。

宋蔼龄走向前去和孙中山打招呼，宋嘉树把宋蔼龄介绍给孙中山。

孙中山惊讶地看到原来的小姑娘宋蔼龄已经成长为革命之士，不住地夸奖她。

突然，一阵隆隆炮响，众人大惊。宋蔼龄却高兴地跳起来，告诉大家，这是"建威号"的欢迎礼炮！

当孙中山换上一身军装上岸时，要求查理给他物色一名精通英文的秘书。宋嘉树想了想，推荐了宋蔼龄，孙中山看她思维缜密敏捷、善于观察思考，欣然同意。

宋蔼龄站到孙中山面前，聆听教诲。

孙中山吩咐她上岸后负责记录会议情况，着重记录各省革命者的工作汇报。宋嘉树插话吩咐蔼龄，先生的谈话也要记录。

作为秘书的宋蔼龄庄严、安静地站在孙中山身边。

上海金利源码头上，军乐声响彻云霄，气球高高飘飞在蓝天上，孙中山在盛大的欢迎仪式上发表讲话，他高度赞扬了武汉军民首义的功勋和大无畏的革命精神；高度评价了上海光复的意义；接着，他精辟地分析了革命面临的形势，他坚决反对和清廷议和，巩固光复地区，组织军队，以革命武装力量统一中国。最后，他慷慨激昂地号召革命者们"少希望和谈之可能，急整军旅，北扫鞑虏，以慰国民之热望！"

欢迎仪式结束后，孙中山住进了法租界内的宝昌路 408 号。宋蔼龄以秘书的身份立即进入工作状态，分外忙碌起来。她从记录员开始，在同盟会的主要人物黄兴、李平书、汪精卫和陈其美分别和孙中山汇报情况时，静静地坐在一边，飞快地做着记录。她利用休息时间，翻阅各地发来的电报，分门别类归拢好，摘录要点，理清事情的轻重，然后，报给孙中山过目。再按孙中山的指示，草拟电文，回复给对方。

孙中山看着她认真、严肃工作的样子，心里非常的欣慰。自己正为繁杂的工作而头痛，宋蔼龄来了，一切弄得井井有条，这样精明强干的高效率的秘书真是他所需要的。晚上休息之前，宋嘉树来安排警卫事宜，孙中山由衷地赞扬宋蔼龄："你推荐的秘书我非常满意，可以说是美国式的高效率！"

1911 年 12 月 29 日，全国 17 个省代表集会南京，会议主题是协商光复后全国最高领导者人选；会议决定光复后国家名称为"中华民国"；并在北方清朝势力没有彻底摧垮之前，设中华民国临时大总统。孙中山以 16 票当选，黄兴只一票。

历史为英雄树碑。

一个新的中国，在同延续了两千多年的封建帝制，经过血与火厮杀后诞生了，共和制取代了封建帝制，这是人类多么巨大的胜利。

在这个历史性的时刻，孙中山当选临时大总统，宣告了苟延残喘的大清帝国退出历史舞台。这样翻天覆地的变化，怎能不让人激动？会议所在地南京沸腾了，上海也成了欢乐的海洋。宋嘉树一家高兴得像过节一样，宋蔼龄忘情地与大家拥抱，逢人便讲，孙中山选上了，选上了大总统！

"西山楣映千峰雨，数岭叶飘万树霞。"

这是中国前所未有的载入史册的大事件。

此刻，孙中山异常冷静地坐在自己的办公桌前，思考着如何挑起使国家走向繁荣昌盛的重担。这个国家，大多数百姓还陷于极度贫困的深渊，清朝的残余势力还很强大，袁世凯的强大军队让新生的共和国面临巨大的军事压力，如何彻底推翻清朝的统治，巩固共和政权？又如何建设国家，提高人们的生活水平？

孙中山在办公室徘徊着，他不能辜负中华民族殷切的希望！

再难再险，他也要坚持，哪怕迂回曲折，蜿蜒逶迤，起伏跌宕。

　　孙中山隔壁房间里的灯光也一直亮着，并不时地传出打字机滴答的声音。灯光下，宋蔼龄低垂着头，思考着，手指飞速地敲击的打字机的字盘。3天前，她出任孙中山的秘书，仅仅过去72小时，她竟然变成了中华民国首任临时大总统的秘书，她感觉到了自己肩上担子的分量，她千百次地叮嘱自己，主动忘我地工作，不但完成总统交代的任务，还要动脑筋想事情，为总统补台。她整理出孙中山的简历，准备随时在新闻媒体公布，让中华民国的人民了解自己的总统，也让全世界认识中华民国的总统。她边翻阅资料边思考，好看的身影被橘黄色的灯光投射的墙壁上，发髻高耸，黛娥长敛，纤细白嫩的脖颈随着头低垂着。舞动着的手，在打字机上像蝴蝶一样翻飞。一份孙中山的英文简历和一份孙中山中文简历，散发着油墨的清香，摆在了桌上。

　　远处的鸡叫声提醒了她，天快亮了。信步走出办公室，宋蔼龄深吸了一口清新的空气，顿觉神清气爽。这时，黄兴从孙中山的办公室里出来，一副操劳过度疲倦的样子，沙哑着嗓子告诉她赶紧准备，后天总统在南京宣布就职。

　　宋蔼龄轻声地答应着，崇拜的目光读着黄兴，那如草般的乱发，血丝如缕的眼睛，还有沙哑的嗓子，是他一路奔忙一路厮杀的见证。

　　黄兴是辛亥革命的功臣，他的文韬武略，他生命的顽强和坚韧，让他在孙

青年宋蔼龄（后排右一）曾经是孙中山的秘书

中山回国之前，担起了同盟会的重任，领导了武昌武装起义，并坚定地抵抗向旧官僚旧军人的妥协和退让的行为，坚决不让权于黎元洪。孙中山回国后，他坚决拥护孙中山，亲临上海码头迎接他，又赶到南京主持了17省代表选举大总统的会议，现在又安排了孙中山南京宣布就职的有关事宜。

也许，这就是革命战友之情。

想到这，宋蔼龄的心里升起了无限的敬意。

这个时候，她看见父亲宋嘉树和陈其美、胡汉民等人朝她走来。她悄悄拉着爸爸，要他帮忙看看孙中山的简历是否准确无误，她想，父亲看过后，再交给孙中山审阅。

父亲答应着，和他的战友们走进孙中山的办公室。不知为何，宋蔼龄突然想起"临时"这两个字，顿觉浑身的不舒服。

1912年1月1日，孙中山身穿连夜为他特制的军服，镀金的大铜扣闪闪发亮，为精神焕发的孙中山，平添了一股威严、正气和帅气，神采奕奕地从上海到南京，宣示就职。

作为随行人员的宋蔼龄，精心地打扮了自己，一身海蓝色的西服套裙，带着红宝石项链，一头乌黑发亮的头发，脸上化了淡妆，显得青春勃勃，楚楚动人，干练精明。她看见身着军装的孙中山显得那样的威严和帅气，想起他坚决拒绝绶带和徽章的样子，心里很美，穿军装出席宣布就职，是她的主意呢。

上海北站，此刻，早已成了沸腾的海洋，孙中山的专列的车头披红挂彩，车厢内用珠宝装饰，透着一种皇家气派，据说慈禧太后曾坐过此车。

孙中山没有忘记宋嘉树一家对革命的贡献和牺牲，特意邀请他们全家一起到南京观礼。一路上，宋嘉树和党内的其他高层人士簇拥在孙中山周围，宋蔼龄手提机要箱紧跟左右，从欢送的人群中走来，显得那样的机警和干练。人山人海的上海站，人人身穿节日盛装，手握彩旗和气球，喜气洋洋的，看见孙中山进站，欢腾起来，口号声此起彼伏，陈其美就劝孙中山直接上车，孙中山坚持与欢送的群众互动，在月台上走了个来回。

孙中山的专列开出车站后，沿途的欢送人群喊着口号，挥动着手中的彩旗，气氛让孙中山激动，他不顾警卫人员的劝阻，多次拉开窗帘，向欢送的人群挥手致意，观看梦幻牵绕的江南风景。宋蔼龄对孙中山的"总统誓词"中随时准备让贤的说法极其不满，现在，她时刻都在担心总统的安全。又见警卫人员劝说无效，在车过昆山时上前拉上窗帘。孙中山很生气，她严肃地告诉孙中山，你现在不属于你自己，属于我们大家，属于这个革命阵营，属于全中国。对于你不知安全的做法，我们都有权制止。

宋蔼龄奋不顾身的样子超然脱俗，勇敢而无畏。

下午5时，孙中山的专列停在了南京下关车站，欢迎的场面盛大而隆重。江面上停泊的军舰齐放礼炮21响，向世界宣布中国第一位大总统就职了，亚洲第一个共和政权建立起来了。宋蔼龄在响遏行云的："共和万岁""中华民国万岁""大总统万岁"的口号声中，紧跟孙中山下车，她看到了万民潮流一样地涌来，纷纷踮起脚尖，竞相一睹新生的祖国第一位大总统的风采。各国驻南京的领事们前来迎候。大街小巷张灯结彩，一片沸腾。孙中山高兴地同黄兴率领的17省代表握手，同各国领事见面，并请他们转达自己对各国元首和政府首脑的敬意。

这时，宋蔼龄得到一份情报，有清军乔装进城，寻找行刺孙中山的机会。她焦急地望着汹涌的人流，也许，凶手正躲在人群中，她意识到，总统不能按原计划乘马车赶往总统府了。那样，真是太危险了！她急忙朝孙中山看去，只见他一边向群众挥手致意，一边朝马车走去，如何在众目睽睽下，向总统汇报敌情？

她心急如焚！

突然，她想到了一个好办法，飞速写了张纸条悄悄地递给了黄兴。黄兴警觉地朝欢腾着的群众看了一眼，躲到一边展开一看，刺目的字眼映入眼帘："发现敌情，总统不能走预定路线。"大惊失色的黄兴立即决定，改走第二路线。

几十辆披红挂彩的马车，正整装待发。孙中山朝马车走去，驭手们高举挂着红缨穗的马鞭，站立在车辕旁，侍卫人员在车前铺好了大红毡毯，伸手请总统上车。

宋蔼龄见到这样的场景，心里纳闷，难道黄兴不想阻止孙中山乘坐马车？她紧张得汗都流了下来，正准备亲自跑到总统前，告诉他危险临近，请走第二路线。

突然，她看见黄兴紧走几步，来到孙中山面前，伸手示意孙中山继续向前，孙中山迟疑一下，又向前走。黄兴引路，他们绕了一圈，回到车站，进了休息室，宋蔼龄终于放心了。

总统府曾是清朝的两江总督衙门，太平天国定都南京时，为洪秀全的天王府。

辛亥革命爆发过后，黄兴组织人对这里进行了修葺定为总统府。孙中山走进焕然一新的总统府，心情格外好，他想起自己年轻的时候，曾自诩"洪秀全第二"，如今真的梦想成真了，他一定会在这里，做出彻底推翻帝制的革命事业的。

孙中山吃了简单的便饭，立即召开会议，修改统一《临时大总统誓约》和《临时大总统宣言》这两份最重要的文件。宋蔼龄坐在一边生闷气，她从心底里不同意只要袁世凯逼清室退位，就把大总统一职让给他的说法。左右不了乾坤的她，只有恨怨。

夜色朦胧，孙中山的办公室却灯火依旧，大家还在讨论，一字一句地修改着文件。胡汉民见太晚了，提议，总统宣誓就职仪式明天举行。孙中山不同意，坚决在12点举行总统宣誓就职。宋蔼龄见他刚毅而疲倦的面容，心里很感动，那是他生命的自信衍生的气魄和胆略。

孙中山的气魄点燃了她工作的热情之火，宋蔼龄在灯光下，抄写着孙中山改写的文件，他改一遍，她抄写一遍，直到定稿。

1912年1月1日23时，总统宣誓就职仪式终于顺利举行，当孙中山健步走进会场时，全场响起雷鸣般的掌声，会场上每一个人都看着孙中山，向他欢呼致意。在这个重大历史时刻，宋蔼龄看见父母和两个弟弟都坐在前排鼓着掌，脸上露出欣慰的笑容。此刻的孙中山站在主席台的中央，身后的墙上挂着两面五色旗，衬着他庄严而坚韧的脸，他向台下摆了摆手，掏出准备的誓词，举起右手，大声地宣誓："倾覆满洲专制政府，巩固中华民国，图谋民生幸福，此国民之公意也，文实遵之以忠于国，为众服务……至专制政府既倒，国内无变乱。民国卓立于世界，为列邦公认，斯时文解临时大总统之职。谨以此誓于国民。"

宋蔼龄真是丧气，刚上任谈什么解职！

宣誓仪式一结束，宋蔼龄立即把早已准备好的孙中山简历散发给中外记者，她身姿轻盈，高兴极了，明天，孙中山的革命功绩以及民国的成立，"总统就职"这个划时代的重大历史性的消息，就会传遍全中国，甚至全世界，一个崭新的中国从此诞生了！

忽然，美国梅肯的《电讯报》上那篇关于她毕业回国的报道，涌上脑海，特别是预言她将成为中国的"总统夫人"的句子，让她久久地回味，情窦初开的她，面赤耳热，竟然一夜未眠。

宋蔼龄在孙中山任职后的日子里，只有繁忙。雪片般飞来的电报、函件，小山一样堆积在她的桌上。她感到了肩上的责任重大，一丝一毫都不敢怠慢。她心细如发地处理着每一个文件，尽量做到有条不紊。渐渐地，她表现出了权力欲。一些向总统请示的函件，只要她认为申述不清就退回去；她在一些部门的电文上挑毛病，让旧官僚的总长有苦说不出，颇为头痛；有些事情，她认为自己知道孙中山的意思，就不报告自己做主处理了，只在事后向孙中山报告一下，有的连报告也不报告。她的敢作敢为，渐渐地有了效果，一些地位较高的干部，遇到事情先过她这一关，否则，就到不了大总统那里，甚至，有些跟孙中山打招呼了，她也压住文件不报。各部门的干部怕她怵她，许多事情根本弄不清是她的意见，还是总统的意见。宋蔼龄是为总统着想的，减轻他的负担是她的责任，当然也有她为了整治那些和总统意见不一致的人搞的恶作剧。

不久，宋蔼龄和孙中山发生了一场激烈的争吵。

不能不说，宋蔼龄的出发点还是为总统着想。孙中山把宋嘉树一家当作自家人，宋蔼龄在他面前无拘无束，孙中山也没架子。

那天，孙中山应一些人的要求，要率领文武官员拜谒明朝皇帝朱元璋。宋蔼龄认为民国是全新的共和制度，不该推翻了帝制再去拜什么皇帝。最后，宋蔼龄虽然还是跟着孙中山去朝拜了明陵，却是作为春游踏青去的。

宋蔼龄不是一般的女人，她做起事情来少有的精明干练，遇事果断，决不拖泥带水，再多的事情，也被她处理得有条不紊，事情越重大，她办起来就越有精神。孙中山把宋蔼龄看作最贴心的人，信任她、关心她，闲暇时跟她聊天，幽默地和她开几句玩笑。除了公开场合，宋蔼龄在他面前总是无拘无束，给他出谋划策，也与孙中山发生争论。

宋蔼龄着手处理事务的时候，已经不再仅仅是由于职务的原因，而是出于一种发自心底的自觉自愿。

初恋是如此的美好

宋蔼龄是繁忙的，繁忙得自觉自愿，每临大事，她的精神都为之一振，全国和世界上发生的每一件与民国有关的事情，她都尽可能地详细了解，参与意

1912年5月27日，孙中山与家人合影于故居前。坐者左起：孙中山次女孙婉、宋蔼龄、卢慕贞、孙中山、孙眉、孙眉夫人谭氏，右一为孙中山长女孙娫。

见，与政府各部、外交使馆来往的电报、函件、呈报、批转、协调等工作，成为她日常生活中不可或缺的部分，她吃苦耐劳，不知疲倦的工作精神受到赞扬和鼓励，她却发现自己对于上下周旋，来来往往，竟然如此的得心应手，无师自通。

宋蔼龄精明干练，风风火火，和大总统并肩站在历史的风口浪尖上，豪情无限。却没有人知道，当她处理完一天的工作，从雄心勃勃的亢奋状态冷静下来，孤独，寂寞，就像细沙一样袭来。她是多么希望有人陪伴啊。回国两年了，她与父母亲和两个弟弟在一起，那种暖融融的家庭生活气氛，始终让她感到温暖。总统就职典礼结束后，母亲倪桂珍就带着两个弟弟回去了，父亲宋嘉树也在不久后回了上海。

这天，外面阴沉沉的，像是要下雨。宋蔼龄忙完了一天的工作，回到寝室，立即感觉孤独。父亲宋嘉树回去前和孙中山的谈话的情景浮现在眼前，父亲的执拗让她不快。

本来，孙中山组织内阁，就遇到了旧官僚势力的强力掣肘，宋教仁和章太炎等人出任政府总长的提议遭到坚决的抵制，多数总长位置被旧官僚占据，孙中山只好组织"次长内阁"，即以同盟会员担任各部次长，执掌实权，以求政令贯通，令行禁止。基于宋嘉树对革命的贡献，孙中山请他出任外交和实业次长，宋嘉树坚决拒绝。他表示愿意回上海继续实业经营，在财力上支持革命。

宋蔼龄对父亲的这一决定很不满意，她认为，凭着父亲对革命的贡献，出任政府要职当之无愧，就私下劝说他，为了宋家的发展，接受总统的安排。父亲没有接受宋蔼龄的劝说，是因为政界险恶，宦海沉浮，还是亲人们互为掎角，殊途同归？

宋蔼龄站起身，在屋子里踱着步子，想着心事。

这一年，宋蔼龄22岁了，在那个时代，应该是孩子的母亲了，可她还没有恋爱。她还没有遇上那个让她动过心的人。她端坐在镜子前，看着镜子里的自己，虽不漂亮，也不丑，丰富的知识让她气质高雅，青春的魅力无限。也许，是日久生情。当她在见到孙中山那一刻起，心里有一种异样的感觉。自从和他并肩战斗，她的心日益强烈地感觉到自己需要他，因为他是世界上最出色的男子。现在这种连日来潜意识中的爱恋逐渐上升，占据她的心灵。

心驰神往？心境旌漾？宋蔼龄的思绪尽情地放逐在梦怀里。

初恋是如此的美好！

孙中山在历史的转折点，奔波岁月，独舞苍茫，浩浩胆略；他宽阔的额头，蕴藏着无穷智慧；他提出的革命理论，正由千百万人在实践。他谈笑风生，让人在温暖中陶醉；他严谨认真，可敬可畏。他把和蔼、坚韧、文采和勇武完美地集于一身，内敛谦卑，儒雅大袖，狂舞心灵深处的渴望。

宋蔼龄曾经看见，即使威名赫赫的人在他面前，也俯首帖耳。

透过昨天的历史，宋蔼龄在孙中山的故事里凝望。爱，早已成为生命中的寄托。

宋蔼龄知道，她对孙中山的感情不是一见钟情，更不是那种自然的两性吸引，她的感情完全是一种多日来理智思考的积淀。

宋蔼龄瞪着眼睛看着天花板，她看见月光透过窗口照进屋里，那缕缕光华就像割舍不断的情思，紧紧地束缚住了她的心。

宋蔼龄望月未眠，一直在感情的深潭里纠结，孙中山是父亲的挚友，他一直把自己当小侄女看待，自己的一片痴心他会接受吗？父亲能同意吗？还有就是孙中山已有妻子，这是个麻烦。不过她是个旧式女人，孙中山和她之间早没有了爱情，没有爱情的婚姻当然应该结束。

　　宋蔼龄跌入了她的滚滚红尘，策马扬鞭，破尘而来，她想进入孙中山的世界，和他一起看花开花谢。她千万次地问，孙中山喜欢不喜欢自己？即使喜欢，碍于叔侄情面，他也许一辈子都不会开口。这事嘛，必得自己主动才行。对，应该寻找机会，试试他的态度。于是，她试探抛出绣球。

　　相思像风一样，没有形体，却真实而强烈地存在。

　　这个时候，虽然革命烽火遍地，但革命形势却十分复杂，革命军正在与袁世凯谈判，答应他只要逼清室退位，就让袁世凯来做民国总统。孙中山宣誓就职后，诡计多端的袁世凯撤销了唐绍仪和谈总代表的职务，推翻已经达成的和约，兵临南京城下。宋蔼龄得到情报，袁世凯在天津车站练兵，培养了一大批心腹党羽，掌握了军队的实权。慈禧太后死后，清朝皇室的王公大臣担心他的野心，以他骑马摔跛了脚为借口逼他退休。武昌起义后，清室中无人收拾残局，才不得不把他请出来，他却不可能再为清室卖命了。袁世凯借助革命力量压制清室，借清室之力压革命党，耍尽了两面派的手法。既不让革命军向北发展，又不大举进军革命军。一些旧官僚和立宪派趁机活动，逼孙中山大总统给袁世凯让位。

　　当宋蔼龄得知这一重要情报后，激动又担心，一方面吩咐外交总长伍廷芳去英美领事馆，请他们支持大总统孙中山，并且马上报告孙中山。孙中山认为：自己革命并不是求得个人地位。只要他袁世凯赞成共和，让清室退位，中华民国得以确立，我随时准备把大总统职位移交给他。宋蔼龄气得满面紫胀，袁世凯的阴谋，如司马昭之心。难道大总统不知道，她大声责备说，您这是对革命不负责任！您要让位就让吧！您的这个秘书，我不干了！宋蔼龄一跺脚，一路大哭着跑回了总统府。

　　孙中山望着她的背影摇了摇头，他的心里却如浪花翻涌。

　　自辛亥革命爆发以来，孙中山回国主持大局，围绕着总统位置的问题，两派争吵得不可开交，有人认为，当前中国最有实力推翻清朝实现共和的只有袁世凯，争取袁世凯就要给他总统的位置，革命党可以通过国会的多数制约他；另一派则认为，袁世凯出卖谭嗣同，人格卑下，野心极大，如果把总统位置让给他，革命者的血就白流了。革命阵营里，关系复杂，有的人当面反对让位于袁世凯，背后却支持袁世凯当大总统。汪精卫曾经刺杀清朝摄政王载沣，成为人们眼中的英雄，在革命党中名声很大，他就在孙中山面前坚决反对让位，背地里却支持袁世凯。

宋蔼龄坚决不同意孙中山让位于袁世凯。孙中山大为感动，想起她为此事捶胸顿足，大动感情的样子，他决定找她好好地谈谈，安慰一下老朋友的女儿，也是为了不伤朋友们的心。

孙中山回总统府吃晚饭的时候，没有看到宋蔼龄，每天的这个时候，她都检查饭菜，忙进忙出的。他准备饭后一定去看看闹情绪的宋蔼龄。

孙中山吃完饭刚要去看宋蔼龄，却见院子里站着十几位政府要员，瑟瑟寒风吹拂着他们冻红的脸庞，没办法，他只得先回办公室，处理了他们遇到的急事，等把他们打发走，已经是晚上10点多了。孙中山赶紧去蔼龄的房间，里面没有开灯，黑乎乎的。他在门口犹豫了会儿，伸手轻轻敲了一下门。屋里没有动静，只好再敲，好久，才传出宋蔼龄没好气地不要别人打扰的声音。孙中山沉默了一会儿，才报上自己的名字，只听房中窸窸窣窣的声音，像是在整理床铺。

孙中山进屋后，宋蔼龄随手关了门。孙中山环视着：真是室雅何须大，花香不在多！

宋蔼龄垂下头去，蔼龄跟随总统，不敢以一室为念，当以放眼环宇，扫除天下。

孙中山笑道："人小志大，不愧是宋嘉树的女儿！"

宋蔼龄看着被壁炉的火烤得满脸红红的孙中山，眉头一展，计上心来。她打开箱子，拿出精心保存的梅肯《电讯报》，递给孙中山。孙中山接过报纸，疑惑地看着，当他看见了《电讯报》刊载的关于宋蔼龄毕业的报道，好奇地读出了声："若干年后，我们将会从报纸上读到宋小姐同革命后的中国领袖结婚的消息。卫斯理安学院的女学生将成为中国的'总统夫人'。……领袖的妻子是支持宝座的真正力量，由于她的英明睿智，中国已大步迈进……"

宋蔼龄屏住呼吸，静静在等待孙中山的反应。却见孙中山把报纸一放，笑道，美国记者还真有人才。他们太爱胡说八道了，是吧？孙中山一挥手，不，绝不！

宋蔼龄的心，提到了嗓子眼上。

孙中山的脸色严肃起来，中国要真正走向繁荣昌盛，需要几代人不懈地努力。我们党内年轻能干的同志很多，他们当中会产生真正大有作为的总统。蔼龄，叔叔祝福你，祝愿美国人的预言能成为事实！

闻此言，宋蔼龄脑袋轰响了一声，她抛给他的绣球，他却不接受！她的爱恋就像精心构筑的空中楼阁，在这一瞬间倒塌了，她感到了心的疼痛。

难道我不是你梦里的那个温情女子？我却看着你骑着骏马走来，隔着万水千山，只能遥望，却无法靠近！

孙中山走了，她靠着门雕塑一样站立，空寂、落寞，失落摄住她的心。

其实，你在我心里，一直都在，未曾走远。

她泪水盈盈，跑回屋去，一头扑倒在床上，把头埋入被子里，浑身战栗。

蓦地，她坐起身子，也许，是我没有说清楚；他是父亲的朋友，即使他听出弦外之音，也会因为年龄的差距而假装糊涂。不能灰心丧气，一定再找机会挑明自己的情感，不给他留回绝的余地，宋蔼龄拿定了主意，不再烦恼。突然，她拍下脑门，坏了，为了感情的事，忘了劝他绝不让位给袁世凯！

世上的事情是不以人的意志为转移的，宋蔼龄希望孙中山继续任总统，却事与愿违。但却从另一个方面表明，她的革命意志是坚定的。她知道，袁世凯上台，这场好不容易才胜利的资产阶级革命就失败了，这是她绝不愿意看到的。

中国的资产阶级革命注定要失败，这是由资产阶级革命的局限性决定的。

孙中山在回国之前，曾给上海的《民立报》发回一封电报，电文说："今闻已有上海会议之组织，欣悉自当推定黎君（元洪），闻黎有用袁（世凯）之说，总之，随宜推定，但求早固国基。清朝时代的权势利禄之争，吾人必久厌薄。此后社会当以工商实业为基点，为中国开一新局面，至于政权，皆以服务视之为要领。"这篇电文报名，孙中山把总统的职位看作是为人民办事的公仆。

袁世凯则不然，他是维权必夺，利欲熏心，妄图利用这场革命实现自己独揽全国政权的野心。孙中山就任临时大总统后，他极为恼火，派人在同盟会内部散布论功应推黄兴，论才应推宋教仁，论德应推汪精卫，企图让革命党内部产生混乱；他还鼓动他麾下的48位军队将领联名通电，叫嚣要对南京革命政府大动武力，当南方革命党要求谈判时，他以出任民国总统的位置为条件讨价还价，说什么"清朝退位，孙中山让位；孙中山不让位，则清朝不退位"。

孙中山对权势的淡泊，以及革命力量的薄弱，致使袁世凯达到了目的。

4月1日，孙中山在参议院举行解职礼，表示10年之内不过问政治，一心完成铁路建设计划，使中国在经济上早日富强起来。

宋蔼龄和真正的革命党人都不愿意孙中山辞职，不愿意革命成果被他人摘了果子，更不愿意新诞生的共和国政权旁落。她的失落、忧愤、哀怨，可想而知。她知道，她说服不了孙中山，更阻止不了袁世凯的阴谋。

当大清最后一个皇帝宣布退位诏书公布后，宋蔼龄把一腔的怒气都发泄给了诏书的起草人张謇的身上。本是君主立宪派的张謇却把一切都推到了袁世凯的身上，她只得作罢。当她提醒孙中山防范袁世凯的时候，他大度地告诉她，《临时约法》会制约他使用总统权力，我们已经定了南京为民国首都，而南京是革命大本营，他到南京任职，就没有他胡作非为的本钱了。

宋蔼龄的担心终于成为事实。

当时的革命形势十分复杂，前方革命的将领和官兵自动组织起来要求参加讨伐袁世凯的运动，广大革命群众不肯向恶势力轻易低头；在革命的后方，临时政府财源匮乏，临时政府被财政危机压得喘不出气来，南京临时政府的信心受到沉重的打击，中国新生的共和国不得不一再向帝国主义列强势力低头屈服，北伐运动，举步维艰。主张北伐的孙中山，在黄兴为首的拥袁思潮的影响下，思想也产生了很大的变化。

袁世凯在南北和议中，首鼠两端，孙中山感到保护革命成果如此艰巨。他不愿与袁世凯妥协，却又不得不考虑革命党内，以推翻清朝统治的格局为先的论调，进退维谷的他，渐渐地产生了妥协的情绪，在这样的时局下，孙中山在国内被选为临时大总统，凭他一己之力，固有的形势也不会有根本性的变化，共和国政权在革命党手中仅仅存在91天。

当2月14日，参议院接受了孙中山的辞呈，但要等到新总统到南京就职，孙中山和各国务员乃行解职。

政治风云，从来都是波云诡谲。袁世凯使用了一系列的阴谋手段，竟然留在了北京就职。他先是唆使曹锟在北京发动所谓的兵变，抢劫前门大栅栏商业区，并冲击南京代表在北京的下榻处，迫使蔡元培等专使逃到美国友人的住处避难；他还策动各地都督、巡抚通电反对袁世凯南下就职。南京方面相信了袁世凯说的如果他到南京就职，北方就会大乱的谎言，做出了妥协，袁世凯仅仅电报宣示就职，在北京履任了总统。

宋蔼龄气愤，矛盾，徘徊在十字路口。

非他不嫁

这段日子，宋蔼龄是在郁闷、沮丧、忧愤中度过的，每当看着卸下总统重担后孙中山，一身轻松的样子，她的心就痛。自己该怎么办？是继续留在下了台的总统身边工作，还是回到父亲那里？

不久，见父亲的机会来了。孙中山要南下考察铁路建设的路线，随同前行的宋蔼龄，在上海见到父亲。她迫不及待地向父亲诉说了自己的游移不定的念头，问父亲该如何处理。

这个时候的宋嘉树还没有察觉女儿的心思，他毫不犹豫地建议她跟孙先生干下去！因为孙先生已经是中华民国的第一位开国总统，名垂青史，他是中华民国的"国父"，这是已成定论的。不必疑虑，跟定孙先生，前途一定是远大的。

父亲的话，点醒了宋蔼龄。为何自己就没有想到这些，她庆幸没有铸成大错，孙中山虽然卸下了总统职务，可他在人们心目中仍然是开国总统，仍然是当今中国最伟大的人物。她的"总统夫人"之梦，死灰复燃了，当即她向父亲表示，自己一定跟孙先生走，而且要跟他一辈子，为他献身！

宋蔼龄不再沮丧，孙中山的一举一动，都是那样的伟大和不凡，特别是他兴修铁路的雄心和计划更是前所未有，他是在为中国兴办实业，以达昌盛之目的。

她不知道，这将是怎样的结局，爱就像一只小船，爱的力量，让她再一次表现出了工作的热情，她伏案将父亲准备的一大批有关铁路建设的资料，分门别类地整理好，送给孙中山参阅。在生活上，体贴入微地精心照顾孙中山。

宋蔼龄一路陪伴孙中山来到广西，跋涉于崇山峻岭之中。考察时，宋蔼龄精力旺盛，吃苦耐劳，足蹬平底胶鞋，潇洒而干练。伴随着孙中山，攀爬陡峭的山坡，穿过湍急的河流，在崎岖山路上穿荆棘、越丛林，掬起浓郁的花香，然后，收藏起一路的风尘。

那天，大雨倾盆后，孙中山为看铁路能否顺一条河谷蜿蜒而上，坚持要爬上一座山头。宋蔼龄担心苔绿路滑，就和同行的人一起劝说他，孙中山不听，独自向前攀去。宋蔼龄只好紧紧跟随他朝坡上爬去。刚爬上半山腰，孙中山脚底一滑，向后摔倒，宋蔼龄在后立即张开双臂去接，巨大的惯性连宋蔼龄一起冲倒，两人咕噜噜一齐向下滚去。情急中宋蔼龄使劲抱紧孙中山，结果两人往下滚得更快了，前面就是悬崖，随行的人们追又追不上，急得大喊松开手，松开手！万分危险的时刻，孙中山用脚拼命蹬住一块巨石，两人才被一丛灌木拦住，停了下来。

危险过去了，人们都捏了一把汗。

孙中山被人拉起，她依然躺着一动不动，仿佛已经失去了知觉。孙中山着急地俯下身把她抱起，用力喊她的名字。许久，她缓缓睁开眼，揉了一下额头，热切地望着孙中山，柔情地询问他是否受伤。

宋蔼龄频频发出爱情信号，孙中山怎会没有觉察？他克制着自己，把她的感情藏进生命之页，不再朝前走一步。

1913年2月，孙中山东渡日本考察铁路并筹措资金，宋嘉树和宋蔼龄父女随同前往。一年多未见女儿，宋嘉树高兴地看到蔼龄更加成熟，朝夕相处中，他发现了她的秘密，女儿已坠入情网。通过观察，他看见孙中山在躲避女儿，为了孙中山和女儿的名声，他应该立即和女儿谈谈，斩断女儿的情丝。他害怕他们徒招非议而妨碍正在进行的大业。

宋蔼龄、卢慕贞与孔祥熙

这一天，宋嘉树和宋蔼龄来到横滨海滩上，父女两人在海浪的喧哗中交谈着。宋嘉树装作无意的样子劝女儿考虑终身大事，并要将一位归国的博士介绍给女儿。宋蔼龄以坚决的口气拒绝了父亲的好意，并坦率地告诉父亲，她要嫁给孙中山。宋嘉树听了吓了一跳，苦口婆心地劝她，考虑她与孙中山的年龄差距和他的家室。

宋嘉树望着女儿放出坚定光芒的眼睛，再一次劝她分清崇拜和爱的界限。宋蔼龄斩钉截铁地告诉父亲她爱他，非他不嫁！

初恋是如此的美好！

宋蔼龄勇敢地向父亲祖露了她的爱情，反而轻松了。

3天后，国内传来了一个令所有人震惊的消息：袁世凯派人刺杀了宋教仁。

那是刻骨铭心的悲怆，宋蔼龄和孙中山一起经历了悲壮的时刻。

孙中山开始考虑发动"二次革命"。

宋蔼龄不合时宜地向孙中山祖露心迹，表示愿意为他的事业献身。心境极坏的孙中山从悲哀中看着宋蔼龄，思绪万千。这个时候，他无心顾及感情问题；宋嘉树此时也在日本，若答应此事，如何向老朋友交代？再说，宋蔼龄的锋芒毕露和争强好胜的性格，恐怕不适合他。他和她是两条平行的轨道，永远没有交汇的地点。

宋蔼龄遭到了孙中山的拒绝，深陷失落痛苦中。从日本一回来，她便以回家养病为由，辞去了孙中山秘书职务，返回上海的家中。

宋蔼龄 全传

Biography of Song Ailing

第四章

缱绻与决绝中的得与失

　　宋蔼龄经过了感情的周折和不如意，也经过了"二次革命"失败后彷徨，跟着全家逃亡到日本避难。在革命和孙中山需要她的时候，她毅然再次出任他的秘书，继续追随孙中山。心里固然对孙中山抱着幻想，梦想着有一天成为"总统夫人"，却以精明干练的才华，为孙中山分担着革命工作，以减轻他的负担。

　　当她知道了孙中山对她无意时，与孔祥熙相识，经过精确的比较和一番算计，在一夜的长谈中，两个人在钱的问题不谋而合，果断地接受了父亲宋嘉树为她选择的夫君孔祥熙，成就了蔼龄谈钱得婿的婚姻。而婚礼时遇到雨，则预言般使她注定成为："世界上少有的靠自己的精明手段敛财的最有钱的妇女。"

　　当宋庆龄和孙中山相爱的消息传来，嫉妒让宋蔼龄愤怒，她绝不容许亲妹妹在她失败的领域成功，心机深深的她，利用父亲对亲妹妹做了违心的事情，先是裹挟回国，接着包办她的婚姻，最后采取软禁，这些手段仅仅是为了她的面子，让人不禁想起冰冷的刀刃散发出来的狭隘的狰狞。

　　她的心机和精明，仿佛告诉人们，诞生和毁灭，希望与失望，都在一念之间，原来世事就是那么纷繁无常。

继续追随孙中山

　　孙中山向国民辞去了临时大总统的职务，使得无数先烈用鲜血换来的胜利果实为袁世凯所窃取。

　　袁世凯当上民国共和国总统后，开始了向革命党反攻倒算，他先是刺杀了宋教仁，然后动手解除所有国民党员在各省的都督的职务，废除了《临时约法》，为他复辟帝制扫清障碍和阻力。孙中山看清了袁世凯的本质，随即发动了护国护宪讨伐袁世凯的"二次革命"。1913年江西都督李烈钧首先宣布该省独立，接着黄兴、陈炯明、许崇智、蒋翊武分别在江苏、广东、福建、湖南等地宣布独立。他们发布了讨袁檄文，组成讨袁大军，和袁世凯展开革命斗争。早已准备好的袁世凯派大军趁机进攻，内部涣散的讨袁军由于仓促起事败下阵来，不到两个月就以失败告终。孙中山发动的"二次革命"失败，只好再度流亡到了日本。

宋嘉树在成立中华民国后，公开跟孙中山一起活动，无法充当秘密同党，灾难降临，全家面临着巨大的危险。

一天，陈其美匆匆忙忙地跑来宋家，告知讨袁军的最后一个炮台失守，通知宋家立即转移。

宋嘉树表示跟随孙先生去日本，到那里聚集革命力量，重整旗鼓，彻底完成革命。然后，转身吩咐妻子倪桂珍马上收拾行李。

当宋嘉树在朦胧的夜色中，带着宋蔼龄和全家人登上青帮的大木船悄悄驶离了长江口的时候，宋宅遭到乱兵枪击，玻璃全被打碎，墙上布满了弹孔。几天后，宋嘉树一家人在日本的神户上岸。

为了离孙中山近些，过了些日子，他们又移居到横滨，租了海滨山上的一座楼房安顿下来。宋嘉树立即去见孙中山。

当宋嘉树看见一脸憔悴、忙乱中的孙中山，很是激动，他知道，孙中山已经摈弃了"十年不问政治"的宣言，开始考虑中国资产阶级革命的大政方针，两个老友就反袁大计和制定新的建党纲领等革命的一些迫切需要解决的问题，开始了交谈。宋嘉树发现，孙中山的寓所成了流亡者的总部，每日来聚会的革命者络绎不绝，就要求宋蔼龄重新回到孙中山身边，继续担任秘书一职。宋蔼龄说不清楚那是怎样的感觉，推说不适应这里的气候，身体不舒服，等几天看看再说。

忙碌不堪的孙中山，急切需要一名办事干练的秘书，就听从宋嘉树的劝告，亲手写了一张纸条，对宋蔼龄的身体健康状况表示关心和慰问，并请她康复后，尽快回到自己身边工作，他需要她协调处理那些繁杂的具体事务。

孙中山再三诚恳邀请宋蔼龄回到他的身边工作。

宋蔼龄看到纸条颇有些得意，上帝知道，她是多么想回到孙中山身边。

两天后，宋蔼龄神采奕奕地出现在孙中山的办公室里，伸出她纤纤玉手，握住他温暖的大手，她感觉出孙中山的热情。孙中山告诉她，她离开的日子，许多事情无人打理，都乱成麻，希望她尽快地帮助他恢复以前有条不紊的工作秩序。这话，让她非常的受用和欢喜。她信心十足地在孙中山的办公室一角安放了一张小桌，满怀信心地开始了她的秘书工作。

孙中山看着她蝴蝶一样飞舞在英文打字机上的手指，心里很是感慨，他终于可以轻松些了。

那是一个阳光很好的上午，日本友人犬养毅来访，孙中山与他就中国国内的局势交谈后，换了轻松话题。犬养毅问孙中山喜欢什么菜、事业以及品格，然后问他最喜爱的事物，孙中山说女人，其次是革命，再次是书籍。犬养毅表示，没想到孙中山把女人摆在首位，把革命却放在了后面。宋蔼龄开始没太在意他们的谈话，听到这里，她接过犬养毅的话，说出自己的想法，人都有七情六欲，即使伟大的人物也不例外。做了政治家，也不是除了革命就什么都不想，也不是禁欲主义的苦行僧。孙中山听了，霍地站起来，激动地告诉他们，你们误会了我的意思，我刚才讲的女人，既包括姑娘，也包括母亲们。千百年来，女人总是男人的附属品和玩物，充其量做个贤内助。然而我认为，她应该和母亲是同义语。当母亲把她身上最营养的乳汁喂给孩子的时候，当妻子把她的真诚的爱献给丈夫时，她们的牺牲是那样的无私和高尚，这难道不值得爱吗？可惜，我们好多人不珍惜这种爱，践踏这种爱。

犬养毅听了孙中山的话，点头称是，更加敬服孙中山作为革命者的情操和胸怀，他爱的女人，跳出了男女私情，是广义上的女人，他的爱高尚和伟大。

这就是孙中山，一个高尚和伟大的人。

宋蔼龄默默地离开榻榻米，坐回办公桌前，孙中山的这番话彻底打消了她的幻想。

从此，宋蔼龄一心一意地工作，扎实地做好自己分内的事。直到妹妹宋庆龄接手她的秘书工作。

宋嘉树为了阻止宋蔼龄的危险恋情，极力撮合宋蔼龄结识了"山西首富"孔祥熙，孔祥熙在美国受过教育，具有很高的才能，性格随和，能言会道，善于曲意逢迎，此时，正处于人生的黄金时期，朝气蓬勃的。虽没有显赫的名声，但特别的富有。宋蔼龄看到孔祥熙善于经营，特别会使财富增值，心湖仿佛被一枚石子击中，激起圈圈涟漪，心动不如行动。

不久，宋蔼龄正式向孙中山提出了辞职。

孙中山听了宋蔼龄的辞职申请，沉默了好久才开口，他语调低沉舒缓，高度评价了宋蔼龄几年来的工作，诚恳挽留宋蔼龄。

在那一瞬间，宋蔼龄突然发现孙中山好像苍老了许多。

孙中山正着手做国民党的改造工作，身边确实需要一个忠实能干的秘书。这时候离开，宋蔼龄心中有些不忍。

宋蔼龄为孙中山的至诚所感动，几乎要答应留下来了。但她忍住了，沉默了一会儿，她终于决心彻底离开，并向孙中山推荐了妹妹宋庆龄来接替秘书工作。

宋蔼龄的人生轨迹，从此发生了戏剧性的改变。

初识孔祥熙

1914年的日本春天，料峭的冷风，潇潇的暮雨，让人心情烦乱。

那天，宋蔼龄接到父亲宋嘉树的通知，要她早点下班，说是家里来了位重要的客人，和他们一家人共进晚餐。宋蔼龄早早地冒雨跑回家，等待客人的到来。

黄昏来临，海滨山上的宋家楼里，欢声笑语，一家人在明亮的灯光下，说着话，耐心地等待。只有宋蔼龄在壁炉前走来走去，不时地朝门外张望。她不知道来的客人是谁，和自己有什么关系，只是莫名地心躁。

门终于开了，父亲宋嘉树出现在客厅，他的身后，一位约30多岁男子微笑着站立。宋蔼龄朝他看去，虽然他的身材微胖，却慈眉善目，她的心，动了一下。

有种感情，似曾相识；有种相思，似曾浓烈。

宋蔼龄听到父亲宋嘉树的介绍，这位是孔子的第75代孙、"山西首富"孔祥熙先生。

宋蔼龄睁大了眼睛，OK！她惊喜地呼喊，热情地握手。她想起来，在美国的一次华人聚会上，她曾和孔祥熙有过一面之缘，孔祥熙给她的印象不错，她明白了父亲是在极力撮合她和他婚姻！

宋蔼龄的脸上飞起一片红晕。

1880年，孔祥熙出生于山西太谷县城西的程家庄，他的曾祖父曾和一位孟姓秀才争夺"拔贡"失败，口吐鲜血而死。临终前立下遗嘱，不许子孙再进考场。孔家从此弃儒经商，银号和当铺开到了太原、北京和广州，生意越做越大，财富越聚越多，成为"山西首富"。到了孔祥熙父亲孔繁兹这一辈，染上

孔祥熙，孔子第75代旁系孙，在美国留学6年，三改专业，起初选择的是欧柏林大学"矿物学"，两年后，转学"社会科学"，两年后，他又一次转移学习兴趣，到耶鲁大学研究院进修经济学，获得了经济学硕士学位。孔祥熙在欧柏林大学得到法学博士学位的留影。

了吸大烟的烟瘾，家道逐渐衰落，孔祥熙出生后，家境极其贫寒了。孔祥熙3岁丧母，六七岁就蓬头垢面地去县城捡煤核，后来，有叔叔资助他进了学堂。

孔祥熙少年时，生过一次病，被教会医院治好了，他开始信奉基督教。太谷县市位于内陆，封闭，贫困，外国传教士却来到在这里传教，同时，辅助教育，给人治病。大多数中国人不喜欢、排斥教会，信教者常常招人白眼被人孤立，所以，孔祥熙是秘密加入教会的。没想到，基督教给了他很多一生享用不尽的好处。

青年时代，孔祥熙进入北京协和书院学习，因为信教，和学院里的外国同学来往甚密，为他的前途提供了机会；1900年义和团起义，山西有156名外国传教士被杀，当时，在太谷基督教福音院的孔祥熙差点被义和团诛杀；八国联军进攻北京时，孔祥熙为避免家乡遭受兵燹之灾，找外国同学从中斡旋，由山西政府出面，和联军指挥官达成一项秘密协议，从而，山西没有遭到外国联军的烧杀抢掠，并为外国财团进入山西敞开了大门；孔祥熙善于周旋的立场和才能，在办理教案中得以显现，受到清政府和基督教同时赏识，为此，清政府授予他一枚龙图勋章，基督教也向他发出留学美国的邀请，协和医院的学业尚未毕业，清政府公派到美国留学。在美国，他先后获得奥柏林文学学士和耶鲁大学经济学硕士学位。

当孔祥熙把这段经历讲给宋嘉树听的时候，受到的赏识和尊敬可想而知，也为他走进宋家打开了一扇门。

在美国读书的时候，孔祥熙对美国人说，之所以发生传教士被杀事件，是因为中国人没有文化，愚昧无知，他要求美国人投资，兴办学校，拯救中国人的灵魂，这样，中国人就和美国人一起拜倒在基督面前。于是，美国拨出了

"庚子赔款"的75万元，在太谷建立了奥柏林大学分校——铭贤学校，孔祥熙任校长，赢得了很好的名气。

孔祥熙曾有过一次婚姻，前妻因肺病去世。悲伤的他积极参与到孙中山发动的资产阶级革命运动中，组织了巡防以和学生军守护县城。他知道自己不懂军事，在清军进犯山西娘子关之战时，他把军队交给山西都督阎锡山，并做了他的经济顾问。后来，袁世凯迫害革命党人，他不得不离开山西，东渡日本，加入了日本的"自由主义者联盟"，担任了华人基督教青年会总干事。

宋嘉树就是在拜访基督教青年会时认识的孔祥熙。

也许，是缘分使然。在见到孔祥熙的那一瞬间，宋嘉树完全被他的渊博的学识和精明干练的举止所倾倒，他认定眼前的青年人日后必有大发展。

所以，就有了把孔祥熙带回家给宋蔼龄认识的想法。他希望大女儿宋蔼龄早日解决婚姻问题。

现在，他们一家人和孔祥熙共进晚餐，其乐融融的，仿佛他们早就是一家人了。宋嘉树特意安排孔祥熙和宋蔼龄分别坐在自己的左右，他热情地给孔祥熙夹菜，不断地劝他吃菜喝酒。宋蔼龄知道父亲的苦心，显得非常热情。精明的她，仿佛突然想起，提起他们曾在美国留学时的一次华人聚会，其实，她和孔祥熙的那一次的一面之缘，印象并不深刻，重提这件事，是想拉近两个人的关系，果然，家宴的气氛热烈起来，两个人以故知旧友的身份叙谈，都感到非常亲近。宋嘉树若有所思地看了一眼宋蔼龄，暗暗地为她的智慧叫好。

夜色朦胧。

宋家的家宴在继续，流亡异国的人们沉浸在乡音的欢乐中。宋蔼龄端详着孔祥熙，他虽然大自己十几岁，但风度气质颇佳，心中的孙中山虽然名声显赫，却没有孔祥熙的朝气勃勃。她叹了口气，心里欢喜又黯然。

宋蔼龄微笑着举杯，敬了孔祥熙一杯酒后，她开始询问他的家世。

孔祥熙在宋蔼龄殷切的目光中，开始委婉含蓄地措辞，来证实自己就是孔子的直系后裔。明朝万历年间，孔子第62代孙孔宏问宦游三晋，曾任太谷县令，告老后未回山东，在太谷扎下了根。孔门的一支从此在这里繁衍生息，至今族谱不乱。至于他幼年家贫的历史只字未提，可能是他怕引起别人的鄙视。

宋嘉树很是看重孔祥熙的出身，他认为，孔子创立的儒家学说是对世界文明的一大贡献，孔氏家族是中国最古老、最神圣的家族。如与孔家联姻，孕育出既有传统文化、又有现代观念的优秀子女，对未来的中国一定会产生重大影响。他看了灯下宋蔼龄一眼，她的脸红扑扑的，是喝酒的缘故，还是心有所属而至？

夜，深沉而恬淡，倦在灯下，埋头听自己的心跳。

此刻，宋蔼龄的内心比任何时候都活跃，她并不像父亲宋嘉树那样看中孔祥熙的出身和家世，而是对他的财富和善于使用财富感兴趣，还有就是他既在美国接受过西洋文化教育，还有个随和的好性格，嫁给他，肯定会对自己言听计从，这是最重要的。

向往的方向，总有些心结。

初识孔祥熙，给宋蔼龄留下的印象不错。她决定把孔祥熙的传奇家世的细节装进行囊，挽着他的胳臂前行。

家宴结束，宋蔼龄把孔祥熙留在客厅，继续进行愉快的长谈。

婚礼遇到雨

有缘千里来相会。宋蔼龄刚刚认识孔祥熙，就感觉亲近，和他聊天一点也不拘束，况且，她接受过西方教育，在父亲宋嘉树和孙中山身边工作，经历了中国近代史上的一系列大事，接触过各阶层形形色色的人物，见过大世面，哪里还有封建女人大门不出二门不迈的羞涩、拘谨？

开始，两个人虽然不拘谨却找不到话题，当谈到钱时，两个人的脸上都放了光。

一束火焰在宋蔼龄的眼里跳跃，她表示钱是个很奇怪的东西，非常的神秘，它有的时候就搅得你脑袋发晕，不知道是人掌握着钱，还是钱掌握着人。我开始上学的时候，才6岁，就觉得似乎钱决定人的价值，比如，你穿好一点衣服用的东西时髦一些，教师、工友就会对你高看一眼；你有把好糖果，就会有些朋友，就会有人甘愿听你指使。没有则等着看白眼吧，是不是这样啊？

两个人围绕着钱，相谈甚欢。从小的时候到长大，从中国到国外，从上海到太谷，说不尽钱的好处。孔祥熙说起生意经来一套一套的，他告诉宋蔼龄，太谷在清代中叶就商贾云集，江南的茶叶、丝绸，蒙俄的羊毛、皮货，各地的药材等，都在太谷交易，而且是大宗的批发，不做小打小闹的零售。太谷本地人则主要是开票号、钱庄、当铺，也就是金融生意，为那些买卖人提供贷款或资金担保，获利甚厚，还有"银祁县、金太谷"民谚呢。"我刚到美国时，就觉得纽约不如太谷。"这一观点一出口，竟吓了宋蔼龄一跳。她认为纽约是排在世界上第一位的城市，上海才排在第五位，认识孔祥熙之前，她怎么没有听说过太谷？孔祥熙告诉宋蔼龄，太古县城现在有经商户2094户，9031人，占县城人口的85%，什么地方的商人能占这么高的比例？资产占300万两的商户就有13家，七八层楼的大宅院，到处可见。甚至有人用白玉铺地面。

接着两个人就钱能决定人的命运，展开了讨论，宋蔼龄举父亲的例子，颇能说明问题。如果我父亲不是经商发了财，革命党能来联络他？如果他不是出那么多的钱赞助革命，一个传教士不可能在党内有这样的地位。再说孙先生，如果他不是在华侨中募集到那么多的钱，怎么会有那么多的人追随他、拥戴他？一个人的命运是这样，团体、国家的命运也往往由钱来决定。辛亥革命前同盟会十次起义十次失败，为什么？缺钱，没钱买不到足够的武器，招募不到足够的人员。武昌起义准备并不充分，仓促起事，居然取胜，为什么？清政府缺钱！国库空虚，发不出军饷，军官士兵不肯卖力。孙先生游说美英法，虽然没有取得他们对革命的支持，但，却使他们答应保持中立，不再向清政府支付贷款，断了他们的财源，他们就没有了扑灭革命之火的能力。

宋蔼龄越谈越激动，谈到两眼放光，同时，她凭直觉感觉到，从小在金融之家长大的孔祥熙，有使钱成倍增长的本领，他赚钱的本领可以抵消其他的不足，是一个可以托付终身的人。

两个人谈钱谈到天明，以致在历史上留下了"蔼龄谈钱得婿"的故事。

柳暗花明，这是命定的不期而遇。

有人说，世界上最好的姻缘是夫妻双方的价值观相同的婚姻。宋蔼龄和孔祥熙在金钱上达成了共识，他们迅速地走到了一起。

当宋嘉树约请孔祥熙晚上再次来家共进晚餐时，宋蔼龄却拒绝了父亲，她决定，晚上和孔祥熙一起到外面就餐。

宋嘉树高兴得笑了。那是他所希望的，去吧，年轻人多接触才能增进了解。

宋蔼龄和孔祥熙的结合，用现代语言来说，应该是闪婚！

1914年春天，正是樱花烂漫时，宋蔼龄和孔祥熙的婚礼如期举行。这一天，阳光灿烂，春光明媚。宋蔼龄兴奋地闭上了眼睛，她默默地向上帝祈祷，愿自己的婚姻一生幸福。

在这个令人高兴的时刻，她早早地起了床，开始精心地打扮自己，她找出自己早已准备好的嫁衣，先是穿上粉红色的缎子上衣，再穿上绿色的绸缎裙子，在镜子前左照右照的，那衣裳上绣着的小鸟，欢快地展翅，象征着富贵的牡丹鲜艳繁盛。母亲倪桂珍来给她梳头，她坚持自己梳，母亲只好依她。她拿过梳子，只几下就把乌黑发亮的头发在脑后绾了髻，在上面斜插一支闪亮的龙凤银钗，又在耳鬓处戴上一枝鲜艳欲滴的红玫瑰。

宋嘉树和倪桂珍看着自己即将出嫁的女儿，漂亮，稳重，挺拔着一种清瘦高洁、外柔内刚和端庄雅达的风采，都高兴得不得了。宋蔼龄眼里含着热泪，想起自己在那些寂寞的时光里，感觉到的一阵阵悸动。

接亲的孔祥熙来了，宋蔼龄看见他身穿藏青色的马褂，胸前戴着一朵大红花，那是一身传统的新郎装束。

宋蔼龄紧跟着孔祥熙来到海滨山丘上的一座小教堂，她听到了《婚礼进行曲》那悠扬而舒缓的旋律，婚礼一点也不华丽，甚至有点寒酸，却温馨。参加婚礼的人只有宋嘉树一家和特意赶来的孔祥熙的一位堂兄，没有中国旧式婚礼的热闹、起哄、挑逗以及放肆的笑声。

谁也没有想到，孔宋两个家族的结合创造了中国首屈一指的家庭财富奇迹。

教堂的仪式结束后，天却下起了雨。宋蔼龄和孔祥熙站在教堂门口，看着眼前的急雨

孔祥熙宋蔼龄夫妇

把樱花打落在地，又冲到道路两侧的阴沟里，满地落花时聚时散，刺激了宋蔼龄的神经，她紧紧地抓住孔祥熙的手，瑟瑟发着抖。孔祥熙加大了抓她手的力度，喃喃地告诉她，中国风俗是娶媳妇时下雨是发财的预兆。宋蔼龄暗暗地祈祷，她和他的一生都要平安、幸福。

急雨只下了一会儿，就悄然撤离，太阳又钻出云层，把大地照得暖洋洋的。新娘新郎在一片风和日丽中，乘坐一辆马车，在亲人们的祝福声中，前往镰仓胜地，那里是孔祥熙的住处，也是他和她的洞房。

宋蔼龄满心欢喜，依偎着孔祥熙，在马车的颠簸中，一路闻着空气中湿润的泥土和草木的清香气息，欣赏着花树婆娑的明媚春光，从此，她就要和身边的他朝夕相处。

孔祥熙的住处，按照宋蔼龄的意见布置得富贵而华丽，那是一种美国式的西方情调，宁静、平和，足以抚平她心上曾有的皱纹。

宋蔼龄在孔祥熙的搀扶下下了马车，她一眼看见门楣上的对联："风调雨顺，乃为天公最美助兴"；下联是："金玉良缘，原是泰山牵线穿针"。她的脸阴下来，扯出父亲做媒的事，怎么想都暗含讽刺，她上去刚要撕掉对联。孔祥熙却以结婚大喜，朋友嬉闹图个热闹，不必计较为由拦住她。

婚后的生活是快乐的。宋蔼龄不再工作，尽情享受新婚的幸福。

嫁给孔祥熙，成为宋蔼龄生命的转折点，从此，她隐在丈夫的身后，很少抛头露面，但她不露声色的大手笔往往能震惊四方。据称，新中国成立前夕，孔家在美国曼哈顿的存款竟达20亿美元之巨。宋蔼龄生有两男两女，是宋氏三姐妹中唯一有后之人。

掀起庆龄婚波

当初，宋蔼龄认识孔祥熙后，即正式向孙中山提出辞职。

那个时候，她的心境是怎样的虽无人知晓，复杂是肯定的。

望着迫切需要她这个能干且忠诚的秘书、不舍她离开的孙中山，她心中不忍，差点心软留下来。面对至诚的孙中山，她沉默好久，终于下决心彻底离开。她向孙中山介绍自己的妹妹，崇拜先生，革命热情高，意志坚定，各方面都比自己强，肯定比自己干得好。

孙中山默默点头。宋蔼龄以她的精明和能干，迅速地处理了眼前的紧急事务，清理了案卷，对未完的事情做了文字说明，为宋庆龄能尽快展开工作做了准备。

当宋蔼龄离去的时候，孙中山中断了重要的谈话，亲自送出门外。握手道别后，一直目送她的车子远去。

谁知接下来发生的事情，让宋蔼龄猝不及防，愤怒至极，不能忍受。她经过内心的激烈斗争，精心的算计，演绎和掀起了亲妹妹庆龄婚姻的轩然大波。

蒹葭霜白，一声断鸿，撩得江天空旷而寥廓。

　　　　　　　　宋蔼龄、宋庆龄与母亲的合影

此刻，宋庆龄正在灯下处理文件。自担任孙中山的秘书后，她以对革命赤子之心，兢兢业业。在工作和精神上支持着孙中山，使他走出灰暗的心境，重新焕发革命精神，加快了国民党的改造大业。

1914年7月8日，孙中山创立的新党——中华革命党，在日本正式成立。孙中山出任党的总理，陈其美、居正、张静江、胡汉民、张继、廖仲恺等为总务、党务、军务等各部的正副部长。中华革命党的纲领是："以实行民权、民生两主义为宗旨……以扫除专制政治，建设完全民国为目的。"并确立了组织原则，明确规定党员"必须以牺牲一己之生命、自由、权利，而图革命之成功立约宣誓，永远遵守……凡党员有背党行为，除处罚本人外，介绍人应负过失之责"。纲领还宣告了建党办法，防止第一次革命时形形色色不同动机，不同面目的人混入党内，致使以假乱真，大权旁落，使革命遭受失败。

宋庆龄作为秘书，她真切地支持着孙中山革命事业，愿意为他的事业献身；孙中山也逐渐感到要完成革命大业，身边不能没有宋庆龄。在并肩革命的路上，他们相爱了。

一年后，孙、宋相爱的消息传了出去，第一个得到消息的是宋蔼龄。仿佛一颗炸雷，又一次把她的心，炸成碎片，她曾被爱与恨、悲与喜、舍与得、荣与辱划伤，流了那么多的血，现在刚刚结痂，却被亲妹妹残忍地撕裂，那痛是她不能忍受的。她怎能坐视不管，任凭他们践踏她的面子？

那个下午，宋蔼龄面色铁青地一动不动地坐在那里，盘算着如何阻止他和她的爱情。她当然知道，孙中山改造党的工作卓有成效，并且确立和巩固了他在党内的领袖地位，他将再次成为中国革命的风云人物。如果宋庆龄与他结合对于宋氏家族是大有好处的。可是，为什么自己多次向孙中山示爱，他却无动于衷，现在，却和在他身边工作仅一年妹妹相爱了？如果是别人，也许她会祝福孙中山，可偏偏是自己的亲妹妹，这么不留情面折了自己的面子，孙中山接受妹妹的爱，这是让她绝不能容忍的。终于，她想出了主意，让父亲出面干预这件事。

宋蔼龄找了个适当的时机，和父亲谈了，她看见父亲惊愕的表情。

宋嘉树听了心里很震惊，他不相信这是真的。自从来日本避难，他跟孙中山接触频繁，跟宋庆龄见面的次数更多，如果他们真的恋爱了，难道自己会看不出来？

宋蔼龄对父亲的迟钝很不满意，她信誓旦旦地对父亲说，虽然，他们相爱极其隐秘，可我有最新最可靠的情报，保证这件事千真万确。

宋嘉树心情很复杂，看着大女儿离去的背影，叹了口气。往事如烟，自从和孙中山相识，他追随他革命、斗争，把他看作自家的成员，并把他的革命精神和品德灌输给自己的女儿们，希望她们和自己一样，为孙中山倡导的革命事业和国家的新生和富强而奋斗。女儿们一直叫他孙叔叔。他没有料到，当她们成年后，在把聪明才智献给孙中山所领导革命事业的同时，又爱上这位叔叔辈的人。当宋蔼龄爱他爱到痴迷时，无论自己如何地反对她都不回头，因为孙中山没有接受她的爱，她才不得不放下，才没有给自己和孙中山的革命友谊留下阴影。现在，宋庆龄又重蹈覆辙，是青春崇拜而导致的爱慕，渴望自己与男子中最优秀者结合吗？也许，会随着年纪的增长自然放弃这种可笑的行动。没有什么大不了的，不必惊慌，如果施压会产生心理障碍，产生悲剧就不得了了。

宋嘉树把自己的想法跟宋蔼龄说了后，宋蔼龄急了，她大喊大叫起来："不！爸爸，庆龄留过洋，受过高等教育，她20多岁了，不是年幼无知的小女孩了。还有，孙先生也爱她。如果不加阻止，就会变成事实的。"说到这里，她想起当初孙中山不接受她的爱情的情景，心里一阵刺痛！

宋嘉树呆愣住了。蔼龄说的对啊！庆龄是大姑娘了，她有思想有抱负，更有分辨能力。还有就是孙……这是怎么了？难道，注定宋家有个女儿要嫁给自己的朋友？如果真是这样，也只能尊重庆龄的选择了，当父亲的不好横加干涉。

当他把自己的意思说给宋蔼龄。宋蔼龄的脸涨得通红，简直暴跳起来。心里的恨有万丈高，当初，你为什么要以年纪差距、教义束缚、家庭丑闻、社会影响来束缚我？

宋蔼龄就是宋蔼龄，她很快控制住自己，虽然生气，却还得稳妥，惹恼了父亲，就无法控制局面了。她的脑子飞速地旋转着，必须想出高招，才能逆转局面。

宋蔼龄极力压住内心澎湃的情感，用坚韧的口气说，爸爸，我已经想好了，现在，国内的政治起了很大的变化，应该没有什么危险了，我要和孔祥熙回国去，去看看他说的那个"华尔街"。不如我们全家都归国吧，把庆龄也带回去。这样，显得理所当然些，而且最体面，并不会引起猜测，不会产生任何影响。

宋嘉树要和宋庆龄谈谈，被宋蔼龄坚决地否决了。这事要做得干净利索，把船准备好，叫上她就走了。你与她谈，她不同意走，你能强行带走她？她如果躲起来，你能兴师动众地找？你不是自己张扬丑闻吗？

尖锐的几个问题，问得宋嘉树没有了注意。

宋蔼龄看出父亲还在犹豫，知道他是在考虑他和孙先生的友谊。就又说，父亲，假如丑闻发生，损害的不仅仅是宋家的名誉，对孙先生也不利。她果断地吩咐父亲，尽快处理公务，她来安排家事，争取尽快回国。

宋嘉树望着宋蔼龄离去的背影，心里五味杂陈。

1915年春天，宋嘉树突然宣布结束流亡生活，全家回国。宋庆龄稀里糊涂地跟着全家上了船。她非常的着急，改造党的工作正进入关键时刻，非常的忙，熟悉情况的她在这个时候回国，会影响工作进程。她就这样走了，没和孙中山打个招呼，就被带上了船。一声汽笛鸣响，轮船趁着夜色，驶离了横滨港口，宋庆龄茫然地望着夜空，千般惆怅涌上心头。

宋庆龄站在轮船的甲板上，望着滔滔不息的大海，心潮翻涌。她猜测，可能是因为她和孙先生相爱的事。她有充分的理由说服父亲，这一点，她有信心，父亲从小走南闯北，思想开通，观念较新，他不是封建卫道士。他知道，爱情是不以年龄、贵贱、贫富和种族来判定的。所以，他不会不尊重自己的人生选择的。她要和父亲好好谈谈，可是，她发现父亲躲着她，天天和大姐宋蔼龄以及孔祥熙在一起，她找不到和父亲单独在一起的机会。她想这里一定有原因，误会？

宋嘉树带领全家回到上海，没敢住进虹口老宅，而是住进了上海霞飞路的新宅。那个时候，危险还在，新宅位于法租界，袁世凯奈何不得。更重要的是，宋蔼龄觉得住在新宅能得到青帮的保护。她已经通过陈其美和法租界的警探探长黄金荣、青帮头子杜月笙建立了密切的关系。宋家可以无须顾及袁世凯的势力。

宋庆龄万万没有想到，接下来的事情更加严重：家里竟然包办她的婚姻。但是，她不知道，这一切都是大姐宋蔼龄操纵的，目的只有一个，迫使宋庆龄和孙中山分开。

为了彻底斩断宋庆龄和孙中山的情丝，宋蔼龄托人给妹妹介绍了一位名门子弟，匆匆见了一面，既由宋嘉树宣布宋庆龄订婚的消息。

宋庆龄开始反抗了，她要求父亲宋嘉树给她一个解释，在他们这样一个革命家庭里，为什么出现包办婚姻？为什么口口声声地说革命，却反对追求自由恋爱的婚姻，剥夺她爱的权利，她指责父亲是假革命、封建卫道士。宋嘉树有口难辩，这个问题牵扯着和孙中山的关系，处理不好，后果不堪设想，他不知道该如何处理了。

宋蔼龄却步步紧逼，她不允许父亲有半点退缩：宋庆龄订婚的消息已经传了出去，只好硬着头皮走下去了。宋庆龄找到了新的爱情，一定会回心转意，把那段不该有的恋情忘掉。至于孙先生那边好办，他没有向庆龄求婚，也没有向宋家的家长表示过这个意思，随着时间的流逝，这一切都会被悄悄抹平。她深知，这样还不够，她建议父亲限制宋庆龄的自由，在婚前不允许她自由出入。

宋庆龄被软禁了。

看管她的女仆同情她，帮她把写给孙中山的信寄了出去。很快，孙中山回信了，告诉她，无论工作还是感情，他都非常需要她。宋庆龄决定逃出大姐给她设置的樊笼，去日本找孙中山。

那是一个阳光明媚的日子，宋家跟往常一样，各自忙着。宋庆龄让女仆在楼梯口望风，她自己散开床单，系在床栏上，推开后窗，从二楼坠到地面。朝港口跑去，很快就乘上一艘开往日本的轮船。当她凭海临风，站在甲板上，朝着家的方向看着的时候，太阳已经落到山的背面去了。

此刻，宋庆龄的心情复杂而黯然。只有岁月，这块橡皮擦，会擦去这些痕迹。她将带着清新的气息，和孙先生并肩战斗，去承担华夏民族几代人的期望，努力实现民族复兴的梦想。

当发现宋庆龄离家出走，宋家一片混乱。

宋蔼龄大叫大嚷着：私奔！私奔！宋庆龄丢尽了宋家的脸。她主张让青帮派人追回宋庆龄。宋嘉树坚决反对，他主张宋家的事情，宋家自己处理，绝不让外人插手，尤其是青帮！她知道，此事已经无可换回。父亲的态度更让她生气，她口气尖酸地讽刺父亲，那就顺水推舟吧。这样一来，以前和你称兄道弟的大总统孙中山，自动降了辈，成了你的女婿。

宋嘉树决定亲赴日本，阻止宋庆龄和孙中山的婚事，怒气冲冲的他在神户上岸后，换成火车赶往横滨，一路风尘，可惜他来晚了。宋庆龄和孙中山已经在日本著名律师和田瑞的主持下举行了婚礼。面对新人，宋嘉树大发脾气，宋庆龄对父亲解释了这一切是她的本心，并把他们两人订立的婚姻誓约拿给他看，他还能说什么呢？他默默地回到上海，向家人宣布，庆龄和孙中山已经结为夫妇。他和夫人准备了丰厚的嫁妆，张张扬扬地送到日本，回击了社会上的流言蜚语和宋蔼龄的不满。

从此，宋庆龄和孙中山携手并肩、相依相伴地为革命贡献着自己的力量。

宋蔼龄隐在父亲的背后，掀起这场风波，以她不愿见到的事实而收场，她对二妹的嫉恨，一直伴随着她，既有姐妹情，又时时同根相煎。

第五章

隐在背后的出头露面

宋蔼龄在人生这场戏里，粉墨登场，却做了配音演员，隐于幕后，操纵着尘世里发生的一切。

在太谷人眼里，她是洋太太，大大方方地和那些土得掉渣的父老乡亲挥手致意，出尽了风头。却有人敢在补办的婚礼洞房试图占她的便宜，被她的假手枪吓跑。

在丈夫孔祥熙办的铭贤学校，她任性却扮演了夫唱妇随的角色，是同学们的好师母，也是合格的英语老师。

当革命又掀高潮，孙中山邀请孔祥熙赴广州共同奋斗之时，她作为孔的使者赴广州周旋，只为孔祥熙谋个职位。

孙中山病逝，国民党有谁来主持大局？宋蔼龄隐在背后，设计了孔祥熙投蒋大戏，为小妹做红娘，导演了支持蒋介石得天下得美人的大剧，从而，改变了中国历史的进程。

南风吹过，谁临镜未眠，轻薄的身体，又一次无限靠近苍茫？

太谷来了位洋太太

人生如戏，每个人都是戏中的角色，演技不同，人生就不同。应该说，心机深深的宋蔼龄具有最佳演员的演技，她的人生虽不能事事如意，却在她的巧妙周旋下处于巅峰了。

宋家接二连三地发生事情，让宋蔼龄顾及不暇。对于没有能够阻止二妹宋庆龄和孙中山的婚姻，她沮丧不已；接着，父亲宋嘉树又得了胃癌，不久就去世了，更让她悲痛不已。

1918年，中国的资产阶级革命处于低谷时期，袁世凯复辟帝制正紧锣密鼓地进行，孙中山领导的反袁斗争风起云涌。宋蔼龄似乎听到了革命和反革命的厮杀呐喊声，可是，她不太适合去参与孙中山领导的革命了。

郁郁寡欢中，孔祥熙建议她和他一起回老家太谷去，宋蔼龄想起他常挂在嘴边上："纽约不如太谷"，好奇心涌了上来，她答应了。

临行前，宋蔼龄翻看地图，怎么也没有找到太谷。从地图上看，太谷应该是在太原之南，黄土高原之上。那里一定是上古一样的蛮荒地带。一股冒险的刺激涌上心头，当她偕同孔祥熙踏上前往太谷的道路时，竟有一种去体会原始生活的悲壮感。一路上，她对孔祥熙使着小性子，好脾气的孔祥熙不急不恼，想尽一切办法安慰她。

火车颠颠簸簸，终于到了榆次，她小女人似的拉着丈夫孔祥熙的衣襟，下了车，四处一望，冬初的黄土高原，叶落草枯，一片萧瑟景象。秋风卷着沙尘和黄叶，猝不及防地朝人脸扑来。村庄里，一行行黄泥巴小土屋，伫立寂寞。满脸菜色的村民穿着臃肿的免腰大棉

年轻时期的宋蔼龄

裤，有的人脑后仍然留着清朝时代的大辫子。她的心一凉，感觉受到了愚弄，刚要冲孔祥熙发火，忽闻一阵嘹亮的唢呐声和铿锵的锣鼓声，吓了她一跳。一台披红挂绿、五彩缤纷的十六人的大轿稳稳地落在眼前。宋蔼龄在孔祥熙的搀扶下上了轿子，她诧异地说，这可是清朝王爷的排场啊。孔祥熙骑在高头大马上嬉笑着：皇帝都打倒了，王爷的轿子就该坐。

午饭是在榆次城里用的，山西都督阎锡山派人设了丰盛的宴席款待，宋蔼龄的心里感到了一丝丝的安慰和温暖。

再次上路后，每到一村镇，就有鼓乐班子吹吹打打，一伙村民观望评说。大镇还有工商绅士等头面人物出来献酒献茶，这一景观让漫漫黄土路有了特殊的人情味，满足了宋蔼龄的自尊心，是她在繁华的城市里没有的排场。看来，她在丈夫的心里还真是块宝。如果不是他的精心安排，她怎么会有如此的待遇？

透蓝的正午，烈日的天空，风呼啦啦地吹着。宋蔼龄的出现，众星捧月一样的场景，让她通体坦然。她微微仰起脸，正对着炽烈的阳光，闭上了眼睛，

那是心满意足的表情。

转眼，5天过去了，宋蔼龄坐着轿子一路颠簸，一路执念，看惯了黄土高坡上的人文景色，终于走完了这段漫漫古道，进入太谷城里。

孔家人和亲朋好友正伫立张望，铭贤学校的师生们也在翘首盼望，看见宋蔼龄的花轿来到城门口，立即燃放鞭炮，撒纸扬花，完全是婚礼的排场，聪明的宋蔼龄心里熨帖极了，她想，这孔家是在给她补办婚礼呢。对孔祥熙的爱又深了一层。她悄悄地掀起轿帘的一角，朝外望去，从未见过的热闹，满街都是人，还有趴在墙上、蹲在树上的人，过年一样的兴高采烈。她心里知道，他们一定是来看孔家娶回的洋太太的。她整理了下身上的洁白的锦缎暗花旗袍，在众目睽睽之下，大大方方地走下花轿。当她的白色皮鞋伸出轿门，她听见一片唏嘘声，她就在这一片唏嘘声里，以楚楚动人的风姿，款款走动着，礼貌周全地向父老乡亲们招手问好，激起阵阵掌声；她的微笑，她的每一个动作，都引起一片喝彩声，她知道，她和他们不是一个阶层的人，她的高贵、她的优雅、她的稳重，都是他们没有见过的。

此刻，她的虚荣心得到了最大的满足。

宋蔼龄朝丈夫孔祥熙看了一眼，那目光里，满满的温暖和感激。

从小就稳重的她，在众人追逐、引颈观望下，毫不怯场地拜见了公公孔繁慈以及孔祥熙的叔叔、婶婶等长辈，牵着那根千古红线，走进了洞房。

长途跋涉，她终于走进孔家老宅，在乡邻们向孔家长辈贺喜声中，把额头抵在窗纸之间那块唯一的玻璃上，她看见沉寂而荒凉的黄土坡像摊开的手掌，风吹动树梢摇晃着。

宋蔼龄在洞房花烛之夜，遇上了中国最古老的习俗闹洞房。黄土高坡上的人和当时乃至中国所有的农村人一样，在闹洞房时粗俗不堪，说一些不雅的话，结婚已经一年多的宋蔼龄伶牙俐齿，倒把对方说得晕头转向。没有占到便宜的几个愣小子，竟然动手动脚起来。宋蔼龄一时被吓住了。孔祥熙朝她使着眼色，她反过劲来。这时，有个小子伸手抓她的腰带，她横眉冷对，顺势从腰间掏出一支假枪，对准小子的脑袋就要开枪，吓得他抱头鼠窜，闹洞房的人也借机一哄而散。

宋蔼龄在补办的这场婚礼上，还见识了新婚床上放的红枣、花生、栗子、黄豆之类的东西，知道了这是黄土高坡婚俗之一，意在早生子，且花生（一个女孩一个男孩地生）。10年之后，宋蔼龄果然为孔家生了两男两女四个子女。

宋蔼龄在黄土高坡上的新婚之夜，静谧，幸福，难忘。

黑夜过去，黎明降临。宋蔼龄早早起床，来到外面，仔细地观看着"山西首富"的祖宅。占地十几亩的深宅大院，不知几进院，她一进又一进走下去，如同进了迷宫一样。她抚摸着墙体巨石，望着粗木房梁，感慨不已。

孔家果然气度不凡。

更让宋蔼龄惊讶不已的是，孔家有个精致的江南风格的花园，这在黄土高坡上是绝无仅有的。行走在曲折的长廊，看莲池里残荷枯叶，她的心里，别有一番滋味。那亭楼榭台，那颗百年枸杞树，还有那尖顶小亭子横眉挂着大匾："赏花亭"三个大字格外醒目，背面却有匾额，上书"墨庄"二字。都让她流连忘返。她并不知道，这座宅院不是孔家老宅，而是当年和孔祥熙曾祖父争夺拔贡取胜的孟秀才的花园。她也没有深究，之所以在自己的花园里题匾"墨庄"的，应该是读书之人，像孔家这样的经商之家，是不会题这样明显有文人印记的牌匾的。也许，她已经知道，却不愿意说穿。多年后，当她接受外国记者的采访时，还把这里当作孔家的祖宅，以此来证实孔家的富有。

在太谷的生活，宋蔼龄处处感到荒乡僻野的新鲜刺激，却也不习惯。孔祥熙知道她用惯了刀叉，吃惯了西餐，变着花样地为她做当地吃食，他和她坐在红木八仙桌前，吃着香气四溢的汤驴肉、挂炉鸡、鹌鹑茄子，宋蔼龄大饱口福；接着上来的点心，更是五花八门，绿豆糕、穿心酥、瓦桶糕、万卷酥、佛手酥等等；还有各种饼类，两张皮、剃头饼、盐包儿、瞪眼儿、枣泥饼、一窝丝等，宋蔼龄闻所未闻，更别说吃过；还有吃不够的主食：剔尖、擦尖、擦片、纳糟子、豌豆面疙瘩。吃着这样的美食，看着穿梭在饭桌前衣着鲜艳的女仆，宋蔼龄想，这孔家究竟有多大的家业？过去的皇上也不过如此罢了。

尽管吃香喝辣，尽管住得华丽舒适，见惯了大世面的宋蔼龄还是满心的失落，无聊时时袭上心头。她的脑海里浮现出在美国留学时立下的雄心壮志，跟随孙中山时的火热情怀。现在，心上人跟了妹妹，自己却躲在这里混吃混喝，昔日的朋友都在哪里？革命是什么情况？自己是不是已经麻木不仁了？唉！空怀一腔壮烈，如今却……

孔祥熙早已发现宋蔼龄的心思，他告诉她，自己要去铭贤学校上班了，接着问她是否去，宋蔼龄听了精神为之一阵，雀跃如同孩子。

新房里，传出两个人的欢笑声。

铭贤教师生涯

1915年秋天，宋蔼龄第一次以孔家媳妇的身份随丈夫回故里省亲。表面上他们是夫唱妇随，回去尽孝，实际上是负有孙中山托付的秘密使命，到中国北方去开展革命活动，这还只是孔氏夫妇回乡的一层用意。

宋蔼龄设计此举的另一深层的用意，是让孔祥熙暂时离开被一大批广东籍革命元勋围绕着的孙中山，到革命党人力量薄弱的北方另辟自己的发展天地，积累政治资本。

回到山西太谷后，在宋蔼龄的策划与支持下，孔祥熙凭借他原有的实力，放手开展活动。他们的首要活动就是整顿和扩建孔祥熙原先创办的铭贤学校。该校创办于1907年，由美国教会出资，原先规模很小，只有小学。

宋蔼龄做任何事情，都是有目的的。她知道办学可谓有百利而无一害的事情，一则可以培养儿童，报效故乡；二则可以发现并笼络人才，培植自己的班底；三则可以扩大影响，提高声望。况且该校又是美国人掏钱，花别人的钱，培养自己的学生，既有名又有利，何乐而不为？

孔氏夫妇在回国前就已决定要扩大铭贤学校的规模，以此作为孔祥熙活动的基地。

当他们在东京时，就为学校采购了一大批教学器材与图书资料等，为将学校升格为大学预科做了种种准备。这次，他们亲自来到学校，并在教学方针和教学内容方面作了大幅度的改革，提出"造就德、智、体三育兼全人才"，先后设置了数学、矿物、生物、国文、史地、音乐、体育、经史、英语等课程。

在铭贤学校的日子，应该说，是宋蔼龄全新的生活，她觉得她又回到了现代文明中国。

宋蔼龄没有想到，当她和孔祥熙住进铭贤学校校长公馆时，整个学校沸腾了，欣喜若狂的师生们，为了迎接一别数年的校长，和蒙着神秘面纱的夫人宋蔼龄，早在几天前，就把校长公馆装饰一新，把学校打扫清理得干干净净。当宋蔼龄和丈夫孔祥熙来到学校，师生们热情地站在学校的大门口，列队欢迎。

宋蔼龄伫立在学校门口，仔细打量着铭贤学校。心里暗暗地佩服着自己一直称为"土包子"的丈夫孔祥熙。由此，她能看出孔祥熙的创造性和能力，以及他的智慧和魅力。

铭贤学校坐落在太谷城的东北角上，由一座座中西合璧的高楼洋房组成，每个教学楼之间，都有个二层楼的院落。雕梁画栋，檐角是中国的龙头，屋脊由龙身摇摆横贯，屋顶覆盖着黄白蓝相间的琉璃瓦，彩色瓷砖在墙壁上拼出各种图案，在黄土高坡上，是仅有的富丽堂皇的景观。在穷乡僻壤，显得突兀而格格不入。在宋蔼龄的眼里，铭贤学校不亚于上海、北平、广州的建筑，她喜上眉梢，笑靥如花，她不想再理会孔家的老房子了。那些欢迎他们的师生，以为这位传奇夫人在朝他们微笑呢，更加激动地拍着巴掌。

宋蔼龄随孔祥熙住进了校长公馆，她发现，这是直角两进小院，坐东向西一进院落，坐北向南一进院落，建筑设计别具匠心；房子的一律圆门方窗，白壁彩绘，院内花草树木，一如江南园林；楼下是会客厅和会议室，楼上是她和丈夫的卧室，西洋床具用品一应俱全，她的心情如同窗外的阳光般的灿烂，站在宽大的阳台上，视野开阔，她看见了一望无际的黄土高原。她款步下楼，兴致勃勃地观看和欣赏起梁柱上的每一幅图画，张良拜师、鲁提辖拳打镇关西等等，感觉置身于艺术的画廊里。那个夜晚，她像个小女生，聆听着孔祥熙关于教育的宏论：这天下大事，总以教育为本，教育兴则人才出，人才盛则国事强。民国以来相继有人约我去做官，我总舍不得自己亲手创办的这所学校。我要培养一批能文能武，达智权变，有为民为国思想的人才，兴国家富人民。宋蔼龄打断他的话，抢白他，你就当一辈子校长吧。可是，你干吗跑到上海、日本去？每一个有能力的人都想培养下一代，那么，谁来担任国家大任？孔祥熙不急不恼，我是教而优则仕，学校办好了，也可以出去做官，但不论将来做多大的官，这校长我一生不能丢，一生都要兼。

有这样一件事，足以说明宋蔼龄的性格。

刚住进学校公馆时，孔祥熙忙得不可开交，他离开学校好几年了，学校的教学正常进行着，财务上却是留下一堆的问题。他听汇报，筹措资金，一天到晚地忙。宋蔼龄却比较闲，于是，她常常到学校的各处转转走走。

那日，宋蔼龄信步走着，阴着的天，仿佛朦胧的意境，幻化成一片淡淡的雾霭，她不停地张望，突然，学校图书馆门楣上的大匾上赫然五个大字："亭兰图书馆"，映入眼帘。她转动着眼珠子，寻思着为什么别的学校图书馆名都和学校同名，而铭贤学校的图书馆却另起其名？心里的疑问越来越大，这亭兰"二字"究竟何意？她问陪她一起散步的教师，教师是个实在人，实话实说地道出实情。原来，这是孔祥熙取父母名字中的各一字，命名的图书馆。校名可以为了外国传教士之贤而命名，这图书馆就可以另起名字了。这完全是孔祥熙的一片孝心所致。宋蔼龄听罢，他用父母的名字命名图书馆，是让他的父母永垂青史，我的父母呢？比起他的农民父母不知强多少倍呢。我一定也让他们在这里也留下纪念。刚有主意，她就看见学校正在建筑教学实验楼，位置正好与图书馆相对。她找到孔祥熙要求看图纸，发现教学实验楼规模不在图书馆之下，高度却和图书馆相同。就提出自己给教学实验楼起名字，叫嘉桂教学实验楼，孔祥熙明白了，答应了她。她又提出把实验楼加高。孔祥熙以图纸早已设计好了，而且，马上就要竣工了，少有改动也会加大费用为名搪塞。宋蔼龄大发脾气，孔祥熙无奈，只好妥协，加高一砖。宋蔼龄终于因为压住了孔祥熙而眉开眼笑。

在以后的政治生涯中，孔祥熙不论官做得多大，一直兼任铭贤学校的校长，即使后来做了国民党的行政院长，也不肯交给别人，在漫长的岁月中，宋蔼龄曾经代理一段时间，最终，仍然由他兼任。

铭贤学校的日子，让宋蔼龄的生活阳光灿烂。身怀六甲的她在繁忙和充实中，协助孔祥熙处理校务，在师生面前树立"夫唱妇随"的形象。

孔祥熙自有一套收买学生、笼络人心的手段，因为，他视学校为私有。他常常以师生之间平等相处的面目出现，对学生讲师生犹如家人父子，能多聚集，总要多方聚集；能多会晤，总要多方会晤；能多探讨，总要多方探讨；能多畅叙，总要多方畅叙。宋蔼龄赞成丈夫的这些想法，而且，身体力行，经常约请部分师生到校长公馆里做客。每当这时，她常常腰扎围裙，亲自下厨，做出拿手西餐，让大家品尝。能到铭贤学校读书的学生都是富家子弟，山珍海味哪个没有吃过，唯独这西餐还不曾品尝过，只有在校长家里吃西式糕点，喝咖啡，大开洋荤。学生们的感动，可想而知。大家集资买了个金手镯送给宋蔼龄，"师母、师母"地叫着，显得分外亲近。宋蔼龄的确爱才，却也有女人心。她不肯收学生的礼物，只为他们还在花父母的钱。学生们坚持不收下就不再喝酒吃菜。孔祥熙打破僵局，收下礼物，大家高兴地继续喝酒吃菜。

　　此后，学生们整天围着宋蔼龄转，"师母、师母"地叫，她喜不自胜，满面春风。校长孔祥熙也是笑口常开。

谁的胸襟能包容天地？

谁的温情能融化冰块？

"敏而静"是宋蔼龄的性格特点，不论多么复杂的人际关系，还是变幻无常的仕宦生活，她都能一眼看穿，并很好地驾驭。

宋蔼龄和丈夫孔祥熙回铭贤学校后，增设了大学预科班，当一切准备就绪，即将开学之际，一位应聘的美籍教师突然不来了。如果再聘请外国教师或者从中国的沿海地区聘请教师，就得推迟开学，铭贤陷入困境，孔祥熙急得团团转。这时，一群学生跑到孔校长的办公室，要求他们的师母宋蔼龄出来任教，孔祥熙高兴地答应了。宋蔼龄听了虽有些犹豫，但还是答应试一试。从此，她拿起了教鞭，走上讲台。站在讲台上，面对黑压压的男学生们，她的心里压力很大，第一次当老师，讲课时有点卡壳，同学们热情地鼓励她。一周后，她已经完全胜任，她的英语和卫生环境卫生课很受欢迎。两个月后，她名扬全校，很多教师纷纷前来听她的课。

她自己也为从大家的"师母"转化"良师"而兴奋。

不久，宋蔼龄的第一个孩子出生了，她不得不退出大学教师的岗位。

很多年后，宋蔼龄谈到这段经历时，很是陶醉。她认为，她不配做这种工作，她相信即使在一所普通的学校里教书，她也不够格。她之所以拿起教鞭，只是因为学校缺教师，她为丈夫分忧而已。那段日子，却是她终生难忘的，从人之生到人之师，这是一个很大的进步。

宋蔼龄在教书之暇，经常帮助丈夫整理文牍、润色文章，孔祥熙称她为"一字之师"。宋蔼龄则以心愫相同，脉搏联动灵魂的温度来回答孔祥熙。

办学中，深受西方文化影响的宋蔼龄和孔祥熙又主动放下架子，很快赢得了学生们的爱戴，该校的许多学生日后成为孔祥熙发迹后的重要班底。在宋蔼龄的全力策划下，铭贤学校的规模逐渐扩大，影响也随之增大，及至后来发展成为一所知名的学府。

冬末的时候，宋蔼龄代表铭贤学校去太原考察教育，她听到了一首歌谣：

说铭贤，道铭贤，

铭贤美名天下传。

自从来了孔校长，

铭贤一夜变了天。

这首对铭贤褒赞的歌谣，让宋蔼龄高兴，这是此行最大的收获，是她和丈夫的付出的结晶和耕耘的结果。

正当夫妻俩把铭贤学校做得风生水起的时候，孔祥熙接到孙中山的信，要求他前去广州，参与中国资产阶级革命工作。

追随中山为利益

1922年，孙中山领导的南方革命如火如荼，人才匮乏成为革命的瓶颈。孙中山很是着急。所以，他给孔祥熙写信，他不知道孔祥熙能否前来，期待着他的回应。

宋蔼龄和丈夫商量，由她先行一步，打探一下孙中山将如何安置孔祥熙，换句话说，就是给孔祥熙什么官位。

当黄土高坡迎来春色之际，作为孔祥熙的使者宋蔼龄带着7岁的大女儿孔令仪，从山西出发，途经石家庄、郑州、长沙，来到广州，名义上是看望妹夫孙中山和二妹宋庆龄，住进了孙中山在广东观音山的寓所粤秀楼。

孙中山的革命激情仍然高涨，身负革命军大元帅的重任，正在指挥北伐军挥师北上，且一路凯歌。

宋庆龄不计前嫌，热情地接待了姐姐。姐妹俩进行从家庭到社会的长谈，最后，谈到孔祥熙是否前来的问题。宋蔼龄推说，他这次没来是因为手头有重要的事情。

当孙中山陪家人和宋蔼龄吃晚饭时，重提孔祥熙能否早来南方参加革命之事，并告诉宋蔼龄广州的形势很好，北伐进行得很顺利。革命非常需要人，他要是不来，孙中山要找大姐算账了。

宋蔼龄听完孙中山的话，直截了当地向他给丈夫孔祥熙要职位，孙中山当即表示，部长的位置没问题。她也马上表示，她会说服孔祥熙前来支持孙中山革命。

宋蔼龄没顾上游览羊城风光，就匆匆地踏上了归途。向孔祥熙传达了孙中山的邀请，孔祥熙并没有立即奔赴南方。孙中山再次让宋庆龄发电致孔，宋庆龄生气的认为大姐也靠不住。其实，孔祥熙不能前来的真正原因，是正在为鲁案善后督办公署效命，同时，正在进行一些秘密活动。

1922年的春天，孙中山为争取皖、奉两系军阀共同对付直系，正积极与皖、奉的代表联系，以形成孙中山同段祺瑞、张作霖联合对付直系军阀的三角同盟。这一年的4月28日，第一次直奉战争爆发。5月1日，张作霖宣布："东三省人民自主，与西南各省采取一致行动"，共同反对直系军阀。谁知，世事难料，不几天，奉系大败，张作霖退回东三省。6月3日，正式宣布就任"东三省保安总司令"，继续整军备战，表示出"南倾意向"。孙中山在此形势下，再次致电孔祥熙，秘密指示他进入东北，与张作霖、张学良父子谈判，以图加强孙中山领导的南方政府同奉系的合作关系。

孔祥熙和宋蔼龄密谋后，匆匆带着重礼，以最快的速度赶到奉天，和称雄东北正觊觎全国的枭雄张作霖多次密谈，二人各怀心事，互相吹捧、拉拢，建立了紧密的联系。孔祥熙为了得到张作霖的信任，给他提供了不少南方革命军的重要情报，并一次次地表决心，张作霖为了拉拢孔祥熙，送给他东北特产狐裘、人参等贵重礼品。回山西后，孔祥熙同张作霖函电交驰，互通机密，密切联系。

1924年1月，孔祥熙接受了孙中山的邀请，赶赴广州。孙中山夫妇热情地接待了他。

同年，发生了"北京政变"，革命形势发生新的变化。北方出现了冯玉祥和奉系军阀张作霖、皖系头子段祺瑞联合的中央政权，段祺瑞为临时政府总执政，三者之间既联合又斗争的局面。他们各自怀着自己的政治目的，分别致电孙中山，邀他北上共商国是。

1924年11月13日，为了改变军阀割据的局面，求得全国统一，孙中山不顾同志们劝阻，毅然应邀北上，他从广州出发，途经香港到上海，取道日本赴天津，一路风尘仆仆，历时一个多月到达北京。却病倒进入协和医院，确诊为肝癌晚期。

孔祥熙得知，心急如焚，立即奔赴北京，为他请医买药，跑前跑后照料着病重的孙中山。

多年来，孙中山为了革命，艰苦奋斗，积劳成疾。对段祺瑞等人的卖国谬论，怒不可遏，致使病情加重。他的革命战友们纷纷前来看望他。弥留之际，孙中山建立了一个中央政治委员会，代表团在北平开展工作。汪精卫是委员的高级成员，有着暗杀清朝摄政王的经历，这使他仕途一帆风顺。现在，他有幸守在孙中山身边，极有可能成为大元帅的继承人。

当伟大革命者孙中山生命垂危时，一场国民党内部权力之争悄悄拉开了序幕。

就像所有的权力争夺的斗争一样，尽管觊觎权力的人们或策划于密室，或公开叫嚣，或造谣中伤，无情打击，经过好人心寒、胆小者退却后，出现了令人不解的结果：蒋介石窃取了革命成果。

一场政治婚姻，伴随着蒋介石得天下的阴谋拉开了大幕。

设计祥熙投蒋大戏

蒋介石万万没有想到，他在寻找靠山的同时，有人为权力和利益，和他一拍即合，想到一起去了。这个人就是颇有心计、为了权势和利益不惜一切的宋蔼龄。

孔祥熙因主持孙中山的葬礼而名扬天下，之后，他看到了由商界跻身官场的曙光。在孙中山病重期间，他与宋蔼龄策划于密室，一致认为，在当今社会，光有钱而无权不会成为巨富。究竟升官发财的路如何走？没有后台是万万不行的。他们由这个话题延伸到，先生去世后谁接他的班？宋蔼龄洞察一切地否认了孔祥熙想到的胡汉民、汪精卫、廖仲恺和杜月笙，她把目光放在了掌握军权的黄埔军校校长蒋介石的身上。她告诉孔祥熙，此人做事圆滑，在上海青帮中有一定的势力，且军权在握，野心又大，不可小看，很可能在纷繁复杂的多派系斗争中，脱颖而出。孔祥熙看似漫不经心地告诉宋蔼龄，要是老蒋就好办了，他正在追求小妹美龄呢。说完，眼睛的余光瞧着夫人的表情，心里开始得意。宋蔼龄的眼睛挣得大大的，惊讶地看着孔祥熙，真是要什么来什么，就来个美人计！

夫妻两人一拍即合。

历史就这样展开了蒋宋两个家族王朝统治中国的时期。

孔祥熙从广州回到位于上海西爱咸斯路那座豪华的家。从此，蒋介石成了常客，他常常和孔氏夫妇商量政治、军事大计；那些忠于蒋介石的将领、腰缠万贯的大买办资本家，横行霸道的流氓头子，耀武扬威的军阀，也常来孔家做客或者聚会，策划了一个又一个计划和阴谋。

宋蔼龄为了拉拢他们，少不了美酒美食，更少不了轻歌曼舞，她周旋于他们之间，仿佛王熙凤在世。

她早已不再是那个要强的淘气的小女孩。

她拜倒在权势和财富面前沉醉不归。

1927年3月以后，在孔氏夫妇的住宅里，蒋介石在于宋蔼龄、孔祥熙讨论，如何解决他和汪精卫之间的矛盾，而宋蔼龄则热衷于如何说服小妹美龄嫁给蒋介石，完成蒋宋联姻。

蒋介石为了达到娶宋美龄为夫人的目的，让上海青帮里自己的兄弟到此游说，使宋家、特别是宋蔼龄听到的是赞蒋的言论，什么"中国唯蒋能得天下"，宋蔼龄和孔祥熙闻此，竭力协助蒋得天下得美人。

那是一个无雨无风的日子，一个重要的家庭会议，在宋蔼龄的主持下，在莫里哀路宋子文的豪华公馆里拉开幕。

宋蔼龄高谈阔论，替蒋介石当政游说，她要求家人看清中国形势，蒋介石必定上台主政，庆龄那边的武汉政府迟早垮台，美龄和蒋介石的亲事要尽快定下来。她加重口气，抬出青帮威胁家人。孔祥熙赞同她的意见，说政府要分裂，形势变化莫测，老蒋的命运就是我们的命运。半个月前，老蒋去了趟日本，我看是在寻找靠山。其实，小日本是靠不住的。

宋子文微笑说着自己的意见，美国对蒋介石这位总司令是采取不信任态度的，他去日本，也是在给美国施压。现在，美国表面不动声色，暗中却活动频繁，也不怕老蒋真的投靠日本。宋家怕啥？谁还不知道宋家和美国的关系？美国对我们不错，我们也不能错待了人家。老蒋已经透出风声，他想依靠美国，就和我们套近乎，说是要给美龄安排工作。

宋蔼龄和孔祥熙赶紧歪过头去，那询问的目光是迫切的。

宋子文不紧不慢地告诉他们，老蒋想叫美龄做他的秘书。真是这样，他爬上台去，也不会忘了我们宋家。

宋蔼龄的眼睛亮了，老蒋要小妹做他的秘书，干脆让小妹美龄嫁给他，他一上台，就不会把我们宋家搁在脑后了。

孔祥熙再次赞同夫人这个极妙的主意。

宋子文一言不发。

宋蔼龄把极亮的目光转向他，美龄做了他的秘书、夫人，有利于他打通美国的关系，这不仅对姓蒋的有利，对宋家也有利，你为何不赞成？

宋子文坚定地说，我不赞成！老太太那里也不会同意，再说，二姐是不会答应的，美龄有恋人，她自己也是不会同意的。大姐，你趁早别操这个心了，闹得全家反对，何必呢？

宋蔼龄生气地大叫，庆龄不赞成算老几，她根本不算我们宋家人，她早已背叛父母，管她干吗？至于老太太，我去做工作；至于美龄，她不嫁也得嫁，她这次婚姻对于宋家太重要了。子文，你到底同意不同意？

宋子文也倔强，就是不同意美龄嫁给老蒋。他指出老蒋脾气暴躁，生活放荡，风流韵事满天飞，小妹又不是嫁不出去，何必嫁他个糟老头子？

孔祥熙说，美龄有情人，人家刘纪文能同意吗？况且老蒋已经40岁了，小妹才18岁。

同意不同意他说了不算，他得听美龄的。

还有，老蒋要和小妹结婚，他的太太怎么办？

宋蔼龄柳眉一立，那算什么？姓蒋的明白他同小妹结婚会得到什么好处，他有18个太太也得离。老蒋这个人有本事，前途无量，未来的天下一定姓蒋！小妹做了"第一夫人"，还不是咱宋家的荣耀。

宋子文无限地担心，他认为，宋美龄已经快要和刘纪文结婚了，怎么能说变卦就变卦？再说，那姓蒋是流氓出身，其貌不扬，而刘纪文是出国留学生，英俊潇洒。他担心，宋美龄不会同意。

宋蔼龄却不这样认为，没有女孩子不想做"第一夫人"。

宋子文知道，宋蔼龄是个利欲熏心的人，有利的事，她一定要做，他是做不了大姐的主的，她要办成的事，九头牛也拉不回来。

宋家的家庭会议，不欢而散。

心机深深的宋蔼龄，是一定要找个靠山的。这样，她才可以攫取更多的财富，她在宋家人的一片反对声中，开始寻找媒人了。

在她和孔祥熙的竭力支持和撮合下，蒋介石终于实现了得天下和抱得美人归的美梦。

宋蔼龄 全传

Biography of Song Ailing

第六章

为了权势和利益不惜一切

宋蔼龄不是一般的女性，她的眼里只有权与钱，为了权势和利益，她往往不惜一切代价。

为了攀高枝，寻找靠山，为了实现操纵国家政权的野心，她拆散小妹宋美龄和恋人，耍尽了阴谋手段，逼宋美龄嫁给了蒋介石，从而，过上了要风得风要雨得雨的日子。

她为蒋介石和宋美龄准备了一个豪华而盛大的婚礼，终于让妹妹替她实现了"第一夫人"的美梦。

她是嫁妹最大的获益人，她的丈夫从此飞黄腾达，官做到"一人之下万人之上"，夫贵妻荣，她过着花天酒地的生活。

她和丈夫满面春风地周游欧美三国，为的是建立蒋介石和西方列强"反共反人民"的反动联盟。

从另一个方面看，宋蔼龄的胆识和魄力都是过人的，她有超前的眼光，她能准确地把握形势。在远去的岁月里，成为操纵国家大计的垂帘者，成为20世纪30年代在世界颇具影响的女强人、大富婆。

前排：宋美龄、倪桂珍、宋蔼龄；后排：宋子良、蒋介石、孔祥熙、宋子安

给小妹当红娘

1927年，中国的政治形势空前复杂，蒋介石为了掠夺中国最高权力，耍尽了阴谋手段，同时，不断地暗杀革命志士，一时间，腥风血雨，黑云压城。这年3月的一天，孔祥熙告诉宋蔼龄，蒋介石正在追求宋美龄。宋蔼龄的精神为之一振，她看见一道曙光出现在眼前。精明的她，在这一瞬间，认定了这是一个让宋家崛起的极好机会。

那个夜晚，天黑风高，孔家的窗户却一直亮着灯，灯下，宋蔼龄和孔祥熙头碰头地密谋着如何让小妹宋美龄嫁给蒋介石，以寻找靠山，谋取更大的利益，直到天亮。

这一天，孔家来了位不请自来的不速之客，只见他一瘸一拐地下了车子，直奔孔家大门，他是青帮头子跛脚张静江。

自宋蔼龄和孔祥熙夫妇来上海3年多来，张静江从未登过门，近一个月来了两次，今天，应该是第三次了。这三次都是为了一件事，这事是宋蔼龄期盼已久、梦寐以求的。

张静江敲开孔家的门，迎接他的是宋蔼龄热情的笑脸。

她知道，张静江奉蒋介石之命前来牵线做月老的，怎敢怠慢？

张静江跛着脚走进孔家客厅，对孔祥熙和宋子文说，他想跟宋蔼龄聊聊，别人去忙。看着他们离去的背影，他就知道，这个家主事的是宋蔼龄。

精明的宋蔼龄明知道他的来意，却故意说着无事不登三宝殿之类的客套话。当张静江说出关心一下你家小妹的话时，一阵狂喜涌上她的心头，她脸上冷静热情却不减，温婉说出小妹的条件：门当户对，相貌超群，才能出众。要有相当于领袖或统帅的能力和权力，就是说，小妹非英雄不嫁。她的眼睛瞟着张静江，笑着表示，恐怕难找。

张静江先问她是否有了目标，又说可以满足小妹第一、第三个条件。宋蔼龄便问介绍的是谁。张静江说出蒋介石要换夫人，你家小妹最合适。蒋宋孔陈这四家都是大家族，门当户对。蒋介石本人也是中国未来的一号人物。至于长相，情人眼里出西施，全在美龄了。

宋蔼龄听后故意说这是人生大事，恐怕小妹不会同意。张静江知道她在拿把，主张大姐帮着拿主意。她淡淡地一笑，要张等着听信。

之后，宋蔼龄又与张静江密谈了三次，她的超级红娘基本成功。

宋蔼龄知道，要小妹美龄嫁给蒋介石，得先拆散她和刘纪文。这好像不太符合中国人宁拆十座庙不拆一桩婚的道德，一想到权力和利益，这又算什么？聪明的宋蔼龄在欲望的海里挣扎着，一边是小妹爱着的人，一边是权势给宋家带来的荣耀和辉煌，她心里的天平朝着权力和财富、利益倾斜了，还管什么贪婪、罪恶！

当宋美龄和刘纪文看完电影去她家的时候，她把刘纪文支到客厅看打牌，自己和美龄谈起她的婚事。当宋蔼龄婉转提出给宋美龄介绍蒋介石的时候，她从她的拒绝里看到了希望。

为了权势和利益，她不惜一切代价。

宋蔼龄用三寸不烂之舌，循循善诱地向宋美龄讲着"第一夫人"的荣光，告诉小妹，刘纪文的潇洒和财富都抵不上蒋介石的权势。

宋美龄的心动了。这一点，宋蔼龄并不知道。她不知道小妹美龄从美国回来后，就一直徘徊在刘纪文和蒋介石两个男人之间。为此，她拒绝了多少富门的纨绔子弟。她对刘纪文是真爱，那爱是深沉的、真心的。当他们在美国留学相识后就相爱了，他们爱到谁也离不开谁了。当她得知蒋介石有意娶她的时候，"第一夫人"的诱惑让她意醉神迷。以至于刘纪文几次提出与她结婚，都被她婉言拒绝了。

当她一个人独处的时候，凝望蓝天上的流云和星河，想一想深爱的人，用晨曦一样密密层层的爱围绕着你，那爱如同珍珠，珍贵而稀世，足以让她忘乎所以，梦似的随风旋转。

现在，大姐的话又句句说到她的心上，感情上，她离不开刘纪文，理性上，又该选择蒋介石。

她应该怎么办？她轻轻闭上了眼睛。

片刻，她告诉大姐，如果她变心了，刘纪文会自杀的。

宋蔼龄恶狠狠地瞪了她一眼，你就对他说，如果他不肯放弃，姓蒋的会扒了他的皮。

从大姐宋蔼龄的房间出来，已经漫天星斗了，宋美龄看见等得发急的刘纪文，听着他的埋怨，她也沉下脸，两个人默默地在马路上走着。

夜雾迷蒙了夜上海，也迷蒙了宋美龄的心，她无心说笑，心里像团雾，她想不到大姐会说出了那么一番诱人心灵的话，以至于她坠入了眼前的五里云雾，心也被忧伤和孤独所摄住。刘纪文看出了她的反常，可是，他并不知道，他们这两颗曾经深深相爱的心，已经被这夜雾隔绝了。

宋美龄跟着刘纪文走，不知不觉到了他家的门口，宋美龄望着那熟悉的门，知道自己是最后一次到这里来了，不觉泪涌眼眶，她使劲憋回眼泪，跟着自己那么爱的男人走进去。心，早已乱成一团麻。在刘纪文的逼问下，她终于艰难地道出实情。

刘纪文如何舍得美龄？又如何愿意他的爱人嫁给一个有家室的40岁的老头子？他提出结婚，先斩后奏，既成事实。

宋美龄哭着告诉他，这样做大姐不会认我这个妹妹，那老蒋心狠手辣，他会整死你。今后，这天下是他的，胳膊怎能扭得过大腿？

刘纪文没有答话，心想美龄也是为他好，她有苦难言啊！老蒋和他的青帮兄弟在上海无恶不作，多少人被他们暗杀，多少人家破人亡！未来的天下又是他的，他不能不防啊。

沉默了许久，刘纪文终于开口说话了，如果后果不堪设想，那我们分手吧！说完，已是凄然泪下。

宋美龄简直不相信自己的耳朵。她发誓一定为刘纪文争取利益，比如：要更高的职位，两个人仍保持联系等等。

刘纪文表示同意宋美龄的意见。

两个人相拥着以泪洗面，直到天明。

宋蔼龄一直耐心地等着小妹宋美龄的归来。

直到第三天的傍晚，宋美龄容光焕发、精神抖擞地回来了。宋蔼龄看她跟3天前局促不安的样子大不相同，心里乐坏了。她拉住美龄问她你们什么条件。惊得宋美龄张大了嘴巴。这大姐真是了不得，仿佛是别人肚里的蛔虫，什么都知道。接着，她侃侃而谈：第一，纪文已是中央委员，这职位没赚头，他要求老蒋安排他任南京市市长；第二，给他100万现金，作为赔偿费；第三，两个人继续来往，蒋介石不得干预。

宋蔼龄立即把这喜讯报告给张静江，张静江又连夜飞报给蒋介石。蒋介石让他转告宋蔼龄，这三个条件我答应了，包括孔祥熙的职务安排，叫她放心！心里却暗想，先把宋美龄弄到手，有关条件，日后再看，可以算数，也可以不算数。

望着张静江离去的背影，蒋介石叫住他，吩咐道，告诉蔼龄确定个喜日，我们热闹一下。

1927年9月17日，美国《纽约时报》在头版头条的位置，刊登了一条该报驻上海记者米塞尔维茨发回的令人震惊的消息：《蒋总司令即将与宋美龄女士结婚》，并在左上角刊载了蒋介石和宋美龄的近期照片：

"这场在中国空前隆重的婚礼正在紧锣密鼓地进行。据说蒋已经请来了一位英国著名的裁缝正在为他赶制礼服、礼帽，宋家正在为其妹赶制嫁妆。据说，这份嫁妆价值3.5万美元，是中国姑娘中至高无上的。据说，蒋总司令已同结发之妻毛福梅离婚，采取了中国最传统的做法——休妻制，宣布她再也不是他的老婆了。除了原配夫人外，蒋似乎还送走了另外两个'老婆'；另外宋美龄也同她的情人，当年赴美留学生刘纪文分手。"

……

"种种迹象表明：即将举行的这场婚礼没有因为这些形形色色的蒋夫人的存在而推迟，他们之间的婚姻完全是以双方的爱情为基础的。蒋同宋家的罗曼史将使蒋的身价倍增，成为中国第一人……"

据米塞尔维茨说，向他们提供这一重要新闻消息的，既不是蒋总司令本人，也不是宋美龄，而是赫赫有名的孔夫人——宋蔼龄。整件事情都是孔夫人一手操办的。她于9月16日在西爱咸斯路的寓所举行了记者招待会。她把蒋介石和宋美龄介绍给一群记者，宣布："将军要和我的小妹结婚。"然后，大家都到正规的庭院给这潇洒漂亮的一对拍照。全世界的报纸和杂志都预先刊登了这些照片。当时谁也没有想到婚姻掮客宋蔼龄究竟起到什么作用，谁也不想问1921年已与蒋结婚的蒋夫人怎么办。所有这些更具有新闻价值的东西，往往被一些记者忘记了，但是历史不会忘记，蒋介石清楚，宋美龄更清楚，他们永远不会忘记他们的恩人——宋蔼龄。

宋蔼龄为了权力和利益，不惜拆散一对有情人，为蒋介石和宋美龄牵线搭桥，做了回超级红娘，也跟着蒋介石名声大振。

宋蔼龄终于让小妹宋美龄替她实现了做"第一夫人"的梦想。

豪华而盛大的婚礼

1927年12月1日，宋美龄和蒋介石在上海举行了豪华而盛大的婚礼。

宋蔼龄如愿以偿，蒋介石期待许久也如愿以偿。

这是这场婚礼最如意的两个人。

宋蔼龄站在婚礼现场，想起她和孔祥熙有点寒酸的婚礼，想起她在美国卫斯理安女子学校毕业回国的前夕，梅肯城《电讯报》的那句："年轻貌美的宋小姐将成为革命后中国的"总统夫人"，领袖的妻子是支持宝座的真正力量！"心里一阵难过。不过，小妹美龄嫁给蒋介石终于可以弥补她的遗憾。

婚礼车队再前行，音乐响起。

宋蔼龄和蒋介石早已商定好，婚礼分两次举行：先是宋家后是蒋家。

宋家的婚礼由宋蔼龄操办。

一大早，宋蔼龄就和亲朋好友在慕尔教堂的钟声响起的时候，聚集到西摩路的私邸，准备参加宋美龄和蒋介石的婚礼，51名至亲好友均为基督教徒，却不见宋庆龄。这场婚礼本来已经向宋庆龄发了请帖，接到请帖的宋庆龄于1927年9月30日回到上海的家中，她力求劝说她最爱的小妹不要嫁给老蒋，却为时已晚。她在上海逗留了几天后，就和一位名叫蕾娜·曾罗梅的美国朋友去了莫斯科，没有参加婚礼。

教堂里，宋家前来贺喜的人们聚集在耶稣像前。新婚的蒋介石和宋美龄站在前排，宋氏家族的人站在第二排，亲朋站在第三排。宋美龄的母亲倪桂珍神采奕奕地站在一对新人的身后，满意地看着她身穿洁白婚纱的小女儿，挽着新郎的手臂安静地站在前面。她闭上双眼祈祷着。婚礼由南方卫理公会及阿伦纪念教堂的牧师余日章主持，此人是黄仁霖的岳父，办事干练，在江浙一带小有名气。在一片沉静中，他从后门步入教堂，一声干咳后，开始了他的主持。

当他向蒋介石问道：你是否愿意娶宋美龄小姐为妻，不论生病还是……他和在场的所有人都听到了蒋介石朗声说"愿意"两个字。宋蔼龄的面部表情是一阵掩饰不住的欣喜。她热切地盯着牧师余日章，看着他的嘴唇翕动着，紧接着，宋美龄的声音响起来。

接下来，宋蔼龄听见了一阵朗朗可闻的《圣经》祷告声，这声音像一部合唱的歌曲一样悦耳动听。

蒋介石和宋美龄在牧师的指挥下完成了婚礼的各项议程，随后，众星捧月一样被大家簇拥着走出肃穆宽敞的教堂，坐上装饰豪华的车辆，赶去外滩的大华饭店舞厅，举行邀请来宾参加的婚礼。

大华酒店早已被装饰得华丽无比。宋蔼龄走下车来，伫立在饭店的门口，望着著名而豪华的酒店，心里的喜悦一点点地把落寞的情绪压了下去。眼前的酒店多么的巍峨、壮观！那一条黄绿相间的玻璃屋脊，从蔚蓝的天空中勾勒出饭店和舞厅的轮廓，那壮美华丽的柱廊，淡雅的色调，在周围鳞次栉比的建筑中，显得那样独特、高雅、绚丽；屋顶豪华的天花板上，吊着金黄流苏的五彩宫灯，在众多小彩灯的围绕下，溢彩纷呈；辉煌的大厅布置得光彩夺目，刘易斯育婴堂用彩带和白色的鲜花组成了巨大的婚礼之钟；台子中央挂着一幅孙中山的大幅画像，两边是国民党党旗和国旗；台上摆满了各色鲜花，显赫的位置上一个巨大的喜字，增添了热闹的分子；另一个台上，坐着穿着白衣白裤白俄的管弦乐队队员；一群来自世界各地的30多家报纸、杂志的记者，手提照相机，兴奋地等待着这场盛大的婚礼开始；大厅里，坐着怀着兴奋的心情等待着一睹新郎、新娘风采的1300多名来宾；舞厅外面还有1000多名看热闹的人群，不时发出啧啧赞叹和议论声；16行花花绿绿的鞭炮从大华饭店六层楼顶垂下，直到地面。当在风中摇摇晃晃的它们被点燃，这场隆重的婚礼就开始了。

宋蔼龄激动了，眼里溢出泪水，她在感叹，如果自己有这样一场盛大的婚礼，该有多好！世事多么不公平，总统夫人本该是她啊。

下午4时1刻，风中摇曳的爆竹被点燃，乐队开始奏乐，场面热闹非凡。

噼里啪啦的爆竹声，震醒了沉醉在失落中宋蔼龄，她赶紧领着家人坐到台下留给他们的前边的座位上，兴致勃勃地参与到热闹的氛围中去。想着自己导演的这场婚礼，终于让宋家有了出头之日，过上呼来唤去的日子，她的心情得到了安慰。

婚礼主持人，前北京大学校长、现南京政府的教育部长蔡元培先生登上了礼台，站在孙中山遗像下的时候，台下爆发了热烈的经久不息的掌声。在震耳欲聋的掌声中，这么高规格的婚礼，只有总统级别的人才配有。她的心里涌起了嫉妒，嫉妒小妹宋美龄竟然有这样的福气，而自己……她深深吸了口气。

本来，婚礼主持人应该是张静江，因为他病重住进了医院，才换了在中国当代最有影响的人物蔡元培。宋蔼龄抬起头，看见来宾中有英国、美国、日本、挪威、法国以及其他一些国家的领事，陪同这些贵宾的是国民党众位元老，以及上海各界的头面人物，他们分别坐在前三排。超级红娘宋蔼龄和孔祥熙也坐在他们中间，因为还有接待任务，安排好外宾和国民党元老们，他俩就离开了。

蔡元培先生目扫一周后，用英汉两种语言向来宾致意，并向大家一一介绍外国来宾和重要来宾，足足持续了半个多小时。最后，他宣布新郎新娘入场，向诸位来宾致谢礼!

蔡先生的声音刚刚落下，白俄乐队就奏响了乐曲，舞女们随着乐曲翩翩起舞。蒋介石身穿高雅的欧式礼服，在孔祥熙和由首席秘书作男傧相的陪同下出场，婚礼现场再次热闹起来，满脸微笑的蒋介石，向来宾们挥手致意。人们热烈地鼓掌欢迎这位军事领袖，摄影师把镜头对着他不停地转动、闪光，拍下这一历史性的画面。

这时，大厅里响起了《新娘来了》的古老乐曲的旋律，新娘宋美龄挽着大姐宋蔼龄和前财政部部长、哥哥宋子文先生的胳膊，从廊柱后面走进舞厅，脚下是大红地毯，两边摆着七彩鲜花。在热烈的掌声中，后面的人们再次站到凳子上，伸长了脖子，只见宋美龄身穿白色长裙礼服，披着银白色的乔其纱，一枝香橙花别着披纱，稍稍偏向一边，饰以银丝的软缎长裙长长地拖在身后，一双银色皮鞋隐在轻纱裙后，她的乌发藏在白色尚蒂利桃花的罩纱里，罩纱垂到肩上，形成第二层披纱。她手里捧着一束用银白色缎带系的红色的康乃馨花，看不清美若天仙的她脸上的表情;她的身后，跟随着郭小姐、王小姐、孔小姐和倪小姐四位女傧相，她们也是衣着光鲜，镶着钻石和珠子的桃红色的软缎衣，衬得她们喜气洋洋的;后面跟着撒花的周小姐和陈小姐，她们穿着撑开来的桃红色塔夫稠衣裙，手腕挎着装满花瓣的小花篮;最后面是两位小侍从孔珍妮小姐和孔路易少爷，他们身穿黑色丝绒衣和缎子马夹。

这么高雅文明的中国传统略带西方文明的婚礼，在当时是不多见的。与基督教婚礼相反，新郎和牧师都没有拥抱和亲吻新娘。

新娘宋美龄踏着绰约的脚步走到新郎蒋介石的身边，所有的镁光灯都对准了他们闪个不停，留下这一历史的瞬间。

他们在主持人蔡元培的指挥下，向国父孙中山鞠躬，向宋老妇人鞠躬，向来宾来客鞠躬，夫妻对拜鞠躬，完成着一项一项婚礼议程。

然后，蔡元培先生宣读结婚誓词。宣读完毕，一个大红印鉴盖在结婚证书上，一式两份，交给新娘新郎各一份。蒋介石和宋美龄在接过证书后，向主婚人蔡先生躬身施礼，又向证婚人蒋介卿施礼，再向周围的来宾来客施礼。

接着，两个头扎红绳，手捧鲜花的小姑娘上台，向新郎新娘献了花。伴着人们有节奏的掌声，美国男高音歌手霍尔唱起了《哦，答应我》。

至此，婚礼进入高潮。

舞会在为新郎新娘祝福，为中国统一祝福的声音里开始了，对对舞伴挽臂搭肩，旋入舞池，轻歌曼舞的热浪至情至切。

晚上7点，盛大的宴会开始了。宴会中，蒋介石挽着宋美龄一次次地举杯致谢，直到午夜12时晚宴结束。新郎和新娘相携着快步穿过廊子，走到由鲜花组成的大钟下，缎带拉开，数百数千的玫瑰花瓣从花钟里落下来，撒在新郎新娘的身上。

此刻，宋蔼龄仿佛看见一朵花抵达幸福的彼岸。她知道，小妹宋美龄走了，她悄悄从后门走了，乘车到西摩路私邸换衣服。晚上，她将和新婚丈夫蒋介石带着200名卫兵坐专列，前去莫干山青帮的一个寺院，在那里开始新婚蜜月的生活。

《纽约时报》在第二天的头版头条的位置，报道了蒋介石和宋美龄婚礼的盛况、称这是近年来的一次辉煌的盛举，也是中国人的一个显赫的结婚典礼……国民党将在周六召开全体会议……如果会议开得圆满，蒋介石将再次成为中国的实权人物。蒋介石发表了声明，说他准备重新掌握指挥权，表示这次婚姻成为他做好革命工作的动力，他将安心地担起革命重任。他和他的新娘决心为中国革命事业做出最大的贡献。

人们在参加婚礼的外交使团里，看到了布里斯托尔上将参加了整个婚礼仪式，宋氏家庭的新成员蒋介石得到了国际认可，美国感到满意。

宋庆龄曾说，他俩的结合是政治而不是爱情！

1927年12月10日，蒋介石结婚第9天，即恢复了总司令的职务，后来，又被选为中央政治委员会主席和军事委员会主席。

宋蔼龄终于可以松口气了，她满意自己为宋氏家族的发展设计的成果。

她知道，宋家的好运来了。

嫁妹的直接受益者

蒋介石在南京成立政府，在组建巩固政权和地位的过程中，培植自己的亲信力量，当然少不了老朋友，新亲戚孔祥熙，每一次，都把他列为优先考虑的人选。

1928年2月，孔祥熙被蒋任命为南京国民政府工商部部长，同时，当选为国民政府委员；

1929年3月，在国民党"第三届全委会"上，孔祥熙被选为候补中央执行委员；

1930年12月，南京政府将工商、农矿两部合并为实业部，孔祥熙出任部长；

1931年11月，在南京召开的国民党"第四届全委会"上，孔祥熙又被选为中央执行委员；

1933年取代宋子文，担任财政部部长，独掌财政大权；

青年时期的宋氏三姐妹

1938年1月，孔祥熙又出任中央常委、行政院院长、兼任财政部部长、中央银行总裁、农业银行董事长、四行联合办事处副主席，成为蒋介石政权的核心成员。

当孔祥熙站在仕途的巅峰，想着自己已经如愿以偿地成为中国近代史上的风云人物，不禁想起夫人宋蔼龄为他的高升所做的努力。从她力排众议，设计了蒋宋联姻，他就知道，他的好运来了。

他和众多的人一样，不得不佩服她的眼光和她对形势的准确把握；更欣赏她敢于力排众议、当家做主的过人胆识。当丈夫孔祥熙步步高升的时候，宋蔼龄颐指气使地享受着夫耀妻荣的光环，他只是一笑而过，并不计较。

当1928年底，南京政府结束了北洋军阀割据，实现中国的统一。蒋介石却一点都不敢松懈，这是因为国内并不太平。毛泽东领导的中国共产党代表人民的力量，坚决抵抗和反对蒋介石为首的政权，形成势不两立的政治斗争和军事较量；此外，国民党内部的汪精卫派系，胡汉民派系以及地方实力派，不断地围攻蒋介石集团。1930年发生的"中原大战"，削弱了地方势力，解除了他们的军事威胁；直到"九一八"事变和"一·二八"抗战，上述军事威胁才得以停止。蒋介石的政权才算稳固。孔祥熙在这4年里，为蒋介石的政权出了大力，他常常奔走于各政治派系和军事力量之间，调和着权力、利益分配不均造成的矛盾，利用掌握国民党财政的权力，倾中央财政，慷国家之慨，为蒋介石平衡

各派关系，干了不少收买政敌、对手的勾当，由于价码合适，提供的金钱足够，职位称心，不少地方实力派主将中弹，为蒋介石减少了军事"围剿"的难度。蒋介石的领导地位走向稳定。

抗日战争爆发后，中华民族到了最危险的时刻，蒋介石抛出"攘外必先安内"的政策，继续打"反共"内战，孔祥熙就为他提供源源不断的物质支持。这样，孔祥熙就成为蒋家政权的创业者，为四大家族统治中国22年打下了根基。

夫贵妻荣。那个时候，宋蔼龄热衷于儿童福利工作，宋蔼龄终于可以站在历史的风景里，逼视浑然不觉的亘古苍茫。

满面春风的欧美之行

1933年1月28日，蒋介石被推选为军事委员长兼军事参谋长，他的统治，开始走向独裁。

就在这一天，日本的大炮朝着上海的中国军队开火了，发起进攻，淞沪抗战爆发。

蒋介石在弥漫的硝烟中，看到了中国军队武器弹药的落后，他急于将中国军队武装起来，以适应抗战的需要。在这样的形势下，他任命孔祥熙为"中华民国考察欧美各国实业特使"。实际上，是派孔祥熙向欧美各国接洽军械枪支飞机的购买及设厂自制等事项。

宋蔼龄在全国人民抗日救国激昂情绪的感染下，出于对待命战斗的年轻军人个人生活的关心，与宋美龄一起组织了军官励志社，组织军人在社团中心开展活动，投入到轰轰烈烈的抗日救援工作中去。当她接到上海红十字会主席请她帮助解决涌进城市里的大量伤兵的医治和床位问题的电话后，马上意识到，这些从抗日战场上下来的伤兵，如果得不到及时救治就会死亡。她当机立断，与三位朋友商量后，拿出8万美元，建立了一座配有400张床位的培德医院，一周之内，这所新建的医院就住满了伤兵。与此同时，她又宣传鼓动一些人募集了一笔巨款，不久，又在上海建立了一所1000张床位的私人医院。她的这一举措，确实解决了伤兵的医治问题。

那段日子，宋蔼龄吃不好、睡不着，募集资金，选院址，进购药品，忙得不可开交，为抗战尽着自己的绵薄之力。

令人气愤的是，以蒋介石为首的南京政府并无抗战的决心和勇气。

蒋介石亲自到浦镇"指示沪事"，"以十九路军保持十余日来之胜利，能趁此收手，避免再与日决战"。3月初，驻沪日军同时发起总攻。中国守军退至昆山至福山一线。3月3日，国民党政府行政院决议中日双方停止战斗。后来。中国与日本外交代表谈判，签订了屈辱的《淞沪停战协定》。

蒋介石一方面实施投降主义，国民党政府腐败无能；另一方面派孔祥熙到欧美购买武器飞机，试想，人无心抗战，买来武器又有何用？况且，中国当时是一个极为贫穷落后的半殖民地半封建国家，政治腐败，军事落后，民不聊生，仅靠买几架飞机、大炮等武器，是不可能把日本鬼子赶走的。

1932年3月13日，宋蔼龄和孔祥熙起程赴欧美。

在上海机场，宋蔼龄满面春风地面对前来欢送的南京政府要员、蒋宋两家的亲友，听着他们说着一路顺风之类客气话。让她没有想到的是委员长蒋介石亲自来机场送行，她觉得身上的担子沉甸甸的。宋美龄和大姐宋蔼龄拥抱后，献给她一束象征着友谊和吉祥的鲜花，她和孔祥熙向各位挥手告别，请诸位静候佳音，然后，走向舷梯，到了舷舱口前，她举起鲜花向送行的人致意。

孔祥熙、宋蔼龄这次出行的第一站是美国，自留学归国后，宋蔼龄是第一次再来这个西方国家的，当然，也是她和孔祥熙婚后第一次双双访问美国。对于她个人来说，意义重大。

当她从客机圆形舷窗中，逶巡、俯瞰，她兴奋地再次看见了高耸云天的华盛顿纪念碑，紧接着，她又看见波托马克河畔停泊着好多艘漂亮的汽船，岸边行驶着甲壳虫一样的汽车，接下来是方格棋盘般的大街，鳞次栉比的建筑群令人目不暇接，里面有国会大厦、林肯纪念堂和最高法院等等。

旧地重游，宋蔼龄却一刻也不敢忘记肩负的使命。不论是在华盛顿，还是在纽约，或者在其他大城市，她和孔祥熙日夜不停地出席各种招待会。当孔祥熙同美国官员进行高级会谈时，宋蔼龄才去看望美国同学，一叙友情，见缝插针地渗透她此行的使命。昔日的朋友前来看望她，带着鲜花和夫人接踵而至，会客厅高朋满座，有人为她举办接风洗尘晚宴。宴会上，一位小姐自弹自唱《美丽的阿拉斯加》和《朋友，祝您晚安》，宋蔼龄和朋友们高举香槟酒、德国啤酒和微甜的白酒，互助幸福；接着，他们旋入舞池，在优美悦耳的舞曲中旋舞。

灯红酒绿、歌舞升平中，宋蔼龄心急如焚，她时时感到和众多同学话不投机。他们每天想着如何的买到花园似的洋房，换辆新轿车，购买更时髦的家用电器。而她想着祖国正处于水深火热之中，如何来抵抗日本的侵略，她发现美国无意卷进去，她和这些同学的隔膜是无法清除的。她拒绝了同学约请她去环岛旅行、参观她曾就读的学校、参加美国传统婚礼，她的心里，都是日寇肆意横行烧杀抢掠，燃起战争的火焰，蔓延在祖国大地上。祖国苦难深重，她怎么能够去游玩？

访美的后期，出现一件让宋蔼龄和孔祥熙极其难堪的事。美国的舆论界盛传着蒋宋孔家族的一些不堪入耳的丑闻，破坏了他们的心情。因此，她谢绝了不少的该到场合的活动，也想中断访问，不知是不是别有用心的人不想支持中国的抗战，故意在这个时候惑乱人心。

宋蔼龄在卫斯理安女子学院的校友、美国一家杂志主编尤妮斯·汤普森说"我看见孔夫人留下了女性烦恼的眼泪，并且亲自去把她的氨水精拿来，以便使她的神经镇静下来……她的担心甚至在最后一刻可能丢人现眼，也许会受不了。但我们答应她，不加张扬，而且在朋友们的配合下兑现了这个诺言，因为这些朋友都能理解她确实多少需要保持清静和不受打扰。她的同班同学得到通知，从全国各地前来卫斯理安学院同她会合。在整整两天的时间里，她会见的全都是她熟悉的人。于是，她能够一连若干小时把祖国的苦难置于脑后。"

和同学们在一起，宋蔼龄暂时拂去心灵上的阴影，她以捐献奖学金基金的名义，献款给母校，以此来配合孔祥熙的外交活动。

在美国，孔祥熙拜会了美国总统和其他高级官员，却没有达成购买军火等协议。宋蔼龄夫妇的访问没有达到目的。夫妻二人在沮丧的同时，商量了去欧洲的行程和策略。决定先去意大利和德国，宋蔼龄先行一步去公关，然后，在意大利和孔祥熙会合。

宋蔼龄为了不打无准备之仗，她在乘船的途中，一直阅读大弟宋子文送给她的有关意大利的书籍，研究了这个异国的政治和其他方面的统计数据。

当宋蔼龄到达意大利的威尼斯时，她受到了热情无比的接待。意大利首相墨索里尼，派高级官员乘一艘摆满鲜花的游艇去迎接她。她知道，这是皇家较高礼遇和场面，是因为宋氏家族的显耀所致，心里升起一股豪气。她后来说：

"这太美了！不过，为我铺陈这样大的场面，让我感到紧张……这么多的鲜花实在出乎我的意料，不过我很高兴。还有旅店的房间——官府大厦！我一生中从来没有看到过这么多的红色和金色。"

意大利的接待是高规格的，她到后不久，墨索里尼就在首相府接到了她。

然后，孔祥熙来到意大利。

墨索里尼在同孔祥熙会谈时，不怀好意地向他兜售"空中制胜"和"空中建国"的谬论。他说："贵国建国，用从空军着手。空军发展起来比较快，所需经费较海军少。且将来战争之胜负，取决于空军。日本为海军先进国家，贵国欲赶上日本，非仓促可办，空军则三五年可见成效。"一番谬论，竟然让孔祥熙坚信不疑，专门向蒋介石作了汇报。历经几次谈判，孔祥熙购买了一大批"飞霞式"轰炸机，并且聘请了以劳地为首的意大利顾问团来华协助建立空军。墨索里尼将他和孔祥熙达成的协议的具体事宜交给了意大利驻华公使齐亚诺伯爵。此后，蒋介石和孔祥熙同墨索里尼开始了频繁的联系。

宋蔼龄夫妇对在意大利的收获，感触颇深，就如同举世闻名的比萨斜塔、古罗马露天竞技场、文艺复兴的圣地佛罗伦萨和出门乘舟的威尼斯水城等，充满宗教色彩建筑和历史古迹的印象一样，不能忘怀。

访问德国的经历，宋蔼龄隐在了丈夫的背后，不过，她为丈夫和德国的谈判做了充分的准备。他们分析了希特勒在德国的地位，知道他创建第三帝国和征服欧洲的叫嚣，已到了狂热的程度，蔓延至德国社会的每一个角落。孔氏夫妇访德，这时的希特勒正忙于总统竞选，他的纳粹党正准备接管德国政权。

她和孔祥熙对德国的政治形势一目了然，并有针对性的策略。

在希特勒的会见中，孔祥熙认真地听完希特勒创建第三帝国的计划，表示了对这位德国纳粹党的元首的崇敬之情，希望日后加强工作，共增友谊。

会谈后，孔祥熙购买了2500万美元的德国武器。

欧美三国访问后，宋蔼龄和孔祥熙回国，他们立即专程拜访了蒋介石，向他详细汇报了出访欧美寻求援助的情况。蒋介石马上任命孔祥熙为中央航空学校的校务委员，这一虚职让孔祥熙很不满意，他妄想当航空部部长。私下里，他开始活动起来，对蒋的亲信、航空署署长兼中央航空学校校长葛敬恩建议航署应扩充为部，并直言表示，愿意出任航空部部长，请葛以首席次长负实际责任。蒋介石没有同意，对于孔祥熙的牢骚，也置之不理。

当孔祥熙在意大利购买的二十余架飞机运到国内，经国家航空署派人检查，确认全部是旧物，炮管里的膛线都已磨光，根本不能用。那么，是什么原因导致的呢？是受骗上当还是另有原因？有人主张退货。当葛敬恩如实向蒋介石汇报，蒋介石说追究责任，然后，不了了之。

孔祥熙根本就不再去过问他购买的飞机质量如何。他们夫妻周游欧美，一路慷慨解囊，目的只有一个：建立蒋介石和西方列强"反共反人民"的反动联盟。为了这个目的，多花点钱算什么。孔祥熙在德国购进的武器多数用在了"围剿"中国工农红军了。

宋蔼龄以此行为资本，到处夸耀她的功绩，更是有过之而无不及。

宋蔼龄 全传

Biography of Song Ailing

第七章

站在家、国的风口浪尖上

西安事变发生后，宋蔼龄陪在宋美龄身边安慰并给她出主意，直到和平解决，她的那颗心才落地。

为了家族的利益，她奔忙在蒋介石和宋子文之间，不断地调节他们之间的矛盾，有时隐于背后，有时直接面对。

在抗日战争中，她站在家、国风口浪尖上，积极带领妇女参与抗战，建立伤兵医院，慷慨捐钱捐物，她对美国的关于抗日演讲，振聋发聩，就像鹰的翅膀，豪迈地覆盖住裸露的山头。

对子女教育的失败，只留下一声叹息。

西安事变中的蔼龄

1936年12月12日，为了劝谏蒋介石改变"攘外必先安内"的既定国策，停止内战，一致抗日，时任西北"剿匪"副总司令、东北军领袖张学良和时任国民革命军第十七路军总指挥、西北军领袖杨虎城在西安华清池发动"兵谏"，扣留了时任国民政府军事委员会委员长和西北"剿匪"总司令的蒋介石，时称"西安兵谏"。

蒋介石被扣的消息，犹如晴天霹雳，另南京城一片慌乱。

国民党政府内部各方势力纷纷抬头，极尽表演，各种矛盾如一团乱麻，纠缠在一起。

这个时候，孔祥熙和宋蔼龄、宋美龄三人正在上海。

12日的下午3点多钟，孔祥熙的机要秘书进来，递给他一份何应钦发来的绝密电报：西安有兵变，蒋介石在何处？尚未查明，已派飞机前往查明。一个小时后，他又接到南京政府财政部秘书的绝密电话，转告了张学良致孔祥熙电报的主要内容。

兵谏的突发，让孔祥熙震惊，他不能不为蒋介石的安危而担忧。他努力使自己在惊悸和紧张中镇定下来，思考着在这种形势下做些什么。许久，他决定晚上坐火车回南京，并约苏联大使馆的鄂山荫秘书明早在南京孔宅见面。

张学良、宋蔼龄、于凤至、宋美龄和蒋介石

孔祥熙回到家里，把电报递给蔼龄看。蔼龄看着电文，脸上露出惊讶的神色，张得大大的嘴巴，许久不能合上。愣了片刻，才问孔祥熙，小妹美龄知道了吗？孔祥熙摇了摇头。她知道，美龄知道了一定会受不了的。接着，宋蔼龄和孔祥熙商量了半天，决定先去美龄家告诉她这个消息。

当宋蔼龄和孔祥熙驱车赶到宋美龄家时，看见她正在以航空事务委员会主任的身份召集会议，讨论改组"全国航空建设会"的事。当孔祥熙告诉她西安发生兵变，委员长消息不明时，她惊骇得如同遇到晴天霹雳，大哭起来。宋蔼龄急忙劝说，三人经过紧急商议，决定第二天清晨赶回南京，并约蒋介石的顾问澳大利亚人端纳同行。

夜色朦胧。

这是一个不眠之夜。

不安和恐惧慑住了国民党军政要员的心，宋蔼龄和孔祥熙也在不安和焦虑中艰难度过。

锃亮的灯光下，他俩商量着如何回复张学良，经过仔细研究和斟酌，孔祥熙给张学良发出了西安事变后第一份电报：

"急！西安张副司令汉卿吾兄勋鉴：密。倾由京中电话告知，我兄致弟一电，虽未读全文，而大体业已得悉。保护介公，绝无危险，足微吾爱友爱国，至为佩慰！国势至此，必须举国一致，方可救亡图存。吾兄主张，总宜委婉相商，苟能有利于国家，介公患难久共，必能开诚接受，如骤以兵谏，苟引起意

宋美龄、于凤至和宋蔼龄

外枝节，国家前途，更不堪设想，反为仇者所快！辱成契好，久共艰危，此次之事，弟意或兄痛心于失地久未收复，及袍泽之环伺吁请，爱国之切，必有不得已之苦衷，尚需该审慎，国家前途，实利赖之。尊意如有需弟转达之处，即乞见示。先复布意，伫候明教。弟详熙叩文亥沪寓印。"

孔祥熙的电报，是宋蔼龄帮他字酌句斟后拟定的，通过委婉措辞，表述了自己对事变的态度。

这时，何应钦的官邸正在召开中央临时紧急会议，中央委员们面面相觑，议论纷纷，大部分人主张讨伐。何应钦咳了一声，发表了自己的主张：派飞机轰炸西安。孔祥熙和宋美龄到了，宋美龄一进门就质问何应钦，你这样做是什么意思？假使发动战争，你能善其后吗？你能救出委员长吗？你这样做简直就是想谋杀他！

接连二三的质问，令何应钦脸色大变。

宋美龄舌战何应钦，并按宋蔼龄和孔祥熙三人商定的方案，安排端纳到洛阳转赴西安，并自己亲自赴西安。说完，告辞。

会议不欢而散。

何应钦受日本密使再次唆使，让他抓住千载难逢的好时机，虽心痒难耐，却不能乐观，只恨自己手里没有兵权，调度不灵。冲宋美龄发火，被宋美龄告知的蒋委员长还活着，张学良刚才给我电报，欢迎端纳先生到西安去。挫败了何应钦妄图阻断南京和西安之间交通的阴谋。

何应钦只能强颜欢笑，以掩盖他的阴谋，眼看着宋美龄一行人飞去西安，他的叹息，透着无奈，也只好落花随流水去也。

这几天，宋蔼龄一直陪在宋美龄身边，帮她打理着一切，不时提醒她如何去做，给了宋美龄精神上的安慰，宋美龄的心里感到温暖。

让宋美龄没有想到是，在她陷入极度痛苦之中时，几乎和她绝交的宋庆龄朝她伸出了温暖的手。12月13日，宋庆龄电话通知孙科，叫他准备飞机，她将和何香凝一起飞往西安，劝说张学良和杨虎城以大局为重，释放蒋介石。宋美龄得知这个消息，立即给身在广州的二姐拍了封电报表示诚挚的谢意。庆龄接到电报后，也回小妹不必着急，可以放心，并让她代问大姐好。

宋美龄和宋蔼龄的眼眶湿润了，曾经破裂的姐妹情，如同温暖的春风，在这样关键的时候，吹拂她们焦渴干裂的心田。

端纳不负宋美龄的重托，先行到达，并说服空军不要轰炸西安。他和张学良交谈后得知，共产党主张，要争取一切可能的力量转移到抗日战场。只要蒋介石答应抗日，就给他一个自赎的机会。他才松了一口气。

12月22日，早晨5时30分，宋美龄和宋子文一行下了飞机，立即驱车赶往蒋介石住处。宋美龄告诉蒋介石，她先去洛阳，命令空军不要轰炸西安。

两党谈判顺利进行。周恩来主张建立抗日统一战线，并同意尽可能多地吸收国民党右派参加。他的话温婉有力，绵里藏针。

西安事变终于和平解决。

一直在南京翘首盼望的宋蔼龄，一颗悬着的心落地了。

西安机场上，欢送蒋介石回南京的人群沸腾着，张学良领着一群人匆匆赶进候机厅，告诉蒋介石，杨虎城将军一大早就在机场布置警戒，以特有的方式拜别委座。宋美龄致辞：

　　蒋先生绝对不会忘记，答应你们准备抗日；陕甘宁青新五省交给张学良和杨虎城两位负责；东北军与十七路军每日薪饷，按月由中央发给；停止"剿共"，红军改编、简编问题由张学良负责；所有参加西安事变之人员一概不究。同时答应红军代表团，日本如果侵入华北，必须抗战。划陕甘18县、宁夏3县，共21县委边区自治政府，由中央管辖。中央承认红军改编成三师；中央逐月供给枪弹800万粒。以上各条在手续上须经行政院通过，并宣布全国。

在中共中央和周恩来同志的主导下，最终以蒋介石接受"停止内战，联共抗日"的主张而和平解决，促成了第二次国共合作，西安事变的和平解决成为时局转换的枢纽，十年内战的局面由此结束，第二次国共合作、抗日民族统一战线初步形成，成为国内战争走向抗日民族战争的转折点。

蒋宋矛盾的调停者

20世纪30年代初，中国正处于民族危亡时期，四大家族中的蒋宋两家主宰着中国命运。自宋美龄嫁给蒋介石后，蒋宋成为一家人，他们之间有融合也有矛盾，而且，不仅仅是小家的矛盾，有些矛盾涉及到国家利益，调和不好，甚至会影响国家的发展大计。

　　　抗战时期宋家三姐妹与蒋介石的合影

宋蔼龄这位心机深深、手眼通天的女强人，时时充当蒋宋两家人矛盾的调停人的角色，护佑着弟弟妹妹们，限制着蒋介石的出格行为。有人称她为"蒋家王朝"的垂帘者，这个评价虽不切合实际，却从另一个角度说明了她在蒋家王朝中的地位和作用。

她站在家、国的风口浪尖上，隐在弟弟妹妹们和丈夫的背后，成为操纵国家大计的垂帘者。

宋蔼龄以精明、厉害著称，连蒋介石也畏她三分。蒋介石的侄孙兼副官蒋孝镇说："委座之病，惟夫人可医；夫人之病，惟孔可医；孔之病，无人可治。"

事与愿违，成为孔夫人后的宋蔼龄，在幕后的施政，一方面拉近了蒋宋孔三家的关系；另一方面又激化了孔祥熙与宋子文的矛盾，进而导致姐弟关系的恶化。

1933年3月的一天晚上，孔祥熙满面春风地走进家门，让宋蔼龄拿酒庆贺，蔼龄不解，问其端详。孔祥熙得意地告诉她，蒋介石又委其重任：中央银行总裁。宋蔼龄惊讶地睁大了眼睛，你做总裁，子文大弟怎么办？随即，她陷入了深思之中。这老蒋是对大弟不满意，还是另有阴谋？

宋蔼龄知道，蒋介石和大弟宋子文的矛盾由来已久，令她头痛。

宋子文和蒋介石的矛盾，多数是政见不同，这让宋蔼龄大伤脑筋，她多数时候是在站在宋子文一边，这有大姐保护弟弟的原因外，还有对蒋介石的做法持不同意见。

1926年11月8日，北伐军打到武汉城下，主力转向东南战场，国民党内部就定都何处和法统问题出现争论，宋子文作为广州政府迁往武汉的策划者之一，却于1927年4月初去了上海，不再为革命政权工作。蒋介石背叛革命后，有人劝他回武汉任职，履行财政部部长职责。宋子文对国共合作早已失去了热情。蒋介石怀疑他同情武汉政权，倾向二姐宋庆龄。当上海银行家要求批准借款给蒋介石时，他拒绝了。蒋怀恨在心！不和正在任上财政部部长宋子文商量而自行借款，并指派财政官员，有取代宋之嫌。1927年4月20日，蒋介石倚仗着手里的权力，竟然封了宋在上海的办事处，任命他的前秘书长古应芬为财政部部长。

至此，两个人的矛盾白热化。

"四一二"反革命政变后，蒋介石采取流氓手段，威逼利诱宋子文，迫使他不得不离开汪精卫的武汉政府，到蒋介石的南京政府出任财政部部长。从心里说，宋子文一直徘徊在二姐庆龄和小妹美龄之间。尽管他讨厌蒋介石，权衡利弊后，还是答应了蒋介石，再次出山，为他卖力。

宋子文成为蒋的人后，也确实卖力。他挖空心思为蒋介石筹款，想尽一切办法，以应付日益激增的财政开支。他想出了一个妙招，向银行家们发放债券，大腹便便的银行家们，为了自身的利益，不得不支持蒋介石政权。蒋介石的脸上露出了笑容，把他视为心腹之人。

政见不同，是不可能在一个锅里抢马勺的。1932年，日本帝国主义制造了"一·二八"事件，宋子文被日寇进攻上海时的烧杀抢掠造成上海人民的深重灾难，大为震撼。对于蒋介石的不抵抗政策极为不满，二人分歧加深。

1932年夏天，淞沪战争的硝烟刚散，蒋介石就提出每月军费由1300万元增加到1800万元，以支付"剿共"费用，并开始了大规模的对中国工农红军根据地的"围剿"。宋子文坚决不同意，他反对蒋介石将十九路军调往福建去"剿共"，反对更多的借款，他认为抗日比"剿共"更重要。政府应图收复东北，保卫华北。宋子文为筹措对共产党的战争军费，与蒋介石发生巨大的矛盾。实际上是对蒋介石"反共"政策的"合理性"提出了异议。

1932年5月，上海实业界和在西方留过学的教授，在上海成立了"废止内战大同盟"组织。宋子文公开表示这个组织终将成为一个"没有一个军阀敢于忽视其意旨"的组织。

在蒋介石不顾人民的反对，一意孤行，坚持采取"攘外必先安内"的反动政策的情况下，宋子文在1932年6月4日愤然向蒋介石提出辞职。

蒋介石认为宋子文的才干难得，他筹款有方，舍不得他离开，再三挽留。结果，他们互相妥协。宋子文继续担任财政部部长，蒋介石许诺提升宋为行政院院长。宋同意贩卖鸦片的秘密收入支付一部分军费作为回报。

宋子文哪里知道，蒋介石又一次耍了他。他为支付抗日军费而发行的公债，受到蒋介石的阻挠。驻热河省的中国军队没放一枪一弹，就遵照蒋介石的命令从抗日前线撤退；汪精卫从海外回国，坐上了行政院院长的宝座。

受到欺骗的宋子文愤怒至极。当即辞去中央银行总裁的职务，去了美国。

鹬蚌相争、渔翁得利。同样是受过美国教育，同样的基督教徒，同样和孙中山、蒋介石有着姻亲关系，同样是通过家族关系才能地位显赫，孔祥熙很快取代了宋子文。这多少让宋蔼龄的心里很不舒服，她知道，大弟宋子文傲慢，一直看不起蒋介石，且态度生硬，不会对蒋卑躬屈膝。他曾在私底下说："当财政部部长，跟给蒋介石当一条狗没什么两样。"丈夫孔祥熙含蓄随和，尽可能地与所有政客军阀保持友好的关系，对蒋更是殷勤驯顺，和蒋的关系更为密切。

其实，也许，宋蔼龄没有看透，大弟子文和蒋介石的关系之所以恶化，是因为两个人的世界观、价值观不同，孔和蒋恰恰世界观和价值观如此一致。也许，她明知道矛盾的原委，不去说破而已。

精明和敏感的宋蔼龄，时时关注着政坛的变化，在蒋、孔和大弟宋子文之间，平衡着关系，她不想丈夫和大弟谁受了委屈。当她听孔祥熙说大弟要去美国访问长达4个月之久后，马上要去看望他，因时至午夜才没有去成。

宋蔼龄作为蒋宋矛盾的调和者，似乎如同行走在钢丝上。她却左右逢源，做得天衣无缝。对于受了委屈的子文，她必须去安慰他一下。

第二天早上，宋蔼龄匆匆用过早餐，给宋子文打电话却没有打通，叫了随从，驱车赶往宋子文官邸，宋子文却已离去。特别扫兴的宋蔼龄晚上再来，又扑了个空。事务缠身的她一周后再去，宋子文已经去了机场，她驱车去追，赶到机场时，飞机已经起飞。失落！失望！宋蔼龄望着夜空中闪亮着的机尾红灯，若明若暗的慢慢地消失在茫茫的天宇之中，一行热泪顺着脸颊流淌。她多么希望大弟心宽体健，一路顺风啊。

1933年，中国的多事之秋。

这个时候，由于蒋介石连年

宋子文与宋美龄

发动对共产党领导红军发动反革命"围剿"。致使哀鸿遍野，饿殍满地，国民经济遭到严重的破坏，南京政府赤字连年增长，时至此时，每月赤字将近1200万元。

孔祥熙实际上是接了个烂摊子。他却乐此不疲，不分青红皂白地报老蒋的知遇之恩。鞍前马后，尽忠尽力，发挥其经商的才能，为主子准备充足的经费，支持蒋介石"反共"战争。他专程飞到江西，同正在指挥军队向红军进攻的蒋介石讨论筹措经费的方案。两个人商量的结果是以关税为担保，发行1亿元新债券。然后，马不停蹄地飞回上海，向银行家们推销1934年初正式发行的新公债，不久，卖掉了新公债，一个亿到手，孔祥熙颇为得意。没多久，就被蒋介石购买打内战的军火花个精光；为了补充蒋介石内战的经费，他又发行了第二期关税库券，并不断直接向银行借款和透支；他看到农村经济萧条，民族资本家困难重重，批发物价和房地产价暴跌，上海银行家发现在这些领域投资已经没有吸引力了，最兴旺的企业所得红利非常低，例如：商务印书馆为7.5%，南洋兄弟烟草公司仅有5%，就为蒋介石出高招，用高利率吸引生产领域的资金，来为内战筹措经费，本来就萧条的经济雪上加霜。由于，孔祥熙发行的公债纯利超过20%，吸引了大量的货币从农村流入城市。造成成千上万的资金，不是用来发展生产，而是消耗在破坏生产的内战上。其结果是当时的中国经济出现这样的怪现象：蒋介石得到了充足的内战经费，银行家也从中谋取了高额利润，而工农业生产却陷入了困境。

孔祥熙这种不顾国家经济建设的公债政策，遭到了许多人的反对。不久，他的这一做法就失去了吸引力。这是因为西方资本主义国家的经济陷入萧条危机，并迅速袭击了中国。1933年，美国放弃金本位，开始储存白银作为财政准备，规定银价为每盎司50美分，这对上海的银行家颇有吸引力，他们不再购买南京债券，并将白银运到美国赚去高额利润，孔祥熙发行的债券的销售一落千丈，蒋介石的内战经费频频告急。大量银圆流往国外，又造成中国金融市场银根吃紧，银行贷款的利率急剧上升。赤字财政威胁着南京政府，这样政府是否还能生存？

这种形势下，心急火燎的孔祥熙先是限制买卖外汇，后又对出口白银增加关税，才遏制住了白银外流。

孔祥熙把中央银行看成是蒋介石内战的钱袋子，千方百计地装满，他采取各种高压政策，垄断了政府的收支。蒋介石赋予中央银行许多特权，使中央银行成为旧中国最获利的金融机构。为了内战经费充足，孔祥熙颁布《储蓄银行法》迫使银行家购买公债，致使银行家苦不堪言，国家经济几近崩溃。

宋子文回国后，听到银行家们抱怨孔祥熙越权为蒋介石筹措内战经费，想起蒋介石的霸道和不信任非常生气。这对于为蒋宋矛盾浇了一桶油，随时会燃烧一场大火。

宋子文担任财政部部长后，多次向蒋介石提出实行年终预算审计制，两个人发生了激烈的争吵。蒋介石认为他是总统，金口玉言，一言九鼎，可以为所欲为，花费无度，当然不愿意受预算的限制。这就不可避免地和坚持国家管理必须实施预算制的宋子文产生矛盾和冲突。

宋子文是美国培养出来的经济学博士，他特别看重西方现代国家经济管理理论中的实行预算审计制，作为财政部部长，他认为，国家管理必须实施预算制，做到收支平衡。他曾从国家管理正规化、制度化和法制化的角度，认真地搞起国家预算制来，并将预算制作为国民经济收支平衡的工具和手段。蒋介石却对宋子文提出的国家预算制这个新生事物漠不关心，以致4年多毫无结果。宋子文多次进谏，再三坚持，直到1931年才有了独立的国家预算机构——主计处，并在不久后颁布了《预算法》。此后，在严格执行预算的问题上，蒋介石和宋子文经常发生冲突。

自1929年以来，军费支出大大高于各项支出，宋子文感到了不正常，如：这一年度南京政府的财政支出为6.19亿元，军费达2.66亿元，行政费用为1.46亿元，经济建设分文不支；1933年度支出8.28亿元，军费支出高达4.16亿元，行政费用1.71亿元，经济建设分文未支，其余均为债务本金利息所支。宋子文对整个政府预算偏重于军费大为不满，他对国家预算中各项支出比例不合适屡次向蒋进言，要求限制军费支出，表示了对蒋介石不尊重和任意修改预算、军费高于一切的做法不满。

宋子文和蒋介石的矛盾白热化了。

宋子文主张限制军费，平衡收支，力劝蒋介石"停战"。而蒋介石确认为现在是"训政时期"军事上既要对付红军，又要对付李宗仁、冯玉祥、阎锡山、唐生智、张发奎等倒蒋派，军费自然高，是必须重点保证的支出。由于

"反共"内战和军阀混战，根本无法估计作战多少次，又怎能正确预算军费所需数目？

宋蒋两人谈着谈着拍了桌子，霸道的蒋介石骂了娘，一怒之下，重重地打了宋子文一记耳光。愤怒的宋子文抢起凳子，朝老蒋砸去。

宋子文挨打伤心至极，对蒋介石和南京政权失望之极，愤怒地写了辞职报告，让妻子张乐怡给蒋介石送去。张乐怡接过这份沉甸甸的报告，不知如何是好，就打电话给宋美龄，没有打通。却打通了宋蔼龄的电话，将宋子文挨了老蒋的打，不吃不喝，写了辞职报告的事，一五一十地告诉了大姐，宋蔼龄一听，也很生气，老蒋竟敢动手打人？立即表示去弟弟家。美龄、蔼龄先后到了宋子文家。宋蔼龄大发脾气，这老蒋太不像话了，采我宋家花，还打我宋家人，看我如何跟他算账！宋蔼龄安慰过大弟，表示这是我们家内部的事，兄弟之间打架吵嘴是常有的事，并不为过。话又说回来，他是委员长，你是财政部部长，按前者说，我们宋家也不能饶了他，这叫有软有硬，软硬兼施。我现在怕老蒋对大弟有成见，影响大弟的前程。这个问题就看小妹的啦。她把目光转向宋美龄。其实，她此时的心情很复杂。既然蒋介石放出风来，让祥熙接任大弟的财政部部长，她是既喜又忧，宋家的利益已经和蒋家联系在一起了，如何断得清？她把牵制老蒋的任务交给了美龄，一切就看她的了。

10月27日，宋子文提出辞职，29日国民党中常会、中政会批准。蒋介石在会上，大讲特讲宋子文的能力和贡献，离去只是工作需要，另有要职安排，表示两人继续合作，共图大业云云。宋子文听了心里很舒服。

事实上，宋子文离开财政部后，其影响力并没有下降，反而，更加风光起来。从1933年出任全国经济委员会主席后，接连就任重要职位，曾兼任中国银行董事长，"四行联合总处"副主席，外交部部长，在国民党五届十中全会上当选中央常务委员，兼代理行政院院长和全国最高经济委员会委员长，兼任行政院绥靖区政务会主任委员，不久，又当选为制宪国民大会代表，达到了仕途的顶峰。

宋蔼龄隐在背后所做的调停，平息了"耳光风波"，巩固了蒋宋两家共同操纵国家大计的根基。

三姐妹抗战佳话

抗日战争爆发后，有志之士奋起抗日。

积贫积弱的中国，面对财力、军事技术装备都比中国雄厚强大的日本侵略者，必须动员全国民众参加，进行持久抗战，才能争取民族解放战争的胜利。

宋蔼龄在抗日战争中，认为，一个中国人就是一分力量，妇女占全国人口的一半，更是一支不可忽视的力量。她说："在各种保证我们取得最后胜利的力量中，最显要最值得注意的表现，就是妇女界的活动。"基于这样的认识，她在组织妇女活动中，以国民党代表以及部长夫人的特殊身份，出席会议，并以各种方式，做了大量的工作。

1935年5月20日至25日，宋蔼龄参加在庐山召开的全国各界妇女精英代表大会。抗战以来，中国妇女积极投身到神圣的民族自卫战争中去，在伤员的慰问、救护、战时孤儿保育及宣传组织民众等方面，做了大量的工作。由于妇女运动由各党各派领导，发展不平衡。为了动员全国妇女参加抗战，召开这次会议，目的是团结抗日的精神，鼓励妇女参加生产事业，改善妇女生活及妇女团体联络等战时妇女工作，决定在新生活运动促进会妇女指导委员会的基础上，

蒋介石、庆龄、美龄、蔼龄

进行改组扩充，使之成为全国妇女总的组织结构。

会议中，宋蔼龄与共产党代表邓颖超、救国会代表史良等一些著名人士频繁接触，并成为抗日好姐妹。她们虽然政治主张各异，有时争论得面红耳赤，但她们都能求大同存小异，在抗战这个关系到祖国生死存亡的问题上却是一致的。

抗战期间的三姐妹

宋蔼龄在会上发言表示，只要大家团结工作，就一定取得抗日战争的胜利。一个真正的统一战线组织，应该是国民党、共产党和无党派的妇女站在平等的地位，参加会议讨论，共商国家大事，把全国的妇女团结起来，打败日本帝国主义，建立一个民主自由的新中国。

宋蔼龄积极参与抗战，热心地奉献自己的力量。早在1932年上海"一·二八"战争爆发时，她捐赠数十万国币，建立了两座能收治上千名伤员的大医院，及时缓解了上海医院床位紧张伤员救治难的困境，备受前方官兵的赞扬，称她为"救死扶伤的卫士"。一个伤员和哥哥一起参战，相继负伤。哥哥因为医院没有床位，抢救不及时死亡，而他住上了宋蔼龄捐资建成的医院，得到了及时的救治而康复。他提笔给宋蔼龄写信，赞扬她救死扶伤的精神。宋蔼龄读到信后，去看望他，这位伤员感动得泪流满面。当消息传出后，她成为备受全军将士欢迎的人物。前线伤员们一致提议，让她担任"伤兵之友会"理事长；上海沦陷后，宋蔼龄迁居香港，在那里仍然兼任"伤兵之友协会"会长，捐钱物用于帮助伤员，保证了每个伤员出院或退伍，都得到一套新军服，一包食品和一些钱；1940年，宋蔼龄参与全国"伤兵之友总社"发起的征集伤兵之友活动，到活动结束时，全国共有伤兵70多万人，捐款133万余元；不久，《申报》报道了《孔祥熙

抗战期间的宋蔼龄

夫人赠棉被背心》的事迹。这次，她共捐棉被420床，背心2000件，送交住沪办事处，转前方将士使用，以御冬寒；上海"八一三"抗战中，她又慷慨解囊，捐资购买三辆救护车，37辆军用卡车给抗日军队；她还送给航空部队后勤20多辆军用卡车，并定做了500件黑皮衣送给空军飞行员；在极其艰苦的抗战中，她还创办了全国儿童福利会，让那些在抗日战争中流离失所，饥寒交迫的难童，有家可归并健康成长；在中国妇女慰劳总会筹设战时儿童保育院1936年的汉口成立大会上，宋蔼龄一次就负担了100名战时儿童的生活费用；她还和丈夫孔祥熙一起创办了全国儿童福利会，由她主持正常工作。每到儿童节，她不是亲自到战时儿童保育院与难童欢度节日，就是出资购买礼物送给难童。

国家有难，匹夫有责。

宋蔼龄时刻记着自己是中国人，她全力支持抗战，她的热情让伤兵感动得流泪，让难童们有了健康成长的环境。

1940年4月2日，中央社发了一条引人注目的电讯："孔夫人、孙夫人暨蒋夫人于4月1日联袂来渝。孔夫人暨孙夫人尚系首次访问战时首都，彼等对于增强抗战力量，咸备最大热忱，故此次利用蒋夫人赴港疗养返渝之机

抗战期间的三姐妹

会，相偕同来。三位夫人同来后方，将共同从事抗战建国之工作，致力于奠定新中国之基础，发扬中国旧有光荣。据悉三夫人将视察各种合作事业与救济机关。"

这条消息，重庆各大报纸争相转载。

4月3日，《新华日报》发表短评，欢迎孙夫人，对初次来渝的孔夫人致敬慰问。4日又对宋蔼龄等人的活动做了追踪报道："孙夫人、蒋夫人、孔夫人等昨视察新生活运动妇女指导委员会，与该会全体工作人员合摄一影……嗣三夫人接见指挥高级干部训练班学员并与高干班学员同用午膳。午后三夫人驰车赴歌乐山，视察战时儿童保育会第一保育院。"

宋蔼龄在重庆期间，活动频繁，她出席各种会议，向抗日团体发表讲话，参观工厂，学校和机关，到电台发表对外国听众演讲，视察公共防空设备，这些社会活动无疑都是抗日所必须。

三姐妹为抗日日夜奔忙。

宋蔼龄怕二妹庆龄和老蒋的政见不同，话不投机，特意打电话嘱咐小妹美龄注意分寸。

再说宋庆龄到重庆后，为了方便进步人士和共产党便于找她，没和两姐妹同住，而是独自在两路口新村安顿下来。傍晚就遭受日寇空袭，日军的炸弹在离她不远处木屋爆炸，霎时燃起熊熊大火。火借着风势，扑向宋庆龄住的房子，眼看就要吞噬了她的房屋。消防队无奈，拆除了两幢房屋，才隔断火源，保住了宋庆龄的住房。空袭后，宋庆龄在刺鼻的硝烟味和焦臭味中，到城内四处查看，惨不忍睹的情景让她愤怒。那被炸坏了轮子的卡车，堵塞了城市交通，那些抛在车上、地上的尸体，断胳膊断腿的。怒火燃烧在心里。这就是鼓吹"中日亲善"的军国主义的"亲善"与"共荣"？他们把成吨的炸弹扔到人口稠密的居民区，杀死多少中国人？民国政府的军事委员会只知道泡在会议

宋庆龄

里，只会和共产党搞摩擦，这么大的陪都只有几十门高射炮护城，怎么能够抵抗日寇？回到寓所，她拿起电话拨通了军事委员会，准备找蒋介石问一问，为什么不抵抗。对方告知蒋介石在开会。她放下电话，正巧宋美龄来电话通知她，明早8点半，到广播电台演讲。

宋美龄感觉二姐冷冰冰的，似乎缺少了姐妹情谊。

早上的太阳暖暖的，光辉遍洒重庆城的各个角落。大街上，人流如织，车水马龙。三辆轿车从不同的地点出发，朝着广播电台的方向驶去。8点半钟，宋美龄到了，不一会儿，宋庆龄到了，紧接着，大姐宋蔼龄也到了。三姐妹热情交谈着，相携着走进广播电台的地下播音室，几乎是同时抬起头打量着有两幢房子大小的房间，脚下是大红的地毯，周围镶着特殊材料的隔音方板，录音台端端整整地放在房间的中央，正面墙上挂着孙中山总理的遗像和遗嘱，旁边是一副对联："革命尚未成功，同志仍需努力。"

播音员礼貌地跟三姐妹打招呼，向她们说明这次专题节目针对的是美国听众，要求用英语播出后，就开机向美国听众介绍宋庆龄，然后朝她点了下头。宋庆龄握住麦克风，以略微深沉的声音，不紧不慢地开始演讲：

雍容华贵、才华横溢的宋氏三姐妹：宋庆龄、宋蔼龄、宋美龄

　　亲爱的美国听众，我不知道怎么样才能表达我此时此刻的心情。我们刚刚经历了一次野蛮的大轰炸，美丽的山城重庆已经变成了一所血腥的屠场。成千上万的和平居民丧失了他们最后的一点东西，流离失所，无家可归。他们中的

抗战时期三姐妹

三姐妹

许多人是从陷落的长江中、下游逃难到四川来的，最大的奢望仅仅是想生存下去，可是，万恶的日本帝国主义连这点起码的权利也不想给予他们。

......

众所周知，中国是一个约有四万万人口的大国，但它又是一个非常贫穷落后的国家。连年的天灾、动乱以及其他种种原因，使我国在战争的最初几个年头内，一直处于劣势，被动地抗击着上百万装备精良的日本军队的进攻。我们缺乏武器、燃料、钢材和食品，更缺乏全世界主持正义和公道的国家，包括美国这样的民主国家的道义上的支持。

......

因此，我们呼吁你们、亲爱的美国听众，在力所能及的范围内给予我们有力的援助。我们无意乱花你们提供的资材，我们把每一个辅币都用于神圣的抗战事业。我们呼吁你们，督促美国政府抛弃所谓的"中立"政策，尽快与法西斯帝国宣战。因为，今天发生在中国的惨祸，明天或者后天就有可能降临到贵国人民的头上，这是法西斯帝国的本性所决定的。

......

必须制裁日本帝国主义！必须阻止他们犯下更多的滔天罪行！必须惩罚他

宋氏三姐妹1940年的联袂重庆行，在社会上引起了很大的轰动。在中国抗战史上具有独特的意义。它鼓舞了中国人的抗战热情,促进了抗日民族统一战线形成。

1940年4月22日，宋氏三姐妹在四川内江视察难童。

抗战时期的三姐妹

们屠杀中国妇女、儿童和无辜人民的罪恶行为！否则，中国人民就不会相信，在这个病态的世界里，还有怜悯和良心可言；不会相信，在这个病态的世界里，还有公道和道义可言了。

宋庆龄慷慨激昂的演讲，通过无线电波回旋在大洋彼岸的上空。演讲后，她激动得不能自持，深知二姐宋庆龄疾恶如仇性格的宋美龄不得不搀扶着她到休息室去平静一下。

127

宋蔼龄坐在麦克风前开始演讲，她的口气温和得多，却绵里藏针，字字句句说到要害处：

当我向美国讲话时，我感到并且深知，我正在向同情中国的朋友们讲话，在我们同日本帝国主义进行生死存亡的战斗中，我们始终都没有孤立的感觉。一想到友好的美国人民站在我们一边，我们的内心就充满深厚的感激之情。

……

必胜的意志也体现在妇女们已从与世隔绝的生活中解放出来，参加各种工作，在前线，她们同士兵在一起；在后方，她们同遭受战争灾难的同胞在一起；在农村，在医院，在战时孤儿院，在工业和公共事业里，都有妇女们做出的贡献。

……

我们的事业是正义的，正义的事业必将胜利！

……

最后演讲是宋美龄，她的演讲和两个姐姐不同，主要是针对美国的国会议员和新闻界，她知道只有这两者才能左右美国政府。她谴责了美国政府在"中立"的幌子下，向日本出口战略物资和武器的可耻行为，她说得有根有据，专门列举了一连串的数据。她说：

在这里，在中国的"民主之友"的庄严讲话台前，我们要求制止两件事：一是身为美国立法者的国会议员，不应该对侵略者的行径表示恐惧；二是不应该把汽油或石油副产品，以及其他战争物资，尤其是武器输送到日本以鼓励这种侵略行径……我不知道各位尊敬的国会议员们是否想过，如果中国政府已向自我吹嘘为不可战胜的日本帝国投降，那时世界上将会发生什么样的事情？答案是显而易见的。日本将保持完整的陆海空军，它将利用我国的领土、我国人力和我国资源以支持极权主义反对民主国家的军事行动。

……我并不想在这里恫吓各位尊敬的国会议员们，但是，如果真的到了那一天，到了占全人类人口五分之一的中国沦为日本的殖民地时，整个世界的形势将变得漆黑一团。

……

中国人民不愿充当亡国奴，必将全力以赴，同日寇血战到底。问题是，我们会得到国际上认真对待吗？这只能由美国人民和他们的国会议员来回答。

……

中国人民已被炸弹震聋，但是他们正焦急地等待你们的回答。

宋氏三姐妹的正义的呐喊，很快有了回音。

第二天，美国纽约州立大学就有上千名学生上街游行，他们高呼："反对侵略，支持中国人民抗战！""打倒日本帝国主义，维护世界和平！""强烈要求国会政府采取有效措施，制裁日本！"接着，白宫国会的有关知名人士当天就以个人名义向国会递交了制裁日本的意见书，同时美国国会也答应立即研究这份意见书，并作出答复。

宋美龄

哀叹子女教育的失败

宋蔼龄一生，在追逐权力和做生意上精明强干，心机颇深，叱咤风云，是20世纪30年代在世界颇具影响的女强人，却在教育子女上失败得一塌糊涂。

宋蔼龄一生生育了四个子女：孔令仪、孔令侃、孔令俊、孔令杰。他们各自演绎着自己的人生。

也许，是"富二代"效应使然；

也许，是娇生惯养的缘故；

也许，是宋蔼龄和孔祥熙两个人的人生观和价值观本身就有问题，言传身教的结果。

存在决定意识，环境改造人，孔家的孩子从小受骄受宠，这样的环境，怎会培养出好的孩子？

不管怎么说，终归是教育的方法有问题。

看着性格各异的子女，在人生的道路上，奢侈的奢侈，霸道的霸道，无法无天的无法无天，宋蔼龄仰望一轮苍凉的圆月，黯然的心，只有沉落；一声叹息，留给后人。

孔令仪是孔祥熙宋蔼龄的大女儿。生于1915年12月，深受父母疼爱。长相和性格脾气都像孔祥熙，长大后非常崇拜父亲。和她的三个弟妹相比，孔令仪最老实，她谦让、温顺、有礼。在孩提时代，发生这样一个故事，颇能说明她的性格和秉性，那个时候，孔家每餐饭之后都要吃水果，宋蔼龄为了不让孩子们挑肥拣瘦，就把苹果、梨、橘子等水果放在一个大盘里，盘子依次转到每个人的面前，转到谁面前，谁就从最上面的拿起，碰到什么算什么。当盘子转到孔令侃面前时，孔令侃发现上面的梨上有一个地方坏了，就说"我今天不想吃水果了"。盘子转到孔令仪面前，孔令仪没说什么，伸手拿了孔令侃不愿要的那个梨吃了起来。

宋蔼龄见了，没有去责备孔令侃，也没有表扬孔令仪，她觉得树大自然直，不必让他们从小就受太多的约束。他们想做什么就去做，想要的东西就满足，更容易培养他们的自信心和行动能力。在吃梨这件事上，宋蔼龄却告诉孩子们，令侃的行为虽然不好，但他注意策略达到目的总归是好。她希望孩子们多动脑筋。这样的水果策略教育本身就有问题。

孔令仪在宋蔼龄身边长大，却不像妈妈，她没有野心；她不像孔令侃、孔令俊那样爱出风头，又办公司又插手父母的事务。她低调、不弄权惹事，生活却奢华，浪费惊人，完全是一副贵族大小姐的派头。她像孔祥熙一样，每天早上起来要喝燕窝汤，并备有各式高级点心。其中有很多是专门用飞机从香港运来的洋货。午饭至少要六菜两汤。化妆用的香水、粉脂、唇油一律法国货，衣服一天一换，连洗澡粉都用英国的。

这一点，颇像母亲宋蔼龄，可能是宋蔼龄言传身教的结果。

在婚姻上，孔令仪很听话，只要父母不愿意，她就不见面，宋蔼龄很是满意。后来，有人给她说媒，先后介绍了国民党高级将领胡宗南和卫立煌，父母亲都有意，可她坚决拒绝了。两次拒婚使孔祥熙和宋蔼龄明白了女儿的心，她想找一个年轻的英俊小生。恰巧这时国民党新建的空军里出了个"英雄"孙桐岗，一下子又引发起孔祥熙夫妇的女婿梦。大军阀韩复榘手下有一个师长叫孙桐萱，孙桐萱的4弟孙桐岗在德国学习飞行。学成后突发奇想，独自架机从德国飞回中国，创造一个飞行纪录。在得到批准后，孙桐岗一人驾驶一架德国教练机从柏林起飞，飞越地中海、印度洋，最后安全在南京降落，成为轰动一时的新闻。孔祥熙刚从德国访问归来，对孙桐岗极为赏识，在家里吃饭时大加吹捧。当时财政部参事李毓万就想从中牵线，孔祥熙就同意了让李毓万从中撮合，不料孔令仪在孔令俊的挑唆下又一次拒绝婚事。孔祥熙很恼火却无奈。宋蔼龄看女儿态度坚决，也没再说什么。孔氏夫妇明白：强扭的瓜不甜，但他们想不通看着长大的女儿，自己身上掉下来的骨肉，平时宠得不行，怎么在婚恋问题上总和父母拧着劲，简直像是陌路人一般。

孔祥熙、宋蔼龄夫妇早年与长女孔令仪的合影。

他们看上的，孔令仪一个也看不上，真不知现在的年轻人心里都想什么。你问她，她给你来个一言不发，你却急不得恼不得，真没办法。

孔令仪千挑万选，从陆军上将到名牌大学的博士生，从大户人家的公子到腰缠万贯的实业家，她一个也没看中，却在一个酒吧的舞会上认识了一个年轻的大学生，并且一见钟情。小伙子身上散发出来的青春气息，一头自然的卷发和那双像美国人似的蓝色的大眼睛，总是从她心底向眼前浮来，令她久久难以忘怀……等到孔祥熙、宋蔼龄发现了孔令仪的秘密后，已经晚了。孔令仪已坠入了情网，而且如痴如狂。孔祥熙通过他的耳目把这个小伙子的情况弄得一清二楚。小伙叫陈纪恩，刚从圣约翰大学毕业，父亲是一个舞场乐队的指挥，也曾留过洋，家里却一贫如洗。宋蔼龄和孔祥熙决心阻止孔令仪的冲动，他们有足够的理由说服女儿不能和陈纪恩这种人交往，更不能和他结婚。一向顺从的孔令仪因此和父母之间爆发了一场大战。

宋蔼龄和孔祥熙费尽了口舌，孔令仪就是一句话：我跟他跟定了！他们终于清醒了过来。他们已经无力阻拦孔令仪和陈纪恩的交往，无力切断孔令仪与陈纪恩的恋情。不久，陈纪恩被孔祥熙任命为国民党中央银行业务局的副局长，可谓飞黄腾达，令他的同学咋舌（他的同学能进中央银行也只能是个小小的办事员）。上班没几天，又被公派美国，成为中央银行在美国办事处的业务代理。

孔祥熙、宋蔼龄这样安排可谓煞费苦心。不知底细的人都以为孔令仪找了个门当户对的大官。在舆论上、面子上过得去。但一般人又见不到这个女婿，因为孔家已宣布，孔令仪和陈纪恩的婚礼将在美国举行。孔令仪心花怒放，和陈纪恩去了美国。宋蔼龄要财政部直接税署署长高秉坊的妻子，主持财政部妇女工作队，连夜为其制作嫁妆。一个星期后八个大樟木箱的嫁妆被送到重庆的珊瑚坝机场，孔祥熙包了一架专机，将这八箱嫁妆送往美国。不料天有不测风云，这架专机起飞不久就坠落，八大箱嫁妆连同那架飞机在熊熊大火中化为灰烬。孔祥熙和宋蔼龄又叫人赶制了六箱嫁妆送到了美国，这才了却了父母的一桩心愿。

事情至此还没完。

1943年，抗战进入最困难的时期。物价飞涨，民不聊生，新闻媒体对国民党上层的腐败丑行不断有所披露。孔家因身居高位，自然成为人们关注的焦点。就在运送嫁妆的飞机失事后不久，长沙《大公报》就以"谈孔小姐飞美结婚"为题，对此事做了评论，评论中一针见血地指出："孔令仪乘飞机赴美的花费（暂以损失一架飞机计算），可以使2000名灾民一年有吃有穿，还可以使他们维持简单再生产。如果把孔令仪的全部花费加起来，是可以救济万人以上的难民。第二是财政部连夜为其加工制作嫁妆也实在令人惊叹。如果把财政部两次为孔令仪制作嫁妆的人力用来赶制前线将士的服装，大约供应两个师的被服不成问题。如果用这笔款子建一所大学，那么在决定了校长之后，只需聘任教授，出示招生广告就够了。"《大公报》的抨击，引起了各阶层人士的强烈反响。试想在灾民于苦难中呻吟、前方将士衣食无着的情况下，孔祥熙和宋蔼龄为女儿赶制嫁妆，耗费财政部的人力、物力，然后计在财政部的账上。如此贪赃枉法，怎能不令人愤慨！

孔令仪和陈纪恩在美国待了两年，抗战胜利后又回到中国。虽然他们不像孔令侃那样横行霸道、耀武扬威，但也利用孔祥熙和宋霭龄的关系和影响，结党营私，中饱私囊。

为了使自己站稳脚跟，孔令仪把自己的老师黄应荣拉进中央信托局，并担任了法律顾问；把她的小姐妹的男朋友拉进了中央银行，当上了部门经理。陈纪恩也是一人得道，鸡犬升天，亲朋好友纷纷跟着他进入中央银行。从处长、科长到办事员，到处安插亲信。即便后来孔祥熙逐渐失宠之后，在一段时间里仍是如此。以致有人讥讽道：现在中央银行、中央信托局是"无孔不入，非孔不进"。可见孔祥熙是百足之虫，死而不僵。他们几个子女在继续左右和影响着国民党政权的财政金融。

宋霭龄的大儿子孔令侃于1933年9月，进入上海圣约翰大学学习，就住进了只有老师才住的单间。这还不算，他在学校享有特权，学校的规章制度、校纪校规对他如一纸空文，如：学校规定学生在校读书期间必须住校，不得在校外留宿。孔令侃却每天晚上都出去跳舞，还常拉着一些漂亮的女同学一块儿去，深夜归来，或跳墙进校或根本不归，校方对此装聋作哑；每个星期天早上8点，必定有两辆轿车开到校门口接孔令侃回家。一辆孔令侃自己开，一辆上坐着几个保镖；学校的学生和一般教职员工都在大灶吃饭，校方官员和一些教授吃小灶，学生里，只有孔令侃吃小灶。只几天，他就觉得小灶的饭菜难以下咽。向母亲宋霭龄诉苦，宋霭龄随即派人专车为他送饭送菜，风雨无阻。

孔令侃唯我独尊，飞扬跋扈，谁都不放在眼里。到了大学二年级，他把宿舍里原来的旧家具换了个遍，重新布置购买了转椅、沙发、弹簧床，地上铺上了地毯，墙上挂上了壁画，并配备了电唱机、收音机等，俨然一个高级酒店的客房。

纨绔子弟孔令侃虽不学无术，却颇有点野心。也许是继承了爸妈的基因，早在圣约翰读书时，他组织了一个学生团体起名"南尖社"。目的是形成自己的势力和网络。他的这一做法，比之其父孔祥熙可谓青出于蓝而胜于蓝。给团体取名时，孔令侃颇费了一番脑筋，所有自己想到的和狐朋狗友们想到的，他都不满意。这时，孔祥熙第一次出访欧美归来，对他讲了希特勒和德国纳粹的事情，孔令侃对希特勒组织的纳粹党印象深刻，灵光一动，别出心裁地用德语"Nazis"（纳粹在上海话中与"南尖"极相似）的译音作为这个团体的名字，"南尖"之名，由此而来。

令孔令侃真正走进政界和商界的当然不是"南尖社",而是孔祥熙。

孔令侃大学一毕业,就当了南京政府的"特务秘书"。这个职位原本没有,是量身为他而设,实际权力非常大。孔祥熙为了"锻炼"孔令侃,常拿一些公文让他审阅,并教他批改公文。后来孔祥熙看儿子在政界就这样混下去很难发展,就和宋蔼龄商量,在上海孔府成立了一个办事处,就叫孔府办事处,由孔令侃负责。

孔令侃即刻把自己在大学一些要好的和"南尖社"的一些好友邀到办事处,组成了一套办事机构,孔令侃当主任。孔祥熙又派了一个自己多年的亲信王梁甫当副主任。下设机要、秘书、财务、总务4个组。折腾了一阵子,孔祥熙觉得孔令侃积累了一些政治经验,就想让其进入商界。孔令侃也对成天看公文、写文件、上传下达极为厌倦。碰巧,这时国民党政府决定成立中央信托局,孔祥熙任理事长,张嘉璈以中央银行副总裁的身份兼任局长。不久,张嘉璈被挤出金融局,孔祥熙就有意让孔令侃顶这个肥缺。可孔令侃刚刚20岁,升局长显然还不行。老谋深算的蒋介石,任命了自己的同乡叶琢堂当了局长。叶琢堂到位后,第一件事就是去孔府拜见孔祥熙和宋蔼龄。不久,抗战爆发,中央信托局由上海撤到武汉,又由武汉撤到香港。到香港后,叶琢堂任命孔令侃为常务理事,主管中央信托局的业务和人事大权。那时孔令侃不过二十四五岁,却成了中央信托局的"太上皇",大事小事都要管,于是叶琢堂倒真成了名副其实的傀儡局长。

轻易到手的巨大权力,使孔令侃更加狂妄自大。除了少数个别人,如蒋介石、宋子文、杜月笙、叶琢堂外,他把谁都不放在眼里,对一些曾支持蒋介石上台的江浙一带的财阀,直呼其名一点不留情面;孔令侃自恃出身豪门,四处横行霸道。抗战爆发前,他经常驾车在上海和南京的大街上横冲直撞,警察后来都知道这个车牌号码,所以任其违犯交通规则,无人敢问敢管;在财政部任职时,居然说要和人比枪法,从抽屉里掏出手枪,打办公室天花板上的灯泡。

孔令侃最崇拜蒋介石,他知道孔宋两家有矛盾,对舅舅宋子文傲慢无礼,称他为"TV",即宋子文英文名的缩写;孔令侃听说美国市场猪鬃紧俏,就赶快叫人去收购猪鬃,准备运到美国发一笔横财。不料几天后手下的人报告,说猪鬃收购困难,再一打听,宋子文也在派人四处收购。他马上打电话给宋子文,逼他让出地盘。孔令侃见宋子文不买账,就直接驱车来到宋子文的办公室，和宋大吵了一顿，并布置手下的人到贵州、云南等地收购，如遇到宋子文公司的人作对，就砸车绑人，然后一切由他负责。无奈，宋子文找孔祥熙，二人商讨后最后划定了势力范围。四川、广西由宋子文收购，云南、贵州由孔令侃收购，才算避免了一场拳斗。

宋蔼龄爱打麻将，每天必搓。清末官僚资本家盛宣怀的儿子盛升颐之妻，虽已年近四十，但貌美年轻，肤如凝脂，人称"白兰花"。孔令侃很快就与之勾搭成奸。孔令侃是个色鬼，不知玩了多少女孩，后来玩腻了，就觉得结过婚的女人有魅力，专门和有夫之妇约会。他曾经看上娘舅宋子文妻妹，鬼混了几次之后便提出要结婚。孔祥熙、宋蔼龄和宋子文、张乐怡听后都大吃一惊，对于他的绝对荒唐，孔祥熙、宋蔼龄夫妇专门找孔令侃谈话，强烈反对而没有成功。现在，他遇到了"白兰花"，这是最令他销魂的女人，他下决心娶她为妻，他隐约感到孔祥熙和宋蔼龄不可能同意这桩婚事，况且，"白兰花"还没有离婚。

孔令侃和"白兰花"秘密约会同居的事，终于暴露了。

孔令俊（左）与宋美龄（中）

一天晚上，"白兰花"对盛升颐谎称去戏院看戏。盛升颐派人暗自跟踪，发现了她被一辆黑色轿车接进了一幢洋楼里。不久，他的艳遇成为人们茶余饭后的谈资，盛升颐也和"白兰花"摊了牌。"白兰花"哭着去找孔令侃，不巧正遇到孔祥熙愤怒地训斥孔令侃。

武汉被日军占领后，孔祥熙随国民党政府一起去了重庆。孔令侃则被派到香港，作为中央信托局在香港的代行理事长替孔祥熙行使职权。孔令侃到了香港以后，办了一个刊物《财政评论》，办了一份报纸《星报》，利用这一报一刊为孔家歌功颂德。为了能及时和重庆联系，孔令侃违反港英当局的规定，在《财政评论》办公楼里秘密地设立了一部电台。不料这部电台被港英当局查获，而孔令侃却利用这一事件和他心上的美人"白兰花"成婚，因祸得福。

孔令侃设立秘密电台用密码向重庆发报的情况，被日本在香港的特务发现了，这些特务多次截获了孔令侃的电报，在拿到了确凿的证据后，开始向港英当局施加压力，要求他们查办。孔令侃自知理亏，在香港这个地方，又没人买他的账，他真有了落魄之感。于是，他舍出血本，向经办这件案子的港方人员大量行贿，又委托律师办理罚款交保手续。消息传到了重庆，蒋介石指示要孔令侃回重庆，当面说清在香港发生的一切。宋蔼龄怕孔令侃一回来会成为众矢之的，一旦威信扫地就很难再爬起来。就说通了宋美龄，让孔令侃去美国留学。这时孔令侃突然想起了"白兰花"，就给"白兰花"发电报，让她速来香港。

1939年秋的一个早晨，一艘美国公司的客轮在香港起锚了。在头等舱的房间里，孔令侃和"白兰花"相对而坐。几天后，船行至马尼拉，孔令侃突然对同行的几个随从说，他要在马尼拉与"白兰花"结婚。在马尼拉港，孔令侃打电报给宋蔼龄，通报了他的婚事。宋蔼龄在重庆接到孔令侃的电报后，立刻打电话给孔祥熙，孔祥熙的脸色当时就变了，大骂儿子孽种！宋蔼龄立刻通过关系弄清了孔令侃在马尼拉的地址，然后发了一封措辞恳切的电报。大意是让孔令侃冷静下来，认真对待婚姻大事，并再次明确表示不同意这门婚事。就在孔祥熙、宋蔼龄焦急地等着马尼拉电报的时候，孔令侃和"白兰花"已在旅馆如期举行了婚礼。

孔令侃在美国根本没心思读书，满脑子的灯红酒绿，无奈宋蔼龄发了脾气，拿不到哈佛大学的硕士文凭就别回来见她。孔令侃只好硬着头皮去读书，在教室坐了两天，比坐了两年还难受。"白兰花"给孔令侃出了个主意，找个替身。孔令侃立即发电报到香港，叫吴方智速来美国替他读书。吴方智出身贫寒，天资聪颖。他寒窗苦读，发奋忘忧，只用了两年时间，就拿到了哈佛大学经济学硕士的学位文凭。但文凭上的名字却写着孔令侃，当孔令侃把文凭捎回重庆时，孔祥熙和宋蔼龄还着实高兴了一阵子，以为这个捣蛋的儿子改邪归正了。孔令侃在美国期间，正值第二次世界大战的转折时期。他利用孔宋两家的势力在美四处活动八方串联，争抢美国各大公司在中国产品的经销权，为在抗战胜利后取代日本在华地位的美国商人铺平了道路，也为自己将来大发横财奠定了基础。

1945年，宋美龄访美，孔令侃担任了宋美龄访美代表团的秘书长。孔令侃利用这个机会，同美国著名大公司进行洽谈，并取得了很多大公司在华经销其产品的合同，为其回国建立扬子公司创造了条件。一年前，他的老爹孔祥熙执掌国民政府金融大权因群起而攻之，被蒋介石解除了职务，孔令侃从政的阶梯失去了支撑。他本来还雄心勃勃想杀进政府为孔祥熙挽回面子，但宋蔼龄劝他，官场污浊，仕途险恶，伴君如伴虎，不如趁现在年轻干一点实业。于是孔令侃回国后，利用孔家的财产和影响，利用自己在美国多年建立的关系，在抗战胜利不久后开办了一家扬子公司。

孔令侃精明狡诈，做生意一点不比孔祥熙差，此后他一直在商海沉浮，大赚其钱。

宋蔼龄的二女儿孔令俊更是让她操碎了心，也没有教育好，从小就打架斗殴，成为霸道的混世魔王、圣亚魔女。

孔令俊长得眉清目秀，十四五岁时就已出落得像个大姑娘。可她偏要女扮男装，把头发剪得短短的，有时穿黄呢子军装像个年轻的军官；有时西装革履像个年轻的学者；有时又一身长褂像个绅士，一般不认识她的人第一次见面很难分清她是男是女。

孔祥熙和宋蔼龄对其自然娇惯宠爱，这样怎能教育出好孩子？她不仅饭来张口、衣来伸手，而且想要什么便能得到什么。和孔令侃一样，她也"老子天下第一"，把谁都不放在眼里。在南京和后来的重庆，她都横行霸道且无人敢管。

孔令俊15岁独自开车上街兜风，违反交通规则，警察就上前训斥了几句。孔令俊掏出枪来把警察打死；还有一次孔令俊竟在光天化日之下和云南军阀龙云的三公子因一点口角，在重庆中央公园开枪对射，误伤了不少游人，当即成为重庆市轰动一时的新闻；她平时从不着女装，骑马、开车、打枪、射箭，言谈举止样样模仿男人。最可笑的是，她这种个性的畸形发展又没有人加以引导，而是一味地姑息放纵，使孔令俊最后发展成为同性恋。她先后结交了四川军阀范绍增的老婆邓某和顾祝同重庆办事处庞处长的老婆葛某，成天鬼混在一起，闹得满城风雨。

如果孔祥熙和宋蔼龄夫妇对孔令俊不是一味娇宠，适时引导，循循善诱，她也不会成为混世魔王。相反，他们对子女不但不教育，反而任其发展，为了有个好的出路，还是作假给她弄一张文凭，精明强干的宋蔼龄，对女子的教育是失败的。

宋蔼龄 全传

Biography of Song Ailing

第八章

为抗战奉献热情

对于宋蔼龄来说，丈夫孔祥熙当上财政部部长，是喜忧参半。喜的是丈夫高升终归是件好事，忧的是胞弟自耳光风波后直接影响了前程。不久，她就接受了这个现实。帮助孔祥熙控制了银行，垄断了全国的经济命脉，促成其和国民党政权结合在一起，成为国家垄断资本主义，四大家族官僚资本有宋孔两家，他们的巨额财富是直接运用政治权力以超经济的掠夺方式积蓄起来的。

宋氏三姐妹到医院慰问伤兵，对于鼓励伤兵养好伤，给予前方将士精神慰藉起到不可估量的作用。

花开的声音，是黎明敲打窗棂的声音。六兄弟姐妹大团聚，以及三姐妹同时出现在娱乐场所，是告诉人们，他们一切大局为重，为了抗日统一战线。

宋蔼龄眼光独到，不肯放过任何攫取政治资本和实惠的机会，她说服丈夫，为中国工业合作社的兴起和发展，尽心尽力，让历史记住"工合"领袖风采。

丈夫当上财政部部长

1933年11月，孔祥熙接受蒋介石的任命，就任财政部长和行政院副院长。

丈夫高升，本是好事，宋蔼龄却悲喜交加。曾经发生的耳光风波的阴影，还笼罩在蒋宋两个大家族之间。她私下里要求丈夫孔祥熙一定要改善蒋宋孔三大家族的关系。于是，孔祥熙从维护家族的利益关系，和蒋介石做了长时间的探讨。蒋介石同意孔祥熙做他和宋子文之间的调和者，孔祥熙作为财政部部长按照蒋的意志做事，宋子文做老蒋的私人金融家。

宋蔼龄在国民党新格局下，慢慢地适应，一点一点地心安理得。她鼓励丈夫施展自己的才华，为蒋效力。而她自己除了包揽了所有的家务，还开办公司，靠自己手眼通天、游刃有余的本事，捞取更多的金钱。

孔祥熙不负宋蔼龄的厚望，发挥经济和金融方面的才华，全身心地投入其中。他把手中的权力，作为对外勾结帝国主义、对内利用江浙财阀、流氓集团和特务组织的砝码，很快控制了四大银行，设立了中央信托局和邮政储金汇业局；打着孔氏家族创办和接收了4家银行、2个商行、3家公司。把国民党政府的财政、金融、经济大权牢牢地握在自己的手中。利用手中的权力，在白银国有、发行法币、公债投机、外汇管理、购买军火、出售黄金等金融业务中，进行投机倒把，搜刮民脂民膏，大发横财。

孔祥熙把垄断银行作为他施政的第一步。

这一步，他走得稳当、坚实。他的手段，无非是顺我者昌逆我者亡，权力在握，唯我独尊。

孔祥熙在发行公债时，让一些趋炎附

孔祥熙

势、慑于淫威者并不情愿地购买了数万元的政府债券，却遭到一些银行家的抵制。特别是中国银行的董事长张嘉璈，公开发表演说，反对蒋介石打内战，日本才是最大的真正的敌人，军队在"剿共"上花钱太多。南京债券不值钱，买了就是上当受骗等等；他还让下属大量抛售中国银行持有的债券，致使南京债券大幅度地贬值；他和交通银行联手，共同拒绝为孔祥熙提供资金；张嘉璈靠着外国资本集团的支持，根本不把孔祥熙放在眼里。

孔祥熙的恼火可想而知。他要对张嘉璈采取措施了。他先是和宋蔼龄细谋深算，策划如何动作。他深知夫人在这方面是有专长的，宋蔼龄上阵和丈夫慷慨解囊，设宴招待那些对债券忧心忡忡的资本家们，想尽一切办法让他们发泄对中国、交通两家银行的不满；甚至再一次由青帮头子杜月笙召集的工商业资本家会议上，大讲特讲：如果中央银行、中国银行和交通银行能够联合起来，组成一个三银行财团，整个实业界的状况就会大大改善，就会毫不费力地得到低息贷款；他一次又一次召见工商业的资本家们，用影射的语句蛊惑人心，困扰中国的一切问题都是银行家们所作所为造成的。为什么工商业资本家无法得到贷款？为什么银根这样紧？为什么利率这样高？根子就在这里。

孔祥熙一边煽风点火一边行贿，终于达到目的，陷入窘困的工商业资本家们对银行界极为不满。有人组成中国工商业救济会，要求中央、中国、交通三大银行增加500万元的救济款，无担保贷给面临破产的企业，并要求南京政府发起以他们的资产或商品作担保的大规模的发展实业的贷款计划，以恢复萧条的经济。孔祥熙还不罢休，到上海召开一系列的有关会议，利用各种方式和所有的机会，日夜催促银行家贷款，无奈，中国银行、交通银行和一些商界银行组成银行财团，提供500万元的应急借款。

孔祥熙把工商业困窘、经济萧条的状态，全部推到银行家们的身上，把他们挤到被动的一角，不得不妥协和退让，试图保持自己的相对独立的单位。

孔祥熙控制银行的目的终于达到了。

1935年3月23日，孔祥熙突然颁布南京政府财政部给中国和交通银行的命令，宣布政府必须接管中国银行和交通银行，两行都须增资而由政府控制半数以上的股份。这样，不拨一分一文现金，只凭一道命令和几张公债，就控制了中国、交通两家银行。并安插亲信，培植势力，控制了银行新董事会。

这样的巧取豪夺，恐怕只有国民党政府做得出。

毛泽东曾经称孔祥熙、宋子文及"四大家族"为："垄断了全国的经济命脉"，"和国民党政权结合在一起，成为国家垄断资本主义"的"四大家族"官僚资本，他们的巨额财富是直接运用政治权力以超经济的掠夺方式积蓄起来的，而以蒋介石领导的国民党反动派长期进行的反革命内战，对于官僚资本迅速膨胀，起了特别重大的作用。

紧接着，孔祥熙在面临严重经济危机的情况下，开始了推行法币制度，由此，国民党政府已经放弃银本位制。确定法币以对英镑的汇率表示自己的价值。这样，法币就同英镑紧密地联系在一起了，中国成了英镑集团中的半殖民地货币成员国之一，大量的白银流入英国，换成英镑存在英国。美国见此，也要插手进来，以分一杯羹，迫使蒋介石和孔祥熙与其签订了《中美白银协定》。孔祥熙对内则采取搜刮民财的政策，颁布了《兑换法币办法》，以国有的名义，规定各地银栈行号，商店，公共团体及个人，持有银币、银条、生银、银锭或银块者，从1935年11月4日起，限3个月内，就近交各地兑换部门换取法币，1937年9月以前，中央、中国、交通、农民四银行收兑银币共达3亿元，停止使用白银，农民不得不用白银兑换法币，造成农民用1元银币换1元已经贬值的法币，立即损失实际价值的1/3，即1元银币为3角钱。这种在农民身上剥夺的封建性的掠夺，使蒋宋孔陈"四大家族"，大发横财，而农民却陷入了水深火热之中。

142

国民党法币政策的实施，使英、美帝国主义实现了操纵中国货币政策，加强了对中国金融的控制。至1937年7月31日，国民党政府在国外的黄金和外汇准备金共达13521万美元，其中约71%存在美国，30%存于伦敦和香港。孔祥熙恬不知耻地说："美国对我国新币制之赞助，岂独利吾国人，其裨益外人与我共贸易者亦良多也。"其卖国主义的嘴脸暴露无遗。

由于蒋介石的信任和支持，时任财政部部长、行政院副院长、中央银行总裁的孔祥熙，更加春风得意。1935年11月，他被推选为中央执行委员、中央常委，国民党党史编委委员，成为南京政府的核心人物。

权力成为他腐败的温床，他成立中央信托局，自兼任理事长，任命儿子孔令侃为常务理事，夫人宋蔼龄坐镇后台，使其成为孔氏家族走私贪污、搜刮外汇的重要机构。

到医院慰问伤兵

为了鼓励伤兵安心养伤再赴战场，宋蔼龄、宋庆龄和宋美龄三姐妹决定到第五陆军医院视察并慰问伤兵。

第五陆军医院内垃圾成堆，蚊蝇扑面，大夫态度粗暴，伤员病号极为不满意。由于医院向政府红十字会的报告作假，什么成绩斐然、秩序良好、环境整洁等等。红十字会根本未做调查，只凭报告就授予医院"新生活运动典范"和"花园式医院"称号。

当医院院长接到宋氏姐妹要来视察的通知，立即慌了，马上通知院行管干部训话，传达了宋氏姐妹亲临本院视察的消息，要求大家立即行动起来，清理医院环境，整理院容院貌。老院长亲自操起扫帚打扫卫生，医生放下听诊器拿起刷子蘸着白灰浆刷墙，站在五楼窗户上擦玻璃的女医护人员，还有停在院内拉垃圾的大卡车，第五陆军医院一片繁忙。

躺在肮脏病室里的伤病员们得知此事，议论纷纷，有的指责医院徒有虚名，早知今日，何必当初？有的伤员压根就不信宋氏三姐妹能来慰问他们。一位曾参加威震敌胆的昆仑关攻坚战腹部受伤的老兵，认为孔夫人肯定不会来，他听说从香港撤退时，她最关心是她的洋狗和抽水马桶；一位年轻的军人受伤，此刻，他看见吊瓶里一点一点流进他血管里的药液，说着他的观点：蒋夫人风流、爱出风头肯定会来，孙夫人来纯属扯淡。别看现在是国共合作，她和委员长面和心不合，她还骂过蒋委员长。然后，伤兵们又开始议论三姐妹谁最美。

第二天早晨，宋蔼龄和两个妹妹分别乘坐三辆轿车，鱼贯驶入第五陆军医院，院长和各科室主任连忙迎上前去。

三姐妹起落轻盈的双脚，走下车来，后面，跟着一群随从和记者。寒暄几句后，三姐妹的视察就开始了。

院长走在前面引路，紧跟着的就是"第一夫人"宋美龄，一袭深蓝色的软缎旗袍装扮得她楚楚动人，最显眼的就是她的胸前别着一枚银光闪闪的红十字徽章，那是蒋介石为了感谢她从事救死扶伤的工作，特意送给她的。宋美龄自信地挺直腰板，边走边看。她懂得权力赋予她的力量，特别注重在关键的时候，征服人心。这次视察不仅仅是走过场，涉及着蒋介石的个人威望。现在，抗战正是紧要关头，将士们在前方浴血奋战，受伤被送到后方，照顾好他们，是对前方将士的一种精神鼓励，也可提高政府在民众心目中的地位和威望。作为"第一夫人"，她要时刻记住这一点，并告诫医院做得更好。

一身珠光宝翠的宋蔼龄，雍容华贵地紧跟在宋美龄的身后，她是作为妇女代表来医院视察的。一直支持抗战的宋蔼龄，曾经出过大力。这次，她来，还是想帮医院解决些实际问题，因此，她特别的关心地询问管后勤的副院长，库内的药品是否够用。这位副院长知道她的实力，皱着眉头告诉她，医院最难的事，就是医药的补给问题，比如，库房里葡萄糖最多能维持一个星期。宋蔼龄大方地让他列个急需药品需要多少钱的清单给她，乐得副院长忙不迭地答应着。

因为宋蔼龄能够给医院带来实惠，因而，医院方面的人最看重的是她。

宋庆龄走在最后面，却依然引人注目。她衣着朴素大方，记者拍照的时候，她总是谦虚地站在一边，面带笑容，看着大家。

自皖南事变后，宋庆龄和姐妹的关系又一次紧张起来。从香港到重庆后，蒋介石在黄山官邸特为宋庆龄修建了座名为云峰楼的别墅，她也没有去居住过。当蒋介石一再对她许诺"今后绝无'剿共'的军事行动"后，她愤怒的心情才逐渐平静下来。

今天，她与姐妹俩站得非常的近，感觉心却很遥远。她一直很少说话，有意避免参加政治方面的争论，不是怕和姐妹搞不好关系，而是怕影响工作。

现在，她很低调地跟在姐妹的后面，她是用沉默和集中全部力量去争取抗战的胜利。

宋氏三姐妹来到四号病房的一张床位前站定，听取主任大夫关于伤员的伤势介绍。伤员的头上满缠着绷带，只有一双眼睛露在外面，惊慌地打量着宋氏三姐妹。宋美龄同他握手，亲切地同他交谈，并祝他早日康复。

进入第五病房时，刚好赶上一位腹部受重伤的老兵，因为伤口感染，刚刚咽了气。院长感到让三位夫人看到死去的伤兵，心里很不安，大声地训斥病房主任。

宋庆龄眼里含着泪花，从人群中走到死者的床前，把手里的一束鲜花放在老兵的床头柜上，然后，她亲自动手把白布单蒙在死者的头上。看着她做这一切，临床的伤病员都哭起来。

宋蔼龄也激动了，她摘下白手套，挨个与躺在床上的重伤员握手，当场对院长说，她保证每位伤员出院退伍时，都可以得到一套新军服、一包食品和一些零用钱。她还说，如果募捐顺利的话，她还打算为退伍军人按月提供额外津贴。她的内心，如同翻滚的浪花，很不平静，她一定要把这笔钱花到刀刃上。当宋蔼龄伸手和黑大汉伤员握手时，黑大汉想起她和孔祥熙的一些传闻，就把手缩了回去。她很尴尬，不动声色地叫随从把一袋伤兵之友协会募集的慰劳品，放在黑大汉的床头，又若无其事转身去握住另一位伤员的手。

宋美龄见屋内没有暖气设备，此刻正在询问院长冬天怎么办。院长告诉他，进口暖气设备一般都供应各部部长等高级的官员了，医院是弄不到的。冬天只能在病房内烧炭供暖了。

宋庆龄亲切告诫伤员们要保持清洁卫生，常洗澡，伤员们感动得直点头。

三姐妹一间间病房往前走，一个个床头地探望，和伤员们握手，说着鼓励的话。看着伤员们的笑容，心底里充满了安慰。此刻，她们只有一个共同的心愿，祝愿伤员们尽早康复。

她们知道，正是这些前方将士的浴血奋战，才逐步扩大了中国战区的正面战场。

随后，宋氏三姐妹视察了医院的手术室，观看了一次成功的手术。这期间，她们听说一位伤员的腿部肌体坏死了，要做截肢，她们非常的难过，一再吩咐主刀大夫，尽量保住伤员的双腿。宋庆龄告诉大夫如果小伙子的腿还在，他就有希望做任何事情；宋蔼龄坚定地要求大夫多用特效药，多给他输血，并表示钱她来付；宋美龄则感谢医生为保住伤员的腿所做的工作。主刀医生在宋氏三姐妹的鼓励下，打消了为这位伤员截肢的想法，聚精会神地开了几处伤口，把碎弹片一一地拣出来，然后重新做了严格的消毒和缝合，伤员的腿终于可以保住了。

血雨腥风的战争年代，这些在硝烟里摸爬滚打的年轻人，在忍受伤痛的时刻，见到了把他们放在心上的宋氏三姐妹，真是倍受鼓舞，他们望着窗外高远的蓝天，眼里噙满了泪水。

历史会记住，宋氏三姐妹这温暖的气场，带给前方将士和伤病员们的鼓励和温暖。她们的风姿和温度，鼓舞了战士们。尽管她们的追求和人生价值不同，宋氏三姐妹的视察，仿佛一剂良药，抚慰着伤员们的痛苦和悲伤，在残酷和坚硬的抗日战争中，以恒久的坚韧，将温暖和柔情，传递给目光冷峻的战争受害的躯体，冬日火炉一样，烘热伤员们的心，间接地为抗战做出了贡献。

六兄妹大团聚

天下之事，分久必合合久必分。

抗日烽火燃得正旺，每一个中国人都被裹挟其中，坚定的民族尊严，在惊心动魄的战争中遭受的难以名状的灾难后。宋氏六兄妹在重庆大团聚。

那一天，宋子安和宋子良从昆明回到了重庆。

宋蔼龄得知这个消息，高兴得不得了，她忙打电话通知小妹宋美龄，美龄也同样高兴。姐妹俩决定，六兄妹在一起团聚一下。

第二天晚6点，六兄妹陆续来到宋美龄在黄山的官邸，由她亲自掌勺招待姐弟。蒋介石看宋美龄定的菜谱，就劝她少搞大鱼大肉和酒水，宋美龄娇嗔怪他反对他们的聚会。蒋介石告诉美龄，有天军统派人来汇报孙夫人出走了，急忙派人找，后来说她安静地待在家里，经过追问得知军统搞监听时没把事情弄清楚。宋美龄急了，指着蒋介石的鼻子警告他保证二姐的安全。

当时，宋美龄打电话通知宋庆龄姐弟聚会时，宋庆龄听说蒋介石也参加，称病拒绝了，让宋美龄好不伤心。她却不知道，二姐的拒绝不是没有亲情，更不是喜欢落单，也绝非孤僻和不合群，实在是政治观点不一样的缘故。她想，一定是3天前发生的那一幕，让二姐生气。那是一群不明身份的暴徒，借搜查凶犯闯进了二姐宋庆龄的家，非要强行搜查，宋庆龄拨通了美龄给她的军事委员会长途台的秘密号码找美龄，美龄借委员长之口，出面干涉，才平息了事端。是军统的监督让她反感还是蒋介石做得太过分？从前，大家庭的温暖和睦的篝火还能再次燃起吗？

这时，蒋介石阴沉着脸走过来，声称自己不参加，也许她就来了。敬酒不吃吃罚酒，她不来我们吃。

他的话音刚落，凄厉的空袭警报声就响起来了，让人格外揪心和恐惧。

宋美龄望着天空飘来的乌云，痛苦地坐在沙发上。

宋庆龄终于同意参加兄弟姐妹们的聚会。

这是一次特别难得的聚会，此后，宋家兄弟姐妹在风云变幻的时代里，再也没有聚到一起过。

得知宋庆龄同意参加聚会的消息，宋美龄高兴万分，给大姐宋蔼龄、哥哥宋子文，小弟子安和子良分别打了电话，告诉他们这一消息，六兄弟姐妹都喜不自禁，等着盼着聚会的日子。宋蔼龄定制了一个6斤重的大月饼，代表六兄弟姐妹的团圆，开车送到美龄家；子文别出心裁地特意派飞机到昆明购买了两只象征团圆的神龟鱼，送进了美龄家的厨房；子安和子良专门请来重庆最好的厨师，为他们值得纪念的聚会，烹调最佳美食。

宋氏家族的这次聚会，有着不一般的意义。区别于一般人家的兄弟姐妹不一样的地方，就在于政治色彩浓郁，宋庆龄的参与，更让聚会有着耐人寻味、举重若轻的场景，留在史册中。

八月十五中秋节这天晚上，宋氏兄弟姐妹陆续来到宋美龄的黄山官邸，在清雅朦胧的月光下，享受着血脉亲情的热闹和融合。

蒋家宴会厅里灯火辉煌，吊扇旋转，凉风送爽。宴会厅中央摆着五大桌酒菜，周围坐满了宋氏兄弟姐妹和他们的家眷以及卫官和司机，身穿白色全套制服的侍者，站在一边小心地侍候着，忙着上桌的侍者跑得满头大汗。

菜，一个个地端上桌来，均是名菜，香酥鸡、网油蟹卷、生菜大虾、油淋安康鱼、眉毛丸子海参、炖菜鸽蛋汤，最让大家感兴趣的菜，就是子文专门用飞机刚买来的神龟鱼，现在，这两条名鱼已经成为油炸团圆神龟鱼了。当然还有叫不出名山珍海味，点心、水果以及孩子们愿意吃的冰淇淋。大家筷子一双双地伸向菜盘，色香味俱全的菜肴，就足以看出他们的地位。

天热，人心更热。六兄弟姐妹说说笑笑，显得格外兴奋。

宋美龄灵巧地周旋在人们中间。此刻，作为黄山官邸的女主人，她站起来进行她的开场白，短短的几句话，如同散文诗一样真挚动情。兄弟姐妹们兴奋起来，连连举杯，杯和杯碰撞的响声清脆悦耳，高脚杯里红色的液体，荡漾着难得的团聚的涟漪，圈圈扩散着，感染所有在场的亲人。他们热烈地交谈，畅快地喝酒，共同的话语，拉近了他们的心。虽然，他们中间在追名逐利的惯性和加速度中，对于自己的亲人，早已变得冷酷而蛮狠。

宋蔼龄站起身来，满脸的笑容，她先告诫大家莫谈国事。然后，举杯敬宋庆龄一杯酒，接着美龄也敬了庆龄一杯酒，并给她夹了一块她亲自掌勺做的花溪河鲤鱼，姐妹俩亲热如同儿时。宋子文站起来，代表三兄弟敬三姐妹。

宴会高潮迭起。

饭后，全家人来到官邸前的草坪上赏月，宋氏兄弟姐妹围着圆桌坐着，桌上是宋蔼龄定做的6斤重的枣泥大月饼。她拿起刀，小心地切开月饼，分给其他的兄弟姐妹和孩子们。

圆月皎洁纯美，悬挂中天。

月光在梦里留下水迹。宋蔼龄看庆龄和美龄笑闹，赶紧招呼她俩一起去重庆舞厅看舞会。

晚上9点，宋氏一家准时来到重庆大酒家舞厅，宋美龄首先旋入舞池，接着蔼龄和庆龄也旋进舞池。大多数家人安详地坐下来吃着水果和坚果观看他们跳舞。正在跳舞的达官贵人们，发现了宋氏三姐妹，一阵骚动，他们不太相信宋氏三姐妹同时出现在舞厅，待看仔细后，发现这是真的，宋氏姐妹都在，霎时，目光和镁光灯对准了三位气质各异的夫人。

一位记者这样说："我想姐妹之中的二人在这儿。我不相信剩下的那位是孙夫人。她是绝对、绝对不可能和其他两姐妹同时出现的！"

另一个人马上说出自己的看法，因为芬兰问题，孙夫人因为不满意苏俄才这样做的。

两个人争论起来。可惜的是，他们都没有说对。

梦里霜落剑气寒。在枪炮声不断，弹片和硝烟还在飞舞和弥漫，三姐妹同时出现在娱乐场所，是告诉人们，她们是以大局为重，是为了抗日统一战线。

三姐妹这次聚会是第一次，也是最后一次。

"工合"领袖风采

1938年8月15日，为了更好地抗日救亡，中国工业合作协会在武汉成立。"工合"下设取办事处，事务所和指导站。

"工合"的发展颇具戏剧性，宋蔼龄对此起到了相当大的推动和领导的作用。

中国工业合作协会，最早是由美国友人斯诺夫妇倡导发起的，是个鲜为人知的新事物。

1937年11月，斯诺夫妇从解放区参观回到上海，参加了上海各界爱国人士和社会名流的"周一聚餐会"。在会上他提出沿海工业区已沦陷，后方工业品很缺乏，应以合作社的方式动员后方的人力、物力，从事生产，支持抗战的建议，得到了与会者的一致响应，会议决定成立"中国工业合作社设计委员会"。大家一致推选当时任上海工部局工业科长的新西兰友人路易·艾黎为该委员会的召集人，起草一份在全国范围内组织3万个工业合作社的计划。1938年5月，周一聚餐会成员和斯诺、艾黎等国际友人以及英国外交官亚历山大，美国参赞文森等再次开会，研究这份计划。大家认为，要在全国范围内开展组织3万个工业合作社运动，除了保持自己的群众性和民主性外，还应该尽量争取国民党政府在财务和行政上的支持。

当"工合"派人携带计划等文件到汉口，向国民政府行政院院长孔祥熙汇报，并争取支持。当时，孔祥熙肯定了"工合"这一新事物，答应聘任艾黎为技术顾问，负责组织工作。艾黎当即辞去上海工部局工业科长的职务，于6月初由上海经香港到达汉口，找孔祥熙报到。他没有想到，孔祥熙态度冷漠，不愿意继续做下去了。在武汉各抗日救亡团体的影响下，他最后勉强同意，答应由政府拨款500万元，答应担任协会理事长。

这样，中国工业合作协会才得以成立。

实际上，孔祥熙并不热衷于"工合"工作，直到武汉沦陷，才拨给"工合"20万元。让艾黎们陷入了千难万难之中。

精明的工合筹备人员听说孔祥熙是妻管严，就去找宋蔼龄，谁知，竟然一拍即合，打通了关节。在国民党政府全部迁往重庆后，孔祥熙来了个180度的大转弯，对"工合"工作积极支持，不但兑现了500万元的拨款，还热情地过问协会的组织和人事安排。

事情原来是这样的。

宋蔼龄继承了父亲宋嘉树的遗传基因和西方的文化传统，参政敛财意识极强，每遇到问题都能理性地处理。富有开拓精神的她一听，就敏锐地感觉到："工合"运动是战时及时解决物质匮乏最好的办法，这个计划和她前几年设想通过创办实验工厂的形式消除劳资对立的计划殊途同归。"工合"运动的发起，是她一度搁置了许久的设想再度复燃，她主动去找技术顾问艾黎，研究工业合作社计划，异想天开地要求将她的一些理论付诸实践；她还在工业合作运动众多的生产部门中进行投资，并对纺织业兴趣浓厚。1939年，她投资建立了一座小型的纺织企业。美国女作家埃米莉·哈恩断言，这与她孩童时，父亲宋嘉树热衷于经营从茧中制造丝绸的经历有关。虽然父亲宋嘉树当年投下巨资创办印染厂因化学师去世配不出染方而失败，但却在她的心中种下了梦想，总有一天，她要在纺织业上干出一番事业来。

宋蔼龄要求做孔的顾问，孔祥熙要她做主任，协助担任名誉理事长的小妹美龄工作。

第二天，宋蔼龄授意"工合"筹划人找孔祥熙，拿到了经费。"工合"运动很快轰轰烈烈地开展起来，并且全国遍地开花，形势大好。孔祥熙捞到了政治资本，宋蔼龄得到了实惠，名利双收。

1940年4月22日，作为中国工业合作社的领袖，宋蔼龄和她的妹妹们在中国工业合作社总干事刘广沛的陪同下乘火车抵达成都，视察那里的工业合作社。从刘广沛的汇报中，宋蔼龄得知成都"工合"运动搞得如火如荼，尤其是集合毛纺厂的事迹，特别突出。她想去实地考察了解一下，抓个全国典型，造成声势，进一步扩大自己的影响。

宋蔼龄拉着庆龄和美龄和她一起去视察，一路上谈兴特浓。到站后，受到驻蓉机关要员的欢迎，她们在小学生组成的军乐队鸣奏着的鼓乐声中，在手持鲜花的姑娘们的欢迎歌声中，健步出了站台，举目四望，成都城的风景尽收眼帘，她的心里涌起一股自豪之感，踌躇满志地坐上迎接她们的轿车，呼啸而去。

《新华日报》在4月29日引载中央社成都通讯，详细地报道了宋蔼龄等视察成都工业合作事业的情形："孙、孔、蒋三夫人于4月22日晚抵蓉，25日下午4时相偕至中国工业合作协会成都事务所视察。该所成立于1938年2月1日，已组织工业合作社52个，以纺织为最多，计37社，其次为服装3社，丝织及织袜各2社，印刷、机械、皮革、制鞋、制药、卷烟、印染等各一社，共有社员507人，此外并有毛纺女工5000人。"

报道还说："4个小时前，该所即集合纺毛女工数百人，在华美女中广场设置的毛纺机照常工作。三夫人驾临后，群起立为礼，并唱欢迎三夫人歌，即由该所主任栗君致辞报告工作，继由社员代表致欢迎词，并合唱社歌，乃请三夫人致训词。孔夫人首先致辞：'此次来渝来蓉，沿途所经各县，曾先后参观新生活妇女指导委员会指导下事业，成绩皆佳，对于生产事业，尤觉快慰。今日我国一面抗战，一面建国。合作社之目的，于协助抗建工作以外更求民主主义实行，是以希望工合事业在各地普遍的成立，同时更希望各合作社均有完美之成功。'"接着宋庆龄和宋美龄分别致辞。

然后，由社中职员陪同参观工合出品展览室，内有绣花和挑花两班，共有20余名工人，从事挑绣式作业。宋蔼龄等视察询问，职工们颇感兴趣。美国摄影师格里芬当场摄成电影，与工业合作社其他影片一并寄往欧美放映宣传。

宋蔼龄携妹妹们走进一个车间，一眼看见有位女工身背婴儿在劳作，特别地感动，当即建议该厂厂长在厂内建立公共育婴室，解除女工的后顾之忧，以保证女工们安心工作，厂长表示赞许。

宋蔼龄等人的成都之行受到了许多知名人士的赞许，反应强烈，赞扬声此起彼伏。

国民党中央通讯社也在一些报道中称誉宋蔼龄"对工业合作社素具热忱，故此次视察尤堪注意"；"孔夫人之热心赞助尤为合作事业发展之主动力量"；"合作社得有今天之成绩"宋蔼龄等"皆有力焉"。

和宋蔼龄她们同行的有位外国的通讯社记者，开始，他根本不看好宋蔼龄三姐妹的成都之行，后来大加赞赏。他说："在成都之行以前，我一点也不欣赏这几个女人，对于我们来讲，在旅行中，住小旅馆是习以为常的事，臭虫和飞机都没有什么。但是绝难想象孔夫人那样的人也能对此怡然自得，在成都的一次空袭中，她们不顾旅途劳顿，微笑着出现在大家面前，真是精力过人。连我们之中最强壮的人都不太吃得消的空袭，她们却好像没事一样。"

由于宋蔼龄的积极操办和参与，中国工业合作事业得到了国内各方面的支持，也得到国际上的赞助，发展非常的迅速，"工合"组织几乎遍及整个大后方，甚至深入到了敌占区和游击区，为战时经济发展的需要做出了贡献。

1941年11月15日，孔祥熙在重庆作了《中国工业合作运动之现在与未来》的演说，对3年来的"工合"运动作了总结和肯定。他说："工业合作运动，在国内普遍发展，迄今不过三载"，"已获初步成功，3年以来，在16省地区内，设立合作社近2000个，动员失业工人，荣誉军人及难民达15万人之多，皆使其参加战时生产工业。每月生产总额逾2000万元，产品种类达百余种，举凡军需民用之物品，已样样俱全。"

也许，宋蔼龄没有想到，始于她辛苦支持和力主创建的中国工业合作社，却被国民党政府恶意封杀，以至于中途流产。1942年，国民党政府以"工合"与积极坚持抗战的中国共产党工作而宣布停止提供给"工合"的经费，继而迫害"工合"领导人，"工合"运动遭到封杀。致使轰动一时的"工合"运动夭折。除了解放区外，消失得无影无踪。

宋蔼龄 全传

Biography of Song Ailing

第九章

淋漓尽致的人性表演

宋蔼龄和孔祥熙在抗日战争中，曾做过有益的事情，却也在国难时期大发横财。

人性的两面性让他们表演得淋漓尽致，既慷慨解囊，支持抗战，又留下良心的裂痕和疯狂、贪婪的足迹，足以让人品味。

为了金钱，宋蔼龄在背后控制中央信托局，使其成为她和长子孔令侃发财的"母子店"，肆意侵吞掠夺国家资材。

走私案的背后，隐藏着孔家分赃不均，为了一条钻石金项链，孔令俊和哥哥孔令侃进行了一番刀光剑影的较量，惊心动魄的故事，足以让人咋舌！

宋蔼龄瞅准时机，鲸吞美金债券，让正义者愤怒，然而，腐败的国民党也只是令孔祥熙辞职了之。

国难当头，宋蔼龄和孔祥熙却大肆敛财，加重国民政府的腐败，间接造成国民党丢失了在大陆的执政权。

苦心经营"母子店"

1937年的"八一三"淞沪抗战不久，上海沦陷。宋蔼龄不得不离开她赖以生存的地方，退居香港。住进了临近海湾的沙逊路半山公馆，作为中国第一家族的掌门人，中国国民党政府财政部部长夫人，虽然远离炮火硝烟和她的权力中心，她却忍受不了这里悠闲的日子。

宋蔼龄早已习惯了追求财富的生活。抵港后不久，她就把目光紧紧盯死了中央信托局，并使这个机构成为她在香港的"宋氏母子店"。

中央信托局成立于1935年，是孔祥熙任财政部部长时下设的一个机构。主要业务是办理保险、有奖储蓄、信托、购料和运输等，正值抗战时期，这些领域黑幕重重。

开办之初，宋蔼龄即欲染指，孔祥熙心有灵犀，他亲兼董事长，局长、经理多是孔氏人马，如此，中央信托局的大小事务，就无不受宋蔼龄的幕后遥控指挥了。她抵港后，为了更好地控制中央信托局，这位不安心幽静生活的孔夫人，运用丈夫手中中信局理事长的权力，任命自己儿子孔令侃为中信局常务理事，这样，她就可以掌握中信局的业务和人事大权了。

纨绔子弟孔令侃，中国"第一豪门"少爷，走马上任后就大权独揽，独断专行。不但中央信托局的大小事务全凭他圈点裁决，就连中央银行和交通银行的驻港业务，他也插手过问。原中信局长叶琢堂就被架空，每一天，他要做的就是对中信局的事情不闻不问，机械地盖盖图章。实际负责的俞鸿钧对局里的事情也绝不敢自作主张，中信局完全成了宋蔼龄和孔令侃经营的"母子店"，店主当然是宋蔼龄。

宋蔼龄染指中信局后，都做了些什么呢？

一言以蔽之，中信局完全成了孔家侵吞掠夺国家资财的主要渠道。

1942年，中信局运输处经理林世良走私案暴露后，朝野震动，宋蔼龄陷入被动，无奈，孔祥熙只得任命财政部政务次长俞鸿钧兼任中信局局长，以求平息众人微词。

宋蔼龄对金钱的爱超过一切，她把金钱和利益看作是驱动世界旋转的动力。没有钱是万万不行的，所以，她寻找一切机会，用尽各种手段，染指金钱。当她看见中信局这块肥肉时，她怎能不上去咬几口呢？她隐在孔祥熙和孔令侃的身后，控制着中信局，捞取大量的金钱，就像一个守财奴，牢牢地攥住他手里的每一枚钱币，所不同的是，她不但攥紧自己的钱币，还要把国家的和别人的钱币也统统地搜来装进自己的口袋。

在宋蔼龄的授意下，孔令侃的手伸得越来越长，甚至伸到军火购买领域，宋蔼龄倚仗丈夫孔祥熙的权势，积极为他打通关节，向蒋介石申请购买军火的业务。抗战前，德国是中国的军火供应商，抗战爆发后，蒋介石受到英美的压力，中德的军火交易转为地下。当时的国民党军政部兵工署自署长俞大维以下，都是留德学生，全部武器装备都是德国造。为了补充德国武器和弹药配件，兵工署以大陆华行的名义作掩护，在香港设立办事处，通过中国住德商务参赞谭伯羽在柏林进行接洽，商定德国继续供给中国军火。中国用土产品出口，偿还贷款。这就与宋子文掌管的通过英美借款购进军火的中美英三国协议相抵触，在宋蔼龄和孔祥熙的疏通下，蒋介石对宋子文隐瞒了此事，最终直接下手令交给孔令侃办理。这样孔令侃就打着"奉蒋委员长的手令办理民国二十八年（1939年）度兵工储料"事宜的幌子，在中央信托局内建立兵工储料处，直接办理土产品出口和军火进口事宜。宋蔼龄隐在背后指挥，孔令侃在前台主持，财政部规定要办的一切手续全免，一路绿灯，畅通无阻，"母子店"在与德国的军火生意中，发了横财。使她和她的子女们在香港挥霍无度，过着奢侈无度的生活。

贪婪的宋蔼龄每一根神经都在做着发财梦，怎能放过任何的发财机会？

弹丸之地香港，成了他们母子生财的福地，她和孔令侃像两只猎鹰，一旦发现猎物，就会猛扑上去，毫不犹豫地将其拿下，他们不断地渗透和垄断那些有利可图的生意，攫取大笔横财。当德国的几家大商行急欲在中国日军占领地区收购土产和其他物资运往德国，以抵充贷款。于是，宋蔼龄就成立专门机构，在内地专门替德国收购桐油、猪鬃、矿砂、药材等物资，从中牟利。

1939年，德国驻香港的洋行突然撤离。宋蔼龄敏锐地想到，德国洋行的突然撤离，应该是大战的预兆，欧洲战事处于一触即发的状态。她立即指示账房赵季言等人，挪用国家外汇资金，大肆收购美国军火商的股票。果然，不出她所料。数日后，德国向波兰发动了闪电战，入侵波兰，世界大战由此爆发，美国军火商的股票随之狂涨，宋蔼龄狠狠地赚了一笔钱，她隐在幕后的那张脸，布满惬意的笑容。

"母子店"的瓦解，是因为孔令侃在九龙弥敦道财政评论社楼上私设了一部电台，其频繁的发报规律被日本人掌握，日本人以从事情报的间谍电台为名向标榜中立的港英当局施压，港英当局除了没收电台还将孔令侃等人驱逐出境。

宋蔼龄无奈，将孔令侃送去美国读书，"母子店"终结。

利用夫君权力，大发国难财

历史从来都是公正地再现每个人的经历，并在细密如织的文字里，暗藏着其命运机缘。当宋蔼龄站在时光流幻中，独赏她所拥有巨额财富时，是否看到历史就像一次次的涨潮和退潮，带来带走一些鱼蟹和泥沙？

宋蔼龄的一生，就像一次淋漓尽致的人性表演，既慷慨解囊，支持抗战，又留下良心的裂痕和疯狂、贪婪的足迹，足以让人品味。

抗日战争初期，宋蔼龄热情支持抗战，她像只翕动翅膀的蝴蝶频频飞舞，建立伤兵医院，支持"工合"运动等，在新闻媒体的广泛宣传中，在公众面前树立了良好的形象。她被誉为颇有领导气质的女强人，富有同情心的善良女性，仗义疏财的大富婆。

宋蔼龄的另一面，却隐在夜晚之后，鲜为人知。

今天我们重新看待她的一生，颇引人发醒。

现在，我们顺着她的足迹，从人性的角度出发，看看她是如何像守财奴一样攥紧每一枚硬币，大发国难财的。

抗战前，宋蔼龄利用丈夫孔祥熙的权势，曾伙同宋子良、陈行、徐堪等在上海组织七星公司，专做证券、标金、棉纱、面粉等投机活动，在交易市场上多次掀起风潮，引起对手的怨恨和舆论的抨击，但由于有蒋介石和宋美龄的庇护，终于无事；抗战初期，宋蔼龄仅在套取外汇的投机中，据说就"捞了800万英镑"；1939年时，宋蔼龄在美存款，居重庆政府"所有要人在美国银行中的存款的第一位"，被美国记者赛利文称为"中国人民的钱袋"；她的长子孔令侃在21岁时，便被蒋介石指派为中央信托局常务理事，肩负实际责任。他利用进口军火大获巨额回扣，抗战期间利用西南运输公司，掌握"国家专运"特权，趁机装运私货，走私贩私，获取暴利。孔令侃"经商赚钱"的本领，曾经受到孔祥熙的夸奖；她的次女孔令伟在重庆掌管祥记公司、广茂兴、晋丰泰等企业，利用当时"工不如商、商不如囤"的情况以及豪门权势，大搞囤积居奇等不正当经营，大发国难财。

宋蔼龄性格干脆利索，善于决断。她一方面支持孔祥熙利用手中的权力，营私舞弊；另一方面利用夫君的权力大搞囤积居奇等不正当经营，大发国难财。

国民党迁都重庆之处，精明的宋蔼龄就看出重庆将被日本人围困，无论是战略物资还是生活必需品，都将严重匮乏。趁机把百货和药品等大批商品抢运到重庆，囤积起来，等待价格暴涨后，谋取高额利润。

宋蔼龄和孔祥熙的结合，是因为他们都对钱感兴趣，那么，当国家遭遇外辱内忧时，他们却打着发国难财的主意。宋蔼龄是一个杰出的金融家，孔祥熙出身于亦儒亦商家庭，归根结底是商人。有人说：在动荡的年代里，宋蔼龄和孔祥熙的互补，在一定程度上导致了革命的失败，使得中国落后了一百多年。历史就是这样，个人的一时贪财，可能导致祸国殃民。

抗战期间，发财梦一直萦绕在宋蔼龄的脑海，她心机深，眼光准，又能把握时机，看准了就果断下手，常常是出手即赢，万无一失。

由于日寇的铁蹄已经入中国腹地，控制了中国所有的海港，封锁了重庆所需的物质，当地又不能生产，空运犹如杯水车薪，物质供应危机威胁着国民党政府的正常运转和重庆人民的生活，蒋介石颇为头痛。

对此，宋蔼龄置若罔闻。市面价格猛涨，宋蔼龄依然稳坐"钓鱼台"，固守着她囤积的货物。致使人心浮动，借机生事，暗流涌动。

戴笠向蒋介石汇报：重庆不是缺乏物资，而是一些大户为谋取高额利润囤积居奇。

蒋介石听后，采取了陈布雷的意见，从两个方面着手，双管齐下：一是指示新闻媒体大力报道中国赴缅甸远征军的作战消息，宣传中国军队很快可以消灭从缅甸向云南进攻的日军。作战一旦取得胜利，滇缅线就会重新打通，国外支援的物资将可以在仰光卸货，然后借道云南运抵重庆，物资紧张的状况将会得到缓解和改变，这种宣传完全可以鼓舞和稳定人心；二是发布命令，要求所有的商行、公司的货物必须立即进行销售，继续囤积者将被查封和接管。

一些小商号在这样的宣传攻势下，沉不住气了，很快抛售了囤积的货物。可是，他们囤积的货物数量太小，解决不了市场需求。

宋蔼龄听后，只是撇撇嘴。她知道，这是蒋介石的心理战术。

手眼通天的她自有准确可靠的军事经济情报，她知道事情的一切真相。那就是中国远征军遭到了日军的猛烈袭击，作战已成败局，军队一部分已经撤回云南，还有一部分跟着美国史迪威将军，翻过高黎贡山撤到了印度。所以，小商户们把自己囤积的货都卖掉了，她赚大钱的把握就更大了，因此，她依然稳坐泰山。

半个月过去了，宋蔼龄依然顶着不动。戴笠沉不住气了，再次向蒋介石汇报，有一个大户的货不出手，其他的大户都不肯动，今天已有一家商号被持币待购的人砸了，这种事件一出，敌对势力再插手，恐怕陪都就不安全了。说着，把调查到手的大户囤积的货物数量报告，递给蒋介石。

蒋介石气得咬牙切齿，立即召见重庆市市长贺耀祖商量对策，决定由重庆市政府出面执行查封任务，为了保证行动顺利，老蒋当场写了手谕，如遇抗拒，可以采取任意处罚，并要求行动严格保密。蒋介石也不让宋美龄知道，以防她给宋蔼龄通风报信。

贺耀祖连夜召开会议，调兵遣将分头执行，唯有宋蔼龄的仓库无人肯去。有人推荐市府秘书吴浩宇，贺耀祖也知道此人足智多谋，胆大心细，不怕豪强，对付宋蔼龄非他不可。忙派人找来吴浩宇，吴浩宇当场表示不怕孔夫人，就是孔祥熙，只要有总统手谕，他也敢去查。贺耀祖表示多给他派些军警，出了事不要他负责。

吴浩宇豪气冲天却沉稳细心。他先派人前往暗查，证明宋蔼龄的货物确实存在西郊仓库，里面有价值达4000万元的西药、百货、布匹等。查清了宋蔼龄囤积货物的真实性，吴浩宇才手持蒋介石的手谕，带着军警，直奔西郊仓库。

老奸巨猾的仓库周经理在门口接待室见到老蒋手谕的那个瞬间愣住了，他内心惊慌面上却镇静，看来，这次是来真格的啦，不然，宋蔼龄那么精明没听到一点风声？他请示吴浩宇，向老板禀告一声，然后马上交割。吴浩宇答应了，谁知却落入圈套，被周老板先是送茶水钱60万元，后是称老乡要求和他共进午餐，被周在酒里下了蒙汗药，等他醒来的时候，一切为时已晚，宋蔼龄肯定把仓库里的东西转移了，他悔恨得差点举枪自毙。他再也不敢逞强与宋蔼龄这女人做对了。

其实，当宋蔼龄接到周经理的报告后，也是很震惊。过去，一有风吹草动总能有孔祥熙先知道消息，瞒过老孔，还有宋美龄向她通报。这次却一点风声都没有，一定是冲自己来的。她略加思考，给周经理出了个连环计，让吴浩宇放松后吞钩，并命下人把吴浩宇塞进轿子抬回家，招摇过市，败坏了他的名声。

宋蔼龄在财政界称雄，大发国难财，谁能奈何她？

走私案的背后

1942年，国民党政府的中信局发生了运输处经理林世良走私案的丑闻，最终，以林世良被枪决而结案。

走私案的背后，究竟有哪些惊心动魄的故事？

宋蔼龄和孔令侃在此案中，充当了什么角色？

中信局是宋蔼龄和孔令侃在香港的"母子店"，按理说，他们母子脱不了干系，他们却安然无恙，这究竟是怎么回事呢？

这一年，中国的抗战已经进入关键阶段，也是最艰苦的时候。蒋介石在日寇的铁蹄踏入中原腹地之时，一退再退，最后退到重庆，蒋介石摸一把脸上由于惊吓而出的冷汗，哀叹总算可以喘口气了。待擦干了冷汗一看，天津、上海、广州各海口都落入了日军之手，国外援助的战略物资运不进来，如何支撑抗战？无奈之下，蒋介石领导下国民党政府开辟了从越南的海防市经镇南关到桂林的公路，新修了海防到昆明的滇越铁路，又打通了缅甸到云南的滇缅公路。这样，国外运进的物质在海防和仰光港口卸货，再通过这几条陆路运进，几条陆路成了后方补给的大动脉。

这几条公路的战略地位就显得非常的重要，因此，蒋介石特批成立了西南运输处，并对其进行严格管理和控制。

宋蔼龄对此叫苦不迭，运不进来货，孔家如何做买卖赚钱？她先是和孔令侃采取暗中通过等各种手段，把自家的货物混入国家有关机构的货物中，蒙混过关。这样做难保绝对安全，并仅限于小打小闹，施展不开拳脚。于是，她指示在中央信托局供职的儿子孔令侃，以信托局的名义成立运输处，打着为中央银行运输钞票和为行政院运输特种物资的旗号，实际上为自己的生意运输货物，从此，宋蔼龄家的生意名正言顺了。

假公济私的宋蔼龄，目标当然是要赚大把的金钱。

孔令侃对母亲宋蔼龄的意旨心领神会，同样精明的他，做生意不亚于他的父母亲，他思来想去，委派他的亲信林世良为运输科的主任，只向他一人负责。林世良原是中央银行事务科的主任，干巴巴的死工资。现在，虽然仅仅是小小的运输科长，却经常来往于香港、海防、仰光和昆明之间，公司兼顾，肥的流油。从此，他死心塌地地为孔令侃卖命，成了他的死党。孔家所有的生活用品，生意上所需货物，被他源源不断地运回来，盘活了宋蔼龄的生意。她还可以替别人包运货物，以其牟利。钱赚大了，却可以打着公家的旗号。免交一切捐税杂支，包括运输费用，都是记在公家的账上。

宋蔼龄惬意地玩弄计谋，似乎招招手，财富就像奔涌的江河之水，滚滚而来。

那是一个没有星月的夜晚，孔令侃回家拿出几样东西给大家看，先是象牙凉席，再是夜明珠，最后是一挂精致的金项链，坠着一颗硕大的绛色鸡心石，上面镶着红、绿、蓝、黄四颗晶莹剔透的宝石，散发着缕缕异香。孔令侃将它作为圣诞礼物献给母亲。宋蔼龄的心，在这个刹那感觉格外舒服，儿子孝顺又能干，家里的生意，哪样不是他在跑前跑后？就推说自己老了，让儿子自己留着，将来送给心爱的人。孔令俊见母亲不要，就想自己要，省得哥哥给了狐狸精。兄妹两个舌枪唇剑地吵起来。宋蔼龄和孔令侃都没有想到，这下得罪了混世魔女孔令俊。几天后，她见家里人都在，就报告了林世良花天酒地的劣迹，并出示了照片给孔祥熙看，要求孔令侃换掉林世良。孔令侃知道妹妹孔令俊想插手运输科，但没有想到她会来这么一招；他也知道，滇南的那几条运输公路险恶，离了林世良还真不行。兄妹两个一个说换一个说不换地吵个不停，最后，孔祥熙和了稀泥，提出配个副手，孔令俊就把中信理事会的亲信干将汪建方安插进运输科任副主任。

这叫掺沙子。汪建方信誓旦旦地向孔二小姐做了保证，带人赴昆明任职。

令孔令俊没有想到的是，孔令侃比她还狠。

孔令侃的撒手锏，就是告诉林世良汪建方为何到运输科任职的底细，当然少不了表白自己对他这个部下依旧百分之百的信任，继续好好干。林世良的心有了底，根本就不把汪建方放在眼里，独揽大权，遇到费力的活就派给他去做，汪建方企图插手重要业务，一律被人以奉主任指示顶着不办。汪建方才知道林世良的厉害，再看看自己，势单力薄，半年过去了，二小姐交代的任务没有一项落实的，自己什么也没捞到，他空空落落的心，无限的苍凉，哀叹自己命运不济，碰上强劲的对手。无奈，他搜集了林世良徇私舞弊的证据，借机和他吵了一架，离开了运输科，跑回重庆找孔令俊去告了一状，孔令俊心里恨恨的，眼珠子转了几转，她知道，林世良的后台是孔令侃，仅凭汪建方告的状，也扳不倒他。于是，她想了个妙主意，叫汪建方回去继续做副主任，但一定要和林世良搞好关系，尽量接近他，掌握更有利的证据，不信扳不倒他。

汪建方返回昆明，请林世良吃饭，酒席宴上，当着众人的面，低三下四地向林世良赔礼道歉。林世良当面笑哈哈的，离开宴席，就向孔令侃要求拿掉阻碍他办事的汪建方，孔令侃不同意，他怕搞僵了孔令俊一发怒做出令人想象不到的事情来。林世良听了脊背的风嗖嗖的凉，他想反正汪建方服了软收拾他还不是易如反掌。这孔大少爷未免有点小心过度了，孔令俊不过一个姑娘家，能把他怎么样？要要横也就罢了。

林世良自觉有孔令侃做他的后台，在汪建方的卑顺面前，越发的横行起来，常常地挤对他，有时欺负得汪建方喘不过气来。汪建方越是笑脸相迎，他越是横眉冷对。他哪里知道汪建方正在寻找他的证据，而忍辱负重呢？

这个时候，太平洋战争爆发，世界局势紧张得如同一根燃着的火药引线，一触即发。中国在境外的大批军需物资和特种物资急需运回国内，恰在这时，出现了货物多而运输力不足的问题，国民党政府为了保证军需物资尽快运回，三令五申地严令不许运送私商货物，违者严惩不贷。

这时，大成公司的章经理找到了汪建方，要求把公司在仰光的存货运回国内，汪建方经过询问得知这批货都是国内紧俏的车胎、五金等，价值1600万元，经过计算能挣大笔运费。如果吃进，收入得归运输科，自己捞不到半点好处。不如让孔令俊吃进这批货，这样，孔二小姐就会发一大笔财，自己也不枉她信任自己一回。可是，精明的张经理却拒绝了，拒绝的理由无非是这批货在国内看涨，自己销售会赚一大笔钱，章经理的条件很诱人，多出运费并给汪建方100万元好处费。无奈，他已经向孔令俊汇报了此事，孔令俊势在必得。跟章经理的谈判话不投机不欢而散。汪建方派人打探章经理的动向，只等在适当的时候要挟。

事情的发展却让汪建方始料不及，章经理另有了门路，即日就将货物运回国内。

一打听才知道，章经理与孔令仪的丈夫陈纪恩很有交情，托他给林世良发了封电报，这林世良明知汪建方要为孔令俊硬吃进这批货，以为自己有孔令侃做后台和陈纪恩相托，就痛快地答应了。这样做也是令汪建方在孔令俊面前栽跟头。

汪建方打听明白了林世良动用中信局运输科的车辆运章经理的这批货，高兴极了，这比孔令俊吃进这批货还好，抓住这一有利证据，不愁扳不倒林世良。

孔令俊接到汪建方的报告，自然是恨字当头，她自知跟孔令侃交涉不会有结果，怎么办？想来想去，一条毒计出笼了，拿掉林世良，让孔令侃吃大苦头，以后做事客气点。

第二天，军统接到汪建方的报告，林世良走私货物，立即布置了天罗地网。

林世良哪里知道这一切？他率领着上百辆大篷布罩得严严实实货物大卡车，越过国境线，浩浩荡荡地朝云南驶去。隔着车窗的玻璃，他望着沿途景色，一股傲气涌上心头，仿佛独赏时光的流逝，这笔生意做成了，孔令侃一定会高看他一眼，他知道他离不开他，没有人能干他这差事。饭碗保住了，油水还会少吗？他不知道的是，一切都将被空旷的风吞没，到那时一切都没有了意义。

车队到了畹町桥头停了下来，林世良带着不可一世的傲气跳下车，告诉拦住他查验证件的警察，这是中央信托局运输科的车辆，运的是特种物资。警察当然要求检查，林世良早已想好了托词：此物资涉及国家机密任何人不得查看。说着，拿出特别通行证递给军警。警察看过证件问他，蒋委员长亲笔签署的《滇缅线运行物资管制条例》你是否知道？如果夹带违禁物品请主动报关，可以从轻处理。林世良信誓旦旦地保证没有。警察让他在保证书上签字，他虽然心里一惊，却故作镇静签了字。浩浩荡荡的车队重新上路，在群山之中蜿蜒盘旋，一点点地往前走，如同一只慢悠悠爬行的蜗牛。直到第二天，才到达澜沧江大桥。

咽喉要道，盘查也严。林世良抹了一把脸上的冷汗，就看见警察放下了菱形拒马，开始进行盘查。他想，不过是例行检查而已，于是出示特别通行证，又一次在保证书上签了字，谁知，警察收起了保证书却变了脸，说是奉上峰的命令，从今天起，所有车辆必须经过严格检查才能通过。林世良利令智昏了，他一声呼哨，押车的武装人员立即包围检查站，并搬开菱形拒马，他要强行闯关！随着一声不许动放下武器的呐喊，埋伏在公路两侧的大批警察冲上来，将车队和武装人员团团围住。警察给林世良看了戴笠亲签的手令，并给他戴上了手铐。警察打开篷布一检查，没有一车是政府抢运的物资。货主章经理缩在一边大气不敢出。林世良知道，扯出章经理也不会给自己减罪，不如全担起来，谎称货是自己的。结果可想而知，他被押解到昆明。

军统怕孔家出面干涉，连夜起草了一份报告，将林世良假公济私，阻挠军运，以致滇缅线号令不行，无法控制。蒋介石看了报告，自然十分生气，当即批示严加查办，林世良被押往重庆。

土桥监狱里，军法处突击审讯。戴笠早就对孔家大发战争之财不满，对林世良的审讯就增添了威逼利诱等手段，目的就是想要他供出孔家大少爷孔令侃，偏偏林世良死心塌地为孔令侃卖命，包揽了全部罪责：包运私货、走私夹带、侵吞公款等。其实，林世良并不傻，几次出事，孔家都极力营救，而后，就是更受重视，好处不少。这次，他知道，孔令侃一定会营救他。他怎么会扯出自己的靠山呢？

军法处再三审讯，均无进展。

再说孔令侃听说林世良的表现自是加紧了行动，一方面，他利用老爹孔祥熙的权势和手中的钱财，为林世良打点活动，减轻他的罪责；另一方面，送钱给监狱警察，优待林世良。监狱里的林世良活动自由，不时享受着高级饭店送进的酒席，甚至女朋友可以留在监狱陪宿，林世良更加有恃无恐，有孔家做靠山，谁又奈何得了他？他估计不久自己就会出狱，他就更不能咬了靠山一口了。

由于孔令侃的活动和干预，审判拖了半年多。结案时，林世良包运的货物价格已经涨到了6000万元。按有关规定，如果将这批货充公，就可得10%的奖励，也就是600万元的奖金。可是，没收这批货，得在林世良判死刑的情况下才能执行。军统的人活跃起来，开始搜集林世良的罪状。

孔令侃知道消息后，生怕林世良狗急跳墙把他供出来，他赶紧对林世良封锁消息，使之继续幻想他马上就能救他出狱。军统局的外勤们纷纷搜罗林世良的犯罪事实：贪污、贩毒、保养妓女、挥金如土等，局本部精选了最能激怒蒋介石的罪状递上报告，果然，蒋介石大怒，在判决书上写下了"立予枪决"四个字。戴笠亲自到土桥监狱，告诉林世良将处死刑，只要供出后台，还有活命的机会，林世良却把希望寄托在孔令侃的营救上，不肯招供，结果一命呜呼！

林世良案成为抗战时期国统区最轰动的案例，谁能知道，这是孔家兄妹俩为了一串钻石项链惹的祸？

孔家大发战争财，分赃不均，却导致要了林世良的命，这是林世良做梦都没想到的。

鲸吞美金债券

1942年，抗战进入第十一个年头，国土沦丧，日寇疯狂地烧杀抢掠，工农业生产遭日军严重破坏，中国的财政经济困难重重，步履维艰。国民党官场整个机体腐败，并由官场到军队，出现了"前方吃紧，后方紧吃"令人不齿的现象，各级官吏沉沦没落，劳苦大众的饥寒交迫与少数暴富者的穷奢极欲，形成了鲜明对照，局势令人堪忧。国民党上层的一些蠹虫利用手中的权力，想方设法巧取豪夺，贪污盗窃，投机倒把，走私贩私，大发国难财，加深了国家民族的困难，削弱了抗日的力量。

中国有句古语叫作人心不足蛇吞象。

宋蔼龄对钱的热爱，已经到了无以复加、无孔不入的地步。自孔祥熙当上中央银行总裁和财政部部长后，直接掌控国民党的财政金融大权，宋蔼龄知道，孔氏家族大发横财的机会到了。他们由军火采购提取回扣，货币改革捞取油水，发行公债进行投机，举办专卖事业，垄断烟草、食盐、火柴、食糖四种的经营权，通过政权的力量，从民族资本家手中夺过经营权，达到由孔氏家族一手垄断的局面，假公济私，从中渔利。

宋蔼龄

孔祥熙在国民党统治集团里是最有钱的。他的财产并非来自正道，而是他和宋蔼龄通过多种卑鄙手段聚敛来的。

1941年太平洋战争爆发，罗斯福总统从反法西斯战争全局考虑，只有加强中国抗战的实力，才能牵制更多的日军精锐，减少太平洋美军的压力。于是，他决定向中国提供5亿美元的借款。

这是一笔巨额借款，超过了历次对华借款的总和，足以说明中国战场在世界反法西斯战争中的重要性。

宋子文将这一消息通报给蒋介石，因经济危机而寸步难行的他高兴得无法形容，当即找来孔祥熙，商量如何运用这笔贷款。

在蒋介石的授意下，孔祥熙组织财政部、中央银行和四联总处的负责人，共同拟订运用方案，决定以3亿美元向美国购买黄金存在美国，1亿美元作为发行美金储蓄券的准备，1亿美元作为美金公债的准备。储蓄券和公债券都按照商汇牌价用法币购买（即法币20元折合1美元）。

1942年春，美金债券发行开始，却买者寥寥。那个时候，中国人对美金公债并不了解，不敢轻易购买，加之百姓都是一贫如洗买不起。美金公债发行不畅，迫使国民政府使用配额推销的办法，强制向各省摊派，最后，强制百姓购买。多数百姓怕美金债券压在手里成为废纸，出于无奈，多愿折本脱手。这样，美元黑市价格曾由官价20元降到17元至18元左右。

在人人都躲避着美金公债的时候，宋蔼龄却时刻关注着美金公债的发行情况。

宋蔼龄对金钱是有一双慧眼的，她善于分析形势，把握时机，奋力一搏，大捞一把。

她早已对国民政府财政金融形势了如指掌，她算到了由于通货膨胀直线上升，美金和法币1：20的官价比率体制的崩溃，是早晚的事，不出数月、最多一年。

1943年10月15日，宋蔼龄从国库局那里得到信息，1943年的通货膨胀速度进一步加快，大后方的经济已到山穷水尽的地步，财源逐渐枯竭，税收日益减少，财政金融时刻面临着崩溃的危险。听到这个消息，她先是一惊，再回头看看美金公债的行情，她又是一喜。这个时候，美金公债的黑市汇价逐步上升，已由初发行时的17元左右上扬到30多元。时至1943年10月，实际上发行数额，已达一半，剩下5000万美元，宋蔼龄感到时机到了，她该下手了。

该出手时就出手。看准了时机，宋蔼龄指示孔祥熙从10月15日开始，停售美金债券，尚未售出的5000万元美金公债，全部由中央银行国库局购进。宋蔼龄拨出一小笔分给国库局职员，作为挡箭牌。然后，她不出一分钱，运用从中央银行开出的空头支票，分期分批地将5000万美元全部鲸吞进肚。

宋蔼龄在没有支付一文法币的情况下，鲸吞了如此巨大数目的美金债券，扰乱了金融市场，造成了黑市市场上的价格扶摇直上，由最初的20多元、30多元，一下子猛跳到100元以上，到1943年底，达到200元。试想，若以官价一美元折合法币20元售出，即使价款全部交入国库，宋蔼龄等人所获暴利就已达115亿法币之巨。

宋蔼龄、孔祥熙创造了民国政府最大的贪污案。

知情的爱国人士的愤怒，犹如决堤的洪水，汹涌澎湃。他们搜集了全部材料，写出提案准备提交到参政会上讨论通过，送请政府严办。参政会主席团成员王世杰，将这一情况向蒋介石侍从室报告，陈布雷知道孔祥熙贪污肯定是事实，参政员绝不会也不敢无事生非。于是，他向蒋介石报告了孔祥熙鲸吞美金公债之事；检察院院长于右任也提出了弹劾孔祥熙案。

蒋介石听后，思考了一会儿，深深地叹了一口气，他主张孔祥熙辞职，所吞美金只好分期吐出，如列入提案，对友邦造成极坏影响，对抗战将不予继续支持。他委托陈布雷以新闻界前辈的身份给参政员说明利害关系，将提案改为书面检举好了。

陈布雷费尽口舌，参政员们还是不肯罢休，他们害怕议案不走明路走暗路，官官相护，此事不了了之；著名教授马寅初到处做报告，揭发孔祥熙贪污舞弊、大发国难财的罪行，指责蒋介石"不是民族英雄，是家族英雄"。气得蒋介石下令逮捕马寅初，将其关押起来。

然而，纸是包不住火。蒋介石一看事实是掩盖不住了，不得不委派新任财政部部长俞鸿钧等人进行查办。

在一片怒吼声中，内外交困的孔祥熙于1945年5月辞去了行政院副院长，7月辞去了中央银行总裁，10月又辞去了中国农民银行董事长等职。

国难当头，宋蔼龄和孔祥熙却大肆敛财，加重国民政府的腐败，间接造成国民党丢失了在大陆的执政权。

第十章

不动声色的大手笔

宋蔼龄，从来不是"秉资淑孝，赋性宽和"的女性，她心机深深，野心勃勃。

当她耍弄手段把华西公司骗到手，一介财政大腕笑傲江湖。

当她叱咤股市风云，阴谋上布满点点血迹，只是她贪婪时耍弄的小小的手段，掠夺一般的把财富尽收怀里，金钱雨一样撒在她的眼前，她的心中升起无限的幸福感。

当她失势，她不想坐以待毙，财富是她最大的梦想，最后的财产扩张，她赚到了钱，却搅乱了中国的经济形势。

当蒋宋家族矛盾加剧，她不甘心彻底失去权势，最后的一搏失败，她被蒋介石驱逐出中国，她知道大势已去，伤心的哭声，在深夜传出很远。

宋蔼龄隐在背后，挑战蒋介石，不动声色的大手笔，影响着当时国民党政局的兴衰。

耍弄手段把华西公司骗到手

当年，日寇的铁蹄长驱直入，国民党政府为躲避战乱迁都重庆，为四川的工商业大发展提供了契机。到了1943年，蜀地的小企业的发展都有一定规模了，在这种情形下，胡仲实和胡叔潜兄弟俩创办的华西公司，靠得天独厚的时机和条件，成为拥有铁矿、煤矿、炼钢厂、机器制造厂、汽车修理厂、木材加工厂、砖瓦厂、耐火材料厂、建筑工程本科以及专科学校的大型企业，效益好，盈利丰。

夜的风雨过后，是一个难得的艳阳天。宋蔼龄缓慢地端起一杯香茗，啜吸了一口，微笑着看着窗外盛开的百花和远处白石墙，以及案头的书卷相辉映，心情极好。经过冥思苦想，她已经想出了一个把华西公司弄到手的好主意。

这天上午，华西公司董事长胡仲实接待了宋蔼龄的使者，他的声音到现在还在胡仲实的耳边回响：宋蔼龄对华西公司投资，由孔祥熙出任董事长。他听后，心里升起不快，婉言谢绝。随后，心里的不安越发的惶惑，犹如风吹落花，兜兜转转，翩翩而下。

胡仲实不知道，比他更恼怒的人是宋蔼龄。她做什么都很执着，想要办的事，就一定办成。这次也不例外，一招不行就想别的招，不信我拿不下你。

股票市场上，有一双鹰鹫般的眼睛，盯着华西公司的股票。这双眼睛是宋蔼龄的。她是想收购华西公司的股票，达到一定数量就可以名正言顺由自己派人出任董事长了，那个时候再委派总经理，也名正言顺。盯了一段时间发现由于公司的红利高，一些股东害怕法币不稳定，上市的股票少之又少，宋蔼龄根本买不到华西公司的股票。

一计不成就再施一计。宋蔼龄使出了卑劣手段，派人入室偷出了华西公司股东名单以及所占股数，然后，逐个查询每个股东的经济状况，准备强买他们手中的股票。胡家兄弟得知后，忧愤交加，他们一家家地谈话，讲他们创业艰难经历和企业的前景，希望大家同舟共济。他们动之以理，晓之以情，股东们都是和胡家兄弟一起奋斗过来的，答应拧成一股绳，共同为公司奋斗。宋蔼龄的"硬吃"这一计又失败了。

按理说，无机可乘也就罢了，宋蔼龄却志在必得不肯罢休。她左思右想，终于，又一条妙计出笼了：与人合计，孔祥熙配合，做了一个连环套。这回胡氏兄弟不想进套都难。

宋蔼龄先派人持某兵工厂的公函，到华西公司洽谈订购钢材生意，每年供应50吨钢材。胡氏兄弟一看，此人出价高，还允许日后按物价上涨指数上浮价格；再一想，正是战争时期，钢材需求量较大，这是可赚大钱的生意。于是双方签订了意向书。由于华西公司的钢材产量达不到50吨的数量，胡氏兄弟决定扩建年产30万吨的炼钢厂。扩建钢厂需要大量的资金，胡氏兄弟跑了许多家银行贷款，却都被以各种理由拒绝了。他们不知道，这是孔祥熙和各银行打了招呼的结果，目的，就是一步步诱使他们钻进宋蔼龄设计好的圈套。

胡仲实跑到中央银行请客送礼地哀求，最后拿到了前期工程款的一半，他赶紧用这笔款项开始厂房的土建工程，并立即向国外订购设备。当他们以为这个赚钱的项目的后期工程能够得到支持，能够让企业越做越大，却没想到自己钻进一个圈套。当贷款用完，胡氏兄弟再去银行要求贷款时，却遭到银行的拒绝。当他们迈着沉重的步伐回厂的时候，耳边还响着银行的拒贷理由："前账未清，碍难照准。"

困境中，胡氏兄弟准备发行新股，钢厂的窘境却被人泄露出去，新股卖不动，旧股价也一落千丈，持股者怕血本无归纷纷抛出，宋蔼龄趁机低价收购，她终于如愿以偿，获得了公司具有支配权的股数。但她并无心经营工厂，她一贯认为，实业赚钱稳定却周转慢盈利少，而商业贸易风险大可增值快。所以，当她掌握了华西的命运后，就立即停止了扩建钢厂的工程，将厂房稍作改动以作他用。华西仍以原来经营项目运转，很快，公司走向正轨，开始稳定盈利。她抓住时机，大力宣传，致使华西股票大幅度地上涨。这还不够，她又故技重演，派人在股市上制造假象，自己炒自己的股票，竟然是价格不断地提高。最后，孔祥熙出面建议，以官僚资本购进股票，将华西公司改名为华兴公司。此时，宋蔼龄抛光了原先低价购买的华西股票，赚了一大笔后开溜。

宋蔼龄巧取豪夺，玩尽阴谋，将华西公司弄到手狠赚大笔钱。

其夫孔祥熙却在1943年6月重庆碧华饭庄大宴宾客时，动员全国的银行家们，为抗战慷慨解囊时，却轻描淡写地说，他业余时间做点小生意。

这点小生意就是千方百计地把华西弄到手。真是了不起的大手笔！

叱咤股市风云

多年来，宋蔼龄隐在孔祥熙的背后，借助丈夫掌管财政部之力，熟谙股票市场，本领高强，炉火纯青，人称"股市大王"。

借助权力炒股，谁人能比？

抗战前，宋蔼龄为了在国民党政府迁都重庆前，再大捞一把，瞄准了上海的富庶地区。在她的操纵和组织下，由财政部次长徐堪、中央银行副总裁陈行、国货银行董事长宋子良共同成立了三泰公司，做起了公债生意，手段依然是欺骗。他们打造舆论，说是政府准备发行新公债，来调换以前的旧公债，并对旧公债停止付息。这时，发生了淞沪战争，中小业主和劳苦大众本来就害怕旧公债变成废纸，听了这样的消息纷纷将手里旧公债抛出。仅仅几天，旧公债的价格就跌破面值，有人低于面值也愿意出手。

宋蔼龄的三泰公司开始收购了，市面上的公债基本都进了三泰公司的腰包后，国家财政部才出来辟谣：为了取得群众对抗战的支持，国家最首要的是取信于民，国家发行的公债解决维持原定利息不变，如有可能到期时还将给予适当的优惠。这样，旧公债的价格立即上浮，三泰公司一边控制价格一边悄悄抛售，不费吹灰之力，几千万元进她的腰包。

这一做法，害苦了原来持有公债的人们，听信谣传而抛售公债的人吃了大亏，手中还有公债的人依然亏本，一些中等家庭一下子跌进了深渊，变成了穷光蛋，竟然出现了有人跳楼表示抗议的现象。有人终于知道了是三泰公司搞的鬼，编了顺口溜讽刺三泰公司，称三泰为"三不"公司，即："徐堪不堪，子良不良，陈行不行。"

宋蔼龄利用权力做股票生意赚钱，再加上她心机深深，玩权弄谋的伎俩，哪有不赚钱的理？

抗战爆发后，中国的军火生意很火爆，眼观六路耳听八方的宋蔼龄，怎会放弃这一赚钱的机会？

原来，中国武器需要都是来自德国。抗战后，蒋介石受到来自英美的压力，德国也受到日本的压力，两国的军火生意由公开转为暗中进行。为了补充德国武器弹药等配件，中国在香港建立了兵工署驻港办事处。德国供应中国武器弹药，中国用土产品折抵贷款。宋蔼龄盯上了的东西，是不会跑掉的，经过一番活动，蒋介石把这笔生意交给了孔令侃来做。

1938年，孔令侃拿着蒋介石的手令办理本年度的兵工储料事宜，开始收购土特产品。在收购丝、茶、桐油、猪鬃、钨砂等政府规定的统购统销的物资，和宋子文发生冲突，两个人互不相让，打得难解难分。孔令侃斗不过舅舅宋子文，就从国统区转移到日本占领区去收购，竟然把中国政府从来不允许出口的独有资源如中药材等也卖给了德国人。德国商人感激孔家，不时将情报透露给孔令侃。

1939年9月，希特勒在发动"波兰闪电战"前，通知德国驻香港的商行代表西米特立即撤离香港。孔令侃从西米特的嘴里得知这一消息，马上告诉了宋蔼龄。精明的宋蔼龄立即想到德国一定有重大的军事行动，如果是战争，那么，军火生意一定会火爆！她已经隔着数万里之遥闻到了火药味和金钱的铜臭味，随之，她的精神为之一振，立即吩咐孔令侃把手中现有的国家外汇全部挪出，派人到香港的股票市场大量购进美国军火飞机商的股票。

几天后，希特勒突袭波兰，第二次世界大战爆发，整个欧洲扩军备战的浪潮一浪高过一浪，订货单雪片般飞到美国军火、飞机商的手中，股票价格自然飞速飙升，宋蔼龄抛出股票，惬意地赚了一大笔钱。

腰包鼓起来了，宋蔼龄一身冷峻地站在窗前，望着在风中摇曳的树枝和飞翔的鸟儿，以及盛开着花朵，自信和傲慢，一下子胀满了胸腔。

最后的财产大扩张

宋蔼龄对钱的渴望，一刻也没有停止。

抗战结束的时候，孔祥熙已经辞职，不再担任财政部部长。他和宋蔼龄站在中国的土地上，望着抗战胜利万民欢腾的景象，想的是如何利用宋美龄，进行最后一次财产大扩张。

宋蔼龄指挥着她的儿女孔令侃、孔令俊和孔令杰，把自家在巴蜀的所有公司，以最快的速度向上海周边转移。她忙得毫无闲暇时间，盘算着如何抢占有力的行业；如何合并原有的公司，形成更强劲的资本；再如何开办新的公司，利用海运、航运，展开更大的资本扩张。

宋蔼龄最大的特点是知道自己最熟悉的是什么，又如何在熟悉的领域捞取更多的金钱，心里始终有自己的算盘。她知道，自己最熟悉的还是证券业，于是，她把目光对准了公债投机上。

多财善贾。她对股票投机的熟悉就像熟悉自己的孩子，再加之她有着雄厚的资金，再使用制造假象、散布谣言的手段就可以稳稳地操纵股票市场了。

因此，宋蔼龄又一次故技重演。

经过缜密的研究，她已经看好了国民党政府发放的50多种公债，近100亿元的1937年发放的公债。如一张100元的公债，发放之初，是一头牛的价；到现在只能买只鸡，几近一张废纸。许多人恨不得立即将手中的公债抛出去，只要换回钱就好。宋蔼龄派人悄悄地收购了一大批这样的公债，并大造舆论，说政府对战前公债将采取实物比价的优惠价格兑付。

俗话说，谬误说多了就变成真理。

宋蔼龄正是抓住人们对国民党政府的期望值中的这一心理，混淆视听，达到赚钱的目的。

这一谣传真的起了作用，公债转让市场价格逐渐上升，最后达到疯狂的程度，100元面值的公债竟然涨至8400元，超出市面价格的83倍。

宋蔼龄稳稳当当将手中的公债以8000元的价格全部抛出。

当公债价格一泻如注，甚至跌破面值，上当受骗的老百姓哭诉无门，甚至上海的十几家债券公司，也在投机的过程中破产倒闭，其中，几个老板资不抵债，只有自杀以避债主追讨。

宋蔼龄拿着从公债生意中赚取的1500亿元，打点行装，准备溜之乎也了。

那些蒙受损失者，只能后果自负和自认倒霉了。

政变的策划者

1943年，蒋宋家族内部发生严重分歧，较量白热化，表面上的恭维和幕后的活动都在悄悄地进行，宋蔼龄遇到最严重的政治危机。

11月1日，国民党军政要员聚集在重庆中央礼堂，庆贺孔祥熙就任财政部部长10周年。六百多人聚在一起为一个部长的任期庆典，不如说是场闹剧。孔祥熙却面带喜色，穿戴一新，被簇拥着坐在前排正中央，宋蔼龄作为特邀嘉宾收到了一束鲜花。

鞭炮响起，鼓乐齐鸣。庆典开始了，蒋介石首先登台致辞：

度支之任，经治国用，遭时艰虞，厥责弥重。

未战之先，为战之血，革发圜法，实为至计。

文战之时，肆应益劳，排出万难，邑免夕朝。

冉二十载，鬓发已苍，继是戮力，为国龙光。

下关民力。上计邦储，自强不息，日居月诸。

蒋介石歌唱似的为孔祥熙评功摆好，空前绝后。接着宋子文上台为其唱赞歌，谁都知道，耳光风波后的他，辞去财政部部长的职位，心里一直窝着火，如今能为他摆好，大有演戏的成分，却也言之凿凿。他先说抗战财政的艰难，然后说："在抗战六七年当中，孔兼部长担当艰巨，为国家辛勤奋斗，卒能克服一切困难，使抗日经济能平稳发展，不但军事需要不虞匮乏，就是经济建设也能齐头并进。这种成就，实在是对国家民族的伟大贡献，为历史显著功绩。"

宋蔼龄冷漠地坐着、听着，只是心里冷笑，并不出声。她看见参谋总长兼军政部部长的何应钦迈步上台，向孔祥熙至赞词，发言的调子更高，演技也娴熟。她不动声色地听着：

抗战迄今已达六年多，战争开始时，敌人根据我国当时经济与武力情况，估计我们最多只能支持一年半载，不料后来在财政方面意外坚强，财政部在孔兼部长策划下，对长期抗战之所需，均能供应无缺，不虞匮乏，而使我们的军事形势稳定下来。现代战争为消耗战，经济较武力尤为重要。战争所需之粮秣弹药，无一不赖财政维持，战争之胜负，全视财政有无办法。中国抗战能转弱为强，转败为胜，表面看来是前方将士浴血牺牲的结果，殊不知财政实为重要因素。目前，敌人在我国，深陷泥潭的陆军有100多万，被牵制的空军有1/5，这庞大数字的敌军 ，随时再被消灭中。这种功绩，就是因为在财政上有办法，能强力支持军事的结果，也是孔兼部长苦心孤诣大力维持的功勋。现在前方将士，士饱马腾，军粮无缺，均为孔兼部长所赐。我谨代表全国陆海空军将士，向孔兼部长致以十二万分的谢意！

发言的人一个个上去，慷慨激昂一番，再下来。赞词一个比一个过，过到荒唐，过到谬赞！简直神化了孔祥熙。

在一大轮赞词的轰炸后，孔祥熙笑容可掬地走上台去，对大家的赞颂连连称谢，他的发言重点说了自己在任期内仅仅做了10件事：废除苛捐杂税，以苏养民生；实行关税改革，整理内外债，以树立国信；建立国家金融机构，以奠定金融基础；实行法币制度，以统一币制；创办直接税，以开拓税源；施行主计制度，以执行预决算；推行公库制度，以稽核收支；改正国家的财政收支系统，以期达到平衡预计之目的；举办田赋征实，以调节军粮民食；举办专卖事业，以创造国家资本，调节社会供应。

孔祥熙怕自己说的这些显得功劳太大，接着谦虚地自打圆场：这些成就的取得，并非都是个人劳绩。上至"国父"遗教与领袖指导，下赖民众拥护和同仁辛劳，以及同盟国家，尤其是美国在财政经济上的帮助。接着，他讲了他理财的三大诀窍：一是政重于财。办财政的人，病在看重于财，而忘了政，因管钱最怕闹穷，所以往往在财字上多用心，而忽略了政，殊不知政没有办好，财便越闹越穷。二是民重于官。对漏税逃赋的无知商民，处罚不妨从轻，而对中饱舞弊的官吏，处罚应当从重。一切税源的启发蕴积，只要藏富于民都不妨酌量宽大；一切征收对象，最好是有钱者多出钱，然后推于普通人民。善执政者，驭吏严，驭民宽，足为理财者所取法。三是事重于人。每用一人，应先看其对这事内容是否明白，办理这事的技能是否精熟。只要其人对事物能担负得起，操守足于服众，不管是仇是亲，识与不识，都应在可用之列。

孔祥熙讲的认真，且条理层层深入，可见他深谙财政管理的技巧，是他才华的一次大展示，把庆典推向了高潮。

在一片叫好声中，宋蔼龄自进会场以来第一次露出了欣慰的笑容。

孔祥熙最后对自己的以财政促进民生主义的愿望没有实现做了检讨。

蒋介石带头鼓掌，纪念会再达高潮。

与会官员上台向孔祥熙献贺礼，不一会儿，孔祥熙的怀里就装满了鲜花、字画和宝玩。戴笠的贺礼更是别具一格，一盘丈余一人高的特制算盘，上有烫金大字："民国铁算盘，理财第一人"。

回家后，孔祥熙依然沉醉在兴奋中，宋蔼龄却给他当头一棒，你这部长当到头了。夫人的清醒让他的心为之一震，他想起4年前交出行政院院长职位的那一幕，不禁抹了把头上的冷汗。

那是1939年9月11日，担任国民政府行政院院长的孔祥熙心情格外的好，因为，这一天是他的生日。让他没有想到是，领袖蒋介石带领着国民党五院首长，部会主管，以及封疆大吏，学界名流，经济巨子，前来为他祝寿！看着琳琅满目的贺礼，听着蒋介石肉麻的祝寿词，他就醉过一次。至今，老蒋的致辞还萦绕在他的耳边：庸之先生以孔子之后，而服膺总理之教，深知笃行，终其身而不倦。抗战以来，任行政院院长兼管财政部，艰难支柱，于兹两稔，忧劳况瘁，非常可堪。昔楚汉相持于荥阳京索间，萧何镇抚关中，主管军食，遂以破楚。今庸之亚兄先生继主政枢，总持大计，其所规划，不止一端，困心衡虑，有非前史可比拟者。祝完寿，蒋介石就找孔祥熙谈话，以各方意见为借口，逼他辞去行政院院长的职务。

想到这里，孔祥熙一个激灵，梦醒了。难道这次纪念又是老蒋的故技重演？

夫人对问题的认识，从来入木三分，一下子就看到本质。看来，这次，部长的位置得让出去了。他翻来覆去睡不着，眼睛睁得大大的，看着天花板，心却在忧伤中不安。

过了不久，孔祥熙真的被迫辞去财政部部长的职务。

蒋宋家族关系恶化，就像表面平静的河水，暗流涌动，双方在背后暗暗较劲，一场没有硝烟的战争一触即发！

1943年12月，为了战胜日本法西斯以及战后对日本的处置的问题，美国总统罗斯福提议召开中、美、英三国首脑会议，在埃及开罗举行三国首脑会议。宋美龄随蒋介石赴埃及开罗参加会议，当她挽着蒋介石的手臂，稳步走进修建得气派豪华的会议厅时，她为自己攀上政治生涯的最高峰而欣慰，她却万万没有想到的是，迎接她的是严重危机。

接二连三地发生不愉快的事情，让宋美龄陷入了尴尬和忧伤中。

为了排挤史迪威，她到美国活动，罗斯福总统拒不见她，她陷入了极其难堪的境地。

接下来的一件事，让她的不快雪上加霜。那是她在曼哈顿活动时，得知丘吉尔去见罗斯福。她立即写信约丘吉尔见面，强调她有重要的事情面谈。丘吉尔却戏弄了她，建议她到华盛顿去，在他和总统进午餐的时候到场，有什么话可以当着两国总统的面交谈。谁都知道，进入白宫，没有罗斯福总统的邀请，是进不去的，就更别说在罗斯福的午餐时上去交谈了。丘吉尔作为客人，更不可能拉进自己客人。傲慢的宋美龄当然不会上他的当，冷冷地拒绝了他，丘吉尔很下不来台。

宋蔼龄一直为没有当上"第一夫人"而耿耿于怀，在国内外政局复杂多变的情况下，孔祥熙被迫辞去财政部部长的职位。

1944年，一位活动于国民党上层人物中的美国官员根据自己的猜测，写了这样一段话，作为备忘录："目前，最明显的事实是，财政部长孔祥熙博士受到几乎所有派别的攻击。同他一道成为众矢之的的还有他的妻子和小姨子蒋夫人……孔夫人在国内政治斗争中似乎变得不那么活跃，夏天可能去国外度长假。"

这说明蒋宋矛盾和争斗是掩盖不住的，美国人猜测的准确性就说明这一点。

美国作家斯特林·西格雷夫认为，"蒋家王朝"是在宋家失势的内讧中，就注定了它万劫不复必然垮台的结局。

这场中国20世纪40年代初的蒋宋家族争斗的结局，是"四大家族"四分五裂，两败俱伤，可以说，争斗没有胜利者。孔祥熙在政界再也无法立足，并一蹶不振；宋子文恢复了财政部部长后，受宋氏家族再次分裂的影响，孤掌难鸣，在"蒋家王朝"颠覆之时，被蒋介石一脚踢开；两年后，戴笠乘坐从北平飞往南京的飞机失事丧命；陈果夫和陈立夫兄弟得势的时间很短，蒋介石在清算大陆失败之责时，反过来指责曾有人对孔祥熙造谣中伤，使他失去理财专家，导致经济混乱，二陈就此背上黑锅，被迫退出政界；蒋介石因不断揭露孔祥熙贪污黑幕，被看作是腐败政权的祸首，失去人心，最终被赶出大陆，蜗居台湾，了此残生。

没有人在权力斗争中笑到最后。

蒋介石根本没有"安忍如山，深藏如海，有君临天下的野心，执掌天下的能力"。

宋蔼龄 全传

· Biography of Song Ailing

第十一章

生命里值得留下篇章

世态纷繁，谁能信步前行？

又有谁留下生命里值得评说的篇章？

当美国派来的中国战区总参谋长史迪威，在中国看到蒋介石消极抗战，却把50万精锐部队布置在大西北"围剿"共产党的陕甘宁边区，和蒋介石产生了矛盾。为了降服美国中将史迪威，宋蔼龄要尽了手段，又打又拉；当美国总统任命史迪威为中国战区的总司令，宋蔼龄使用心计又帮老蒋赌赢了这一局。

宋蔼龄是宋家神话的创造者，她完成宋氏家族成为"宋家王朝"的奠基礼，这仅仅需要一桩婚姻，需要包办小妹宋美龄的婚姻，拆散蒋介石和陈洁如的婚姻，她成功了，从此，开始了宋氏家族王朝时代。

为了宋氏家族的利益，宋蔼龄在暗中帮助小妹战胜情敌。先是客气地逼走老蒋金屋藏娇的陈颖，后是霸道蛮横地撵走蒋介石的前妻陈洁如。宋蔼龄陷入又一次家族危机中，她彻夜不眠，谋划着如何赌赢这一局。

降服美国中将史迪威

1942年1月，太平洋战争爆发后，中、苏、美、英结成反法西斯统一战线，蒋介石担任中国战区最高统帅。

面对中国战区中国共产党领导的八路军日益壮大的情况，蒋介石为了与美国联军更好地合作，获得更多的美国援助，以装备自己的军队来对付共产党，致电美国总统罗斯福，请他派一名高级将领来中国，出任中国战区统帅部的参谋长。

美国总统罗斯福接到蒋介石的电报，任命美国陆军中将史迪威为中国战区参谋长、美国驻华军事代表，中缅印战区美军司令、美国对华租借物资管理统治人、滇缅公路监督人，在华美国空军指挥官。这样，史迪威来华的使命，就是监督援华物资的使用，以防止国民党官员和蒋介石贪污或挪作他用。

史迪威的六顶乌纱帽，确实惊呆了蒋介石，这太离谱了，简直和他的愿望背道而驰。这样下去他怎么能使美国派来的参谋长完全听他的指挥，援华物资由他支配使用，他怎么能为所欲为地用它去打共产党呢？

这样一顶紧箍咒戴在蒋介石的头上，让他万分的不舒服，和美国政府的分歧和对立时有发生。最遭罪的人是史迪威，他随时可能被美、蒋矛盾激化这座火山口所吞噬。

作为西方人的史迪威，在中国这样一个讲究人情世故的国度里，百般的不适应。他如同步入了雷区，日日如坐针毡，加之他性格直率易怒，遇事缺乏隐忍，常常和周围的中国人发生矛盾。

宋蔼龄闻此消息，暗暗冷笑，凭她的聪明睿智，什么样的人能逃出她的手掌心？

为了蒋宋家族的利益，她找来宋美龄密谋于密室，一定拿下史迪威，让他为他们的利益服务。

宋蔼龄首先使用拉拢的手段。

从此，一到晚上或者休息日，两姐妹在新开寺蒋介石的别墅或范庄孔家公馆里，轮流宴请史迪威。在吃饭聊天中，融化两者间的坚冰。

那个夜晚，范庄孔家装饰豪华的西式客厅里，宋蔼龄、宋美龄姐妹俩，面对一抹黯淡下去的夕光，感慨顿生，她们向史迪威打开了折叠收藏了许久的记忆，大谈在美国留学的经历，以及美国文化对她们的熏陶，赞扬美国经济的发达，赞扬美国的民主自由。她们忽闪着眼睫毛，一个眼神、一个念头、一个笑意，看似不经意，其实，用意深刻。为了给史迪威更好的印象，也为了取得他的信任，从而实现她们的最终目的，她们大讲特讲美国朋友给予她们的难以忘记的帮助。

月色泛起波澜，夜，深沉而潮湿。

活泼热情的宋美龄，不时地穿插玩笑，甚至称史迪威"乔大叔"，使聊天场面笑声不断，气氛活跃轻松。

体贴周到的宋蔼龄不时地给史迪威倒酒、拿烟，远离家乡的史迪威竟然有了宾至如归的感觉。

在温暖舒适和盛情中，史迪威把宋蔼龄和宋美龄姐妹俩当作最好的朋友，尽情地享受她们的盛情款待，把它看作是中国人的好客和两国人民的友谊。他的正直和西方人的处事风格，让他把个人感情和公务严格分开，他从来没有想过，他受到的热情招待是姐妹俩的感情投资，她们的目的是要他利用自己的职务，给她们方便和利润。

中国有句俗语："吃人家的嘴短，拿人家的手软。"史迪威却不是这样，在两姐妹的私人客厅里，他是和蔼可亲的朋友，和她们的丈夫在办公场合，却是公事公办的美国将军了。

史迪威来中国不久，就视察了中国的所有的战场，他发现一个让他不能容忍的事情，就是国民党对日作战的正面战场兵力不足，士气低落。却把最精锐的50万大军摆在西北，围困中国共产党领导的陕甘宁边区。而共产党领导的八路军、新四军在没有补给、武器落后、衣服破烂的情况下，活跃在日军占领区，英勇作战。史迪威认为美国援助了那么多的物质，却没有发挥抗战的效能，蒋介石愚弄了美国人。于是，史迪威正式向蒋介石提出建议，要求他把包围共产党的50万大军调往抗日前线，同时，给八路军、新四军调拨一部分先进的武器装备。

蒋介石怎么能听得进去史迪威的意见？他以战区最高统帅的威风，训斥史迪威受了赤化宣传的影响。史迪威以自己亲眼所见的事实据理力争，两个人不可避免地发生激烈的争吵。

正直的史迪威随即向美国政府报告，蒋介石的政府贪污成风，到处是裙带关系，根本就得不到人民的支持，全靠戴笠的特务秘密监视，来铲除异己和镇压民众来维持国民党的政府。建议美国放弃对这个腐败政权的支持。史迪威在日记中更直言不讳地称蒋介石为"独裁者"。

唯我独尊的蒋介石的恼火可想而知，自己请求美国派来的人竟然和自己作对，蔼龄和美龄花了那么的钱和感情拉拢，却毫不起作用。只有把他赶回美国这一个办法了。于是，他致电给罗斯福，状告史迪威不称职，要求立即撤换人。

罗斯福没有采取史迪威和蒋介石的意见，美国陆军部却倾向史迪威的意见，美、蒋关系出现了裂痕。

那个夜晚，月亮隐进了云层。

暗淡的时光，宋蔼龄倚栏看万家灯火渐次熄灭，她的心里，潮涌般的翻卷着浪花，盘算着如何拿下史迪威。孔祥熙端着一杯红酒踱过来，两个人开始密商。一致认为，美国是蒋介石政权能够维持的支柱，绝不能搞僵关系。她决定再找史迪威谈谈，争取和蒋介石和解。

宋蔼龄就是聪明、稳健。她从不打无把握的仗，凡事考虑细枝末节，然后再做出决策。经过思考，她意识到对付史迪威不能用中国的方式，套近乎对于西方人不好使。对他再好，他也是交情归交情，公事是公事。要降服他必须换个招数，按照美国人的思维方式，同史迪威做笔交易。

宋蔼龄和宋美龄发出邀请，热情地请史迪威到美龄家做客。

那是个无风无雨的晴朗的好日子。史迪威驾车一路飞奔赶到蒋介石的官邸，进门后发现只有女主人宋美龄和她的大姐蔼龄在家，一阵寒暄后，主客落座，开始了愉快友好的交谈。史迪威呷着美龄亲自煮的巴西咖啡，抱怨着中国战区国民党军队作战不力，并说亲日派何应钦从中作梗是主要原因，应该撤掉他参谋长的职务。蔼龄和美龄同意史迪威的看法，也希望撤掉何应钦，尽快改变中国战场无所作为的状态。她们一致表示给蒋介石施加压力，尽快撤掉何应钦，姐妹俩对史迪威的敬业精神大加赞赏，表示一定要跟蒋介石为史迪威说好话，以修复和改善蒋和史的关系。史迪威对蒋介石的固执和乖戾的脾气不抱希望。蔼龄笑眯眯地告诉他，对于委员长，大姐可以发号施令，小妹则可以吹枕风，说得史迪威将信将疑。

那天晚上，史迪威是哼着美国乡村音乐回到住处的，他在日记里写道："我们签订了攻守同盟。不论出于什么原因，她们现在很当真，或许我们能获得一些成果。"在两姐妹那里的收获，让他的好心情溢于言表。

第三天，史迪威若有所思地翻开日历，目光盯住1943年9月15日，这个日子，会有什么收获呢？电话铃声响起来，他赶紧拿起听筒，里面传来宋蔼龄亲切的声音，又是邀请，这次是在孔府，史迪威想起孔家柔软的沙发和豪华餐厅以及桌上的美味佳肴，兴奋起来，开上车子直奔孔府。他万万没有想到，这次招待他的不是美酒佳肴，而是一记闷棍。

宋蔼龄将史迪威迎进客厅后，闷闷不乐坐在沙发上，连史迪威想开句玩笑活跃下气氛的机会都没给他。她板着脸告诉他刚刚得到的消息，现在有人策划要撤换你，我们不能再在家里招待你。史迪威听了紧张的心放松了，委员长的提议，罗斯福总统早已拒绝了。宋蔼龄皱着眉头，告诉他这次不是中国的问题，是你的国家。这一棒子显然击中了史迪威，他的头低了下去，脸上的光黯淡下去。宋蔼龄见他上钩了，进一步打压，告诉他美国有个院外援华团，一些活动能量很大的议员组成了一个非正式的团体，通过各种途径向公众宣传中国，向史迪威施压，促使政府制定有利于中国的政策，增加对中国的援助，密切中美关系。史迪威终于有些明白了。他们在为蒋宋家族工作，蒋先生对自己不满，可以通过他们去向总统施加压力，达到他们撤换自己的目的。

宋蔼龄不慌不忙地阐述着自己的见解，告诉史迪威是他自己的做法，把院外援华集团和蒋先生逼到了一条船上，根本不用传递什么。蒋同美国的联系都靠我们宋家兄妹，他自己是联系不上的。你是我们最好的朋友，我们更不会一边请你喝咖啡，一边去运动美国议员施加影响撤换你，那样做是很卑鄙的。

宋蔼龄见史迪威脸上一片茫然的表情，知道他上套了，收了收套子阐明自己的观点：院外援华集团几年来一直在鼓吹蒋介石是抗日英雄，是远东反法西斯的旗手，为他争取了不少的美援。可你却说他每天发布的对日战报，90%以上都是假的，说他的政府贪污腐败，这不等于说院外援华集团在与蒋同流合污，共同欺骗美国政府和人民吗？你伤害得不只是一个蒋介石，同时，也得罪了你国内的一股势力。

史迪威的神情，又一次明显黯淡下去，他不明白，他写给总统的报告，外院援华集团怎么会知道？

宋氏姐妹俩开始抨击美国的言论自由。宋美龄直言说新闻自由最容易坏事，从而损害国家利益。中国历来主张莫谈国事，新闻必须检查；蔼龄在旁慢声慢语地说，其实，不需要记者到白宫去偷阅文件，是你自己没有控制好。

史迪威不信，不可能是他泄露出去的。宋蔼龄起身走到文件柜前，取出几份美国出版的报纸和军统密报的清样，指给史迪威看。这是你在西安的讲话，这是你在重庆的讲话，这一篇是你在昆明给飞虎队讲的，这个是你在缅甸当着英国军队和中国远征军讲的，美国记者在场。

史迪威看了几眼宋蔼龄手里的文件，是自己曾经讲过的话，那些漫骂蒋介石和国民党政府的话被钢笔圈了起来，蓝色的钢笔水突兀、刺眼。

宋蔼龄逼住了史迪威，她的心里正得意，面上却不曾露出来。她看了眼宋美龄，递给她一个眼色，姐俩对视了一下，宋美龄就赶紧参战了。她从身边的文件包里拿出几份文件，递到史迪威眼前，看，这是你在某年某月某日说俞飞鹏是土匪；还有这份文件上说你在备忘录和文件上签名，从来不肯签上中国战区参谋长的头衔，而是签美国中将；这篇美国报纸报道，说你讨厌中国人，说中国人不是好东西，你看下面的评论，说你和希特勒的民族歧视没有什么区别。这种思想根本不适合在中国任职，只会破坏美中的同盟关系等等。

宋蔼龄和宋美龄姐妹俩仿佛在一个批判声讨会，列举了史迪威的言行，一下子把他逼到了悬崖上，她们慢慢地放下文件，心里嘲笑着这个美国佬，眼睛却不时瞟一眼陷入窘境里的史迪威，等着他举手投降。

不料，史迪威短暂的沉默后，忽地站了起来，大声宣告，不错，这些话是我说的，你们的情报和报纸都是准确的。但我并不认为我说错了什么，我现在仍然坚持我的观点！如果这不符合某些人的口味，他们撤换我或者我主动辞职都可以，我无怨无悔！然后，告辞走人。

宋美龄无奈地看了一眼大姐宋蔼龄，这不是把姐妹们精心布下的套挣脱了吗？

还是宋蔼龄老练沉着，她不急不恼，慢吞吞地告诉史迪威不要激动，人们对一件事各有各的看法是正常的，关键是要争做胜利者，而非去做失败者。

史迪威眼里冒着火，问，你说谁是失败者？

宋蔼龄沉稳地坐着，转了几下眼珠子，要求史迪威先坐下。然后，平静地娓娓道来，在这次事件中，如果你被人家鼓捣下台了，你就是失败者；如果他们费尽心机也没把你搞掉，你仍然是中国战区的参谋长，他们就是失败者。

史迪威血性十足地表示，历史将证明我的看法是正确的。

宋蔼龄寸土不让，以不容置疑的口气，告诉眼前这个难斗的对手，不！历史只记载胜利者和失败者，不评判是非。她停顿了一下，又说，历史表明胜利者都是正确的，失败者都是错误的。

史迪威表明他知道的历史不是这样的。

宋蔼龄却告诉他，每个人都愿意做错误的胜利者，也不愿意做正确的失败者。接着，她换了口气，从史迪威为中国战区做过杰出的贡献，是她们姐妹的好朋友说起，引申到真心地希望他留任到中国抗战胜利的时候，不愿意看见中国战区再来一位不熟悉的美国军官。她甚至动情地拿起手帕擦着眼角，宋美龄也赶紧情真意切地表示愿意经常看到史迪威。

史迪威被感动了，沉默了片刻，沮丧地表示那么大的势力在策划撤掉他，他恐怕无所作为了。

宋蔼龄知道，史迪威被套牢了，她在心底冷笑一声，赶紧表态，只要努力，胜券还在你的手上，美国院外援华集团的人，我和美龄可以使他们转变态度，只不过，蒋总司令那里，还得你这个参谋长做个表态。

已经钻进套子的史迪威认为他和委员长已经闹翻了，自己又不想改变立场。

宋美龄赶紧上阵，以知情人的身份告诉史迪威，委员长也正在寻找机会和他和解呢。

史迪威坚持不改变观点不认错。

宋蔼龄轻松地笑了，她从中国的面子讲起，循循善诱，说得史迪威迷迷糊糊地认可了。

10月17日，史迪威在宴会开始前，走向蒋介石，表示了他唯一的目的是为中国好。蒋介石笑逐颜开，史迪威终于屈服了，认输了，他以胜利者的姿态和史迪威握手言和。

这次会见的报道和图片，立即刊发在中、美两国的新闻媒体上。

蒋介石得意地宣称，最后允许史迪威悔改留任，重加信用。

宋蔼龄躲在背后，逼迫史迪威上演她和小妹一起导演的活报剧，为蒋介石赚足了面子。

史迪威在这场风波中，莫名其妙给蒋介石道歉，反胜为败，栽了一个大跟头。他愤然在日记中写道："这是一次该诅咒的经历，真不是滋味儿！"当他想明白了自己被宋蔼龄的甜言蜜语所挟持和诱拐，被她害苦了。他把宋蔼龄比作一条不发响声就咬人的响尾蛇，来提醒自己再也不上她的当了。

帮老蒋赌赢一局

当战争来临，每一寸土地都充满仇恨，每一次跃进都埋藏着能量巨大的雷霆。

太平洋战争爆发后，中国的抗日战场却不是这样。本来，日军在太平洋战场连连失利，蒋介石如果在这个时候，加大抗战力度，日军就首尾难顾了。事情恰恰相反。日军为了从中国战场调动兵力加强海上作战的能力，加紧了中国内地的攻势，妄想一举击溃中国的抗日力量。由于蒋介石的不抵抗思想在作怪，豫湘桂战役中，国民党军队在日军的疯狂进攻中，节节败退，溃不成军。美国政府担心国民党军队完全崩溃或投降，这样，就会增大美军在太平洋战场的压力。于是，罗斯福总统致电蒋介石，发出了紧急建议，要求由史迪威统帅中国战场的一切军队，授予他指挥全权，以遏阻日军深入。蒋介石一看就急了，他要求撤换史迪威，罗斯福没有听他的，现在，又要把自己撤了。他又不敢公开反对罗斯福的建议，复电表示原则赞同。

史迪威与蒋介石的矛盾，再次大爆发！

别看蒋介石没有指挥军队打日本侵略者的心情和能力，却擅长阴谋诡计，阴一套阳一套。此刻，他想出一计，让罗斯福改变决定，威胁恫吓史迪威不敢接手指挥权。他先是做通自己身边的重要人物的工作，讲清史迪威现在已经控制了中国全部租借物资。如果再让他统帅全国军队，再由着他去加强和装备共产党，我们就等于全完蛋，再没有日子过了。手里没有了军队，我也不是委员长了，你们也不是高官大吏，咱们全变成人家砧板上的鱼肉了。阻挠史迪威接管军队，大家都要出力，以后论功行赏。

蒋介石的命令一下，宋蔼龄和孔祥熙夫妇就有了用武之地。他们俩行动迅速，卖力最大，收获颇丰。

孔祥熙当时正在美国访问，听到消息，他第一时间跑到白宫，拜见总统罗斯福，理透情浓地当起了老蒋的说客。他从中国军队的历史、地域、系统等种种复杂情形说起，说明军队主要依赖统帅与各级将领的个人感情才能指挥得动的国情，统帅个人的威望、资历和人事关系非常重要，进而引申到绝不是随便指定一个人，只靠发号施令就能调遣得了的。史迪威作为中国军队的总指挥，能不能胜任，以吾个人观察，大有疑问。他没有想到，罗斯福听完他的话后问他，这是你个人的意见还是蒋总司令的意见？他只好说是个人的意见。罗斯福表示，蒋总司令已经来电表示同意，你不必过虑了。

一句话，孔祥熙败下阵来。

宋美龄也粉墨登场，跑到美国去活动。一下飞机，就对前来机场迎接的总统代表霍普金斯说，她希望当面向罗斯福总统说清楚，她来美国，没有其他任何目的，仅仅是为了医疗和休息。霍普金斯当即表示，既然是这样，就不必去见总统了，罗斯福夫人会去医院看望你的。

宋美龄对罗斯福不会见她非常不满，却又没有办法。只得对总统代表和总统夫人强烈表示，史迪威不是中国人，不了解中国国情，更不了解中国军队，无法担当起指挥全国军队的职责。她举例说，史迪威强迫蒋介石把最精锐的55

师派到缅甸作战，结果这个师在日军的疯狂进攻下，全军覆灭在热带雨林中。她强调这只是史迪威众多错误中的一个。她赞扬陈纳德和他的飞虎队，希望美国多派这样的人。宋美龄强调要打败日本军队，办法只有一个，就是美国多出钱，多给好的装备，放手让蒋介石去指挥，其他人不要横加干涉。

宋美龄的表达慷慨激昂，也许是她阻止史迪威接管军队的心情太急迫，美方认为她的情绪偏激了些，表述的情况缺乏可靠性，并没有引起重视。

第二个直达美国的说客宋美龄，就这样败下阵来。

去美国活动的孔祥熙和宋美龄都败下阵来，蒋介石的焦虑日甚一日。如坐针毡的他，已经无计可施。

谁也没有想到，替老蒋赌赢这一局的是坐在家里的宋蔼龄！

她的老谋深算，再一次让人们看到她的棋高一筹。

世上无难事，只怕有心人。

接到在美国的孔祥熙和宋美龄的活动连连失利的消息，宋蔼龄心里就开始了盘算，她知道，让史迪威接管军队的决定是罗斯福决定的，他固然是关键人物，没有非常有力的理由和重大情况变化，让他改变决定的可能性几乎没有。史迪威是这个事件中的另一个关键人物，如果他知道自己根本指挥不动中国军队，他还会当这个有名无实的司令官吗？对！就从史迪威入手。试想，罗斯福是无法强迫不愿交权的交权，又强迫不愿意接手的人接过指挥权的。

宋蔼龄故技重演，请史迪威做客，在温馨的环境里拿下他。

史迪威接到宋蔼龄的邀请，明知又是一场鸿门宴，碍于情面，硬着头皮来到孔家。

宋蔼龄以女主人的热情地把史迪威让进孔家豪华的客厅里，双方落座后，她不做任何铺垫，直奔主题。她先是对中国的国情和人事关系做了全面的剖析。告诉史迪威中国军队在这样的国情里，离不开关系和感情，指挥员也一样，没有关系和感情，你指挥动军队了吗？张学良和杨虎城捉了蒋介石为什么不敢杀他？因为中国没有第二个人能指挥调动得了全国的军队。你史迪威跟哪一支军队有关系有感情？是老蒋的嫡系部队听你的还是白崇禧的桂系，龙云的滇军，阎锡山的晋军，或者川军，或者西北三马会听你的？军队到了你的手上，你却指挥不动、调动不灵，这不仅会影响中美共同战胜日本侵略者的进程，也会影响你的名声和形象。那时，你就是调不动一兵一卒的光杆司令，成为全世界嘲笑的对象。你想过这后果的严重程度吗？

史迪威说，担任中国战区的总司令的困难我非常了解，但指挥中国军队不是我的要求，而是总统根据国际形势作出的决定。

有句话是这样说的，打蛇打七寸。

宋蔼龄善于抓住问题的要害，每句话都能扼住对方的咽喉，所以，胜利者总是她。

这次也不例外。她见史迪威也不愿做中国军队的总指挥，就进一步引申话题，彻底让他死心。她接过史迪威的话题，继续阐明问题的核心：就算决策与你无关，也是你的某些言行造成的。你来中国这几年，口口声声地称赞共产党，坐歪了屁股嘛。美国政府派你来中国，是让你与蒋委员长的政府合作的。共产主义同我们的主张水火不相容，这你是知道的，蒋委员长现在不"剿共"，还同意国共合作，共同对付日本侵略者，一旦打败了日本，国共是要分家的，免不了一场恶战。到那时，你就会知道你的言行错在哪里了。

倔强的史迪威很生气，瞪着眼睛大声说，我只知道共产党是真心抗日，要尽快打败日本，就应该帮助他们发展壮大力量。

宋蔼龄感觉要说服史迪威这个正直倔强的人很不容易，她避开关于共产党的话题，把问题又引回来，阐明蒋委员长是中国战区的最高统帅，参谋长的职责是辅佐统帅，哪有取而代之的道理？然后，她话锋一转，史将军，我们是朋友，我今天请你来是谈点意见供你参考，采纳和不采纳都没关系，但是，你得明白，这不是我一个人的看法。

史迪威点了点头，示意她讲下去。

宋蔼龄莞尔一笑，针针见血地说道，如果中国的军队交给你指挥，日本人肯定会以此为借口，说中国已沦为美国的殖民地，说美国在亚洲推行亚洲人打亚洲人的政策，说美国才是中国的侵略者，他们在帮助中国人摆脱美国的侵略，这是不是给了日本侵略者口实，并有损于美国的政治形象呢？

这入木三分的诘问，让史迪威无法回答，他深切地感到，一个不在政府供职的中国妇女，都这么强烈地反对自己指挥中国军队，其难度是可想而知的。自己没有必要去冒险，去做一个孤家寡人的统帅。他向宋蔼龄表示，他服从蒋的指挥，如果有机会，他将向总统阐述不愿意接管中国军队的理由。

宋蔼龄终于成为胜利者，她用自己的智慧帮蒋介石扳回了这一局。

宋蔼龄做事从来干练、稳妥，从这件事上看，就透着一种看透世事、云淡风轻的从容。

罗斯福对蒋介石迟迟不任命史迪威的行为非常愤怒，致电指责蒋阳奉阴违，要蒋承担一切由此产生的后果负个人责任。他把电报打给史迪威，要他转交蒋介石，这一愚蠢的做法，弄巧成拙，把史迪威推向了火山口，使他无法避嫌。

蒋介石从史迪威手里接过罗斯福的电报，认为这是此生遭受的最大的耻辱而愤怒至极。他致电给罗斯福：事关国家主权和尊严，绝不接受强制的合作。

身在美国的孔祥熙紧密配合蒋介石的强硬态度，表示如果史迪威掌握了中国的军权，即使打败了日本，中国也还是等于亡国。摆出一副要与美国彻底决裂的架势，不再提任何要求，并准备回国。

无奈的罗斯福只好选择妥协，在史迪威和蒋介石之间选择了蒋。他解除了史迪威的职务，并召他回国，重新委派了宋家喜欢的魏德迈来中国任职。

风云变幻，一场军权之争就此结束。

虽然惊心，虽有剧痛，却在宋蔼龄的智慧和舌战中，圆满收场。

一个坐在家里的中国女人，能让唯我独尊的美国总统罗斯福的命令成为泡影，这样的大手笔谁人能做到？

完成宋氏家族成为"宋家王朝"的奠基礼

懂一点中国近代史的人都知道，蒋介石和宋美龄的婚姻是基于政治之上的婚姻，却未必知道，这是宋蔼龄为完成宋氏家族成为"宋家王朝"的一步高棋，包办美龄的婚姻，只是奠基礼。

当她饱餐美龄的订婚宴，心满意足地用象牙签剔着牙缝的时候，她的野心，已经膨胀为长满青青野草的原野，空旷、开阔，无边无际。她傲慢的面孔，让人想起冰冷的锈刀所散发的野性的光芒。

宋蔼龄包办美龄的婚姻，是从政治出发的，同时，也是建立在他人的痛苦之上的。

大家知道，蒋介石在娶宋美龄之前，已经结了三次婚了。原配夫人毛福梅，第二任妻子姚冶诚，第三任妻子陈洁如，她们拥有过当时中国最显赫的男子，都已得到他的爱情，快乐过、痛苦过、挣扎过，在叹息青春的短暂和世事沧桑的同时，她们是否看清了他的本来面目？

宋蔼龄要包办美龄和蒋介石的婚姻，并要求他与他的前三个妻子离婚。蒋介石为了在政治舞台站得住脚，也必须依靠宋氏家族的辅佐，于是，与三位妻子离婚就成为必然。毛氏和姚氏都很顺利地离了婚，只有陈洁如不是很好办。于是，宋蔼龄亲自出面，解决掉了她和蒋介石的婚姻，因此，陈洁如恨宋蔼龄恨到骨头里。

遗恨何时了？只叫人伤心欲绝。

只看新人笑，哪管旧人哭？这是中国谴责无情男人的一句俗语。

陈洁如是蒋介石在继毛福梅、姚冶诚后的第三个妻子，1921年与蒋介石结合，到1927年被蒋介石抛弃，共同生活了7个年头，他们感情应该说最深的。

陈洁如原名陈凤，1904年生于浙江镇海，自小随父到上海，住在西藏路33号。1921年12月5日，陈洁如和蒋介石的婚礼在上海永安大楼大东旅馆的大宴客厅举行，证婚人张静江，主婚人戴季陶，经办律师江一平。时年，蒋介石34岁，陈洁如15岁。订婚时，蒋介石将陈凤的名字改为陈洁如。二人婚后不久，蒋介石即应孙中山电召，举家南下广州。从此，朝夕相伴，陈洁如独享夫人之称，直到1927年北伐战争胜利。不论蒋介石在粤军高级将领任上，还是在黄埔军校校长任上，陈洁如都相伴在侧，在各种社交场上，应付自如地发挥着她曾受过的中等教育的作用。蒋介石曾引以为傲，夫妻感情颇佳。蒋介石几次大的政治风波和磨难，陈洁如都与之携手共履生死与共。

宋蔼龄出现了，陈洁如的厄运来了。

宋蔼龄为的是宋家的崛起，蒋介石为的是赢得宋家的支持，两者为了不同利益走到了一起。

蒋介石听从宋蔼龄和孔祥熙的劝说，想到自己爬到中国权力的顶峰，不能没有宋家的支持，他开始策划"蒋宋联姻"了。

这一切，陈洁如都被蒙在鼓里。

那是在北伐之前，在南昌的陈洁如，得知蒋介石因在上海发动"四一二"反革命政变，彻底暴露了反动嘴脸，与汉口"左"派政府发生矛盾。汉口政府为羁縻蒋介石，拒绝供应其军火和军饷，谴责他抗命的文件雪片般地传来，蒋介石陷入情绪低落，陈洁如每天都在担心中。忽然有一天，蒋介石兴奋地告诉她。他找到了解决的办法，那就是搞垮汉口政府，最根本的就是铲除对方实力，而这最重要的就是财源。可他却没有财力可言。不过，他想如果使汉口失去财政部长宋子文，就不一样了。要达到目的，必须和宋子文的大姐宋蔼龄联手，她对大局的看法和他相近。陈洁如听后，恨不得立即为他做些什么，来表达她对他的爱。当蒋介石写信请宋蔼龄到九江磋商要事，她自告奋勇地帮他把信邮寄出去。她不知道，此举给她带来了厄运和永久的伤痛。

当年，宋蔼龄接到蒋介石的信后，搭乘中国银行的汽轮火速赶到南昌，然后，召蒋介石上船密谈。两个人的长谈达24小时。谈毕，宋蔼龄乘船返回汉口，蒋介石把密谈的主要情节告诉了陈洁如，他不隐瞒她，当然是有目的的。

宋蔼龄是如何说服蒋介石为了前程抛弃陈洁如而娶自己的妹妹为妻的呢？

她凭借着三寸不烂之舌，告诉老蒋，你是一颗明日之星，你要让你这颗明星陨落与升起一样快吗？今天鲍罗廷的意旨是要接收你的权力，交给加伦将军。你定会被他们消灭殆尽，只是时间迟早而已。难道你怯于斗争，乖乖接受失败吗？我告诉你，你如单枪匹马为国民党的目标奋斗，纵然有此精神，也是没用的，精神并非一切。这个解放并重建中国的重大责任，需要很大很多的影响力、金钱、性格与威望。这些你目前一样也没有，现在你周围的人，净是些无能的懦夫，他们汲汲所求的，无非私利。

宋蔼龄是无利不起早的人，她的目的是和蒋介石做一笔交易。所以，她话锋一转，告诉老蒋，局势并非绝望。我愿与你做成一桩交易，我不但要如你所愿，怂恿我的弟弟子文脱离汉口政府，而且还要更进一步，我将尽力号召上海具有带头作用的银行家们，以必要的款项支持你，用以购买必需的军火。我们拥有所有的关系和门路。你自己知道，你不会再从汉口得到任何经费。而作为交换条件，非常简单，你要同意娶我的妹妹，作为永久的正式夫人。与我们结成一家。一旦政府成立，当任我的丈夫孔祥熙为阁揆，弟弟子文仍作政府的财政部部长。

一笔好肮脏的交易，终于在那艘中国银行的汽轮上做成了。

蒋介石按捺不住内心的喜悦，回家请求陈洁如从他的长远前途考虑，做出自我牺牲，赴美留学，退让5年给宋美龄，待中国统一大业完成，蒋介石执掌国柄，即恢复与陈洁如的夫妻关系。

陈洁如为蒋的政治婚姻深为震惊，愤而离开蒋介石返回上海家中。1927年

8月，蒋介石第一次"下野"，以退为进。为了尽快地东山再起，蒋介石加紧"蒋宋联姻"的步伐。下野前夕，蒋介石亲赴上海陈宅，做陈洁如及其母吴氏的工作，劝说陈氏出国。陈洁如看到蒋介石此事蓄谋已久，势无更改，只得"相信"并"服从"蒋介石的"安排"，同意赴美留学。

陈洁如万万没有想到，她刚到美国，就看到了一条消息，那是美联社1927年9月19日上海电讯——据引述，前国民革命军总司令蒋介石将军于新近在一次记者访问中，宣称本月早些时候自中国搭乘"杰克逊总统号"前往旧金山之夫人并非其妻蒋对指述此妇即为其妻之讯息，认之为政敌之虚构，旨在以任何手段，使其难堪。蒋并称，他不认识该电讯所述之"蒋介石夫人"。她虽然愤慨，但还以为是蒋介石不得已而为之，谁知，10天后，她到纽约中国领事馆取信，被告知不要把自己的私人信件通过领事馆转交，陈洁如的悲哀雪上加霜，并蔓延一生。

宋蔼龄不择手段地拆散陈洁如和蒋介石的婚姻，不仅打造了宋家神话，最受益的人还是她自己，多年来，她利用蒋介石的权力，为自己捞取无数的金钱。

这一切，都是建立在他人的痛苦之上的。

助小妹战胜情敌

年华若梦。

人之衰老，本是自然规律。随着时间的流逝，宋美龄青春不在，逐渐人老色衰。面对一个色衰的半老妇人，蒋介石拈花惹草的心蠢蠢欲动。宋蔼龄也就随之面临着一个关于如何巩固宋氏家族王朝的根基的新问题。

世上，最冷酷无情变化无常的，不是天气，而是政治。

蒋介石闲暇时间出去闲逛。事有凑巧，那天，在戴笠的陪同下去了陈立夫家，见到了陈立夫的侄女陈颖，心猿意马地利用桌上的水连写几个颖字。善于察言观色的戴笠建议，夫人身体不好，你正缺一个英文秘书，不如让陈小姐做你的英文秘书，一旁的陈立夫想，这正是讨好蒋介石的好机会，马上说，小颖在美国加州专攻英文，刚刚学成回国，委座如不嫌弃，颖子能到你身边工作，是陈家的大幸，也是她自己的造化。

从此，蒋介石身边多了个英文秘书陈颖。

宋美龄忙着她的航空队、慰问伤员，偶尔与蒋介石一起出席一些活动，对陈颖的趁虚而入，竟然毫无察觉。

世界上没有不透风的墙。

宋蔼龄从自己的情报网了解到蒋介石的风流韵事。

那个夜晚，宋蔼龄倚在床头上，冥思苦想大半夜，如何铲除情敌。

当年，孔祥熙在做生意时，就曾和一个叫荣定蕙的女子鬼混了一阵子，被她发现后，经过一番较量，给他定了规矩，此后，倒没发现他有什么出轨行为。孔祥熙毕竟胆子小怕老婆，可是美龄和蒋介石就不一样了。一是这陈小姐不是一般的官宦或平民人家的女儿，陈颖留过洋，有文化、有手段，又生于陈家，背景硬，靠山高，搞不好就会引发美龄婚变，鸠占鹊巢；陈家的势力不可低估。二是陈对孔祥熙一直怨隙较深，如果他们拼力玩到那一步，不仅美龄痛苦，恐怕祥熙也会失宠，宋家再也没有翻身之日。蒋介石对毛福梅、姚冶诚和陈洁如就很绝情。

第二天，宋蔼龄让美龄回到蒋介石身边，关心照顾他的生活。

宋蔼龄的忧虑，不是没有道理。

陈氏是民国时期四大家族之一，人称CC系。据说，是美国人最先这样叫的。因陈果夫和陈立夫兄弟的名字英文写法第一个字母是C，就称之为CC了。CC系是国民党中最大最强的派系，却没有太显要的职务，可他们为何挤进"四大家族"呢？

众所周知，"四大家族"之间的关系，是极其复杂和微妙的。蒋宋孔三家中，蒋孔都是围绕宋家结的姻亲，蒋孔之间没有直接关系，但是，蒋和孔的关系却好于蒋和宋子文的关系。其原因是孔祥熙为人中庸，从不和人发生矛盾。蒋对他多么轻率的操纵手段，他都可以接受；另一个重要原因是宋子文名义上是宋家的代表，其实，背后的宋蔼龄才是真正的宋氏家族的领袖。宋蔼龄又是蒋介石上台的有力支持者，对蔼龄的丈夫，蒋介石不能不高看一眼。陈氏兄弟与蒋宋孔没有姻亲关系，却与蒋宋之间有着更深的隐秘关系。

早在辛亥革命时期，陈其美曾受革命党委派打入青帮，在革命中夺得了上海政府都督的宝座，成为那时中国最富庶地区的强劲势力。蒋介石曾是他手下的喽啰，并为他充当过杀手。宋蔼龄也是他的重要朋友，他们都和青帮有着千丝万缕的联系。陈果夫和陈立夫是陈其美的哥哥陈其采的儿子。陈其美被袁世凯暗杀，英年早逝，他掌管的青帮势力当然落入他本家侄子的手里。这样，蒋宋陈之间又通过青帮这条纽带连接起来，编织成一个庞大的关系网。

陈立夫曾长期担任国民党中央组织部部长，掌管着国民党的组织；担任中央统计局局长，即所谓的"中统"，一个庞大的特务组织，和戴笠的军统并称国民党两大特务组织。陈氏兄弟精通文墨，为蒋介石政权奠定了理论基础，成为蒋介石离不开的理论台柱子。

美国《时代》杂志记者白修德曾撰文这样介绍二陈：一个腐败的派别控制着国民党。它既有坦幕尼大厅的一些最恶劣特点，又有西班牙宗教法庭的一些最恶劣特点。沉默寡言，神秘莫测的兄弟俩陈立夫和陈果夫……实际上通过恩赐、秘密警察、间谍活动和行政权力控制着全国思想界。哥哥陈果夫完全控制着通天的大门，送委员长的文件和备忘录，都要通过此人转交。他弟弟陈立夫身体虚弱，面色清秀，比他更加重要。陈立夫工作起来孜孜不倦，刻苦、廉洁。他的带有神秘色彩，气魄很大的、貌似富有哲理的文章，几乎没有人看得懂。

白修德几乎于白描的笔法给二陈的画像，很是贴切。

这段时间，中统干了几件二五眼的事，惹得蒋介石大发雷霆。这个时候，陈颖黏住了蒋介石，真不是好的兆头。

宋蔼龄越想心里越没底，她盘算着，如何帮小妹战胜情敌陈颖。

正如宋蔼龄所料，3天后，宋美龄来她家，一见大姐就哭倒在她的怀里。她知道，一切都得到了证实。

宋美龄气得哭着喊着地要去捉奸，要给奸夫淫妇曝光；叫嚷离婚，再也不跟卑鄙的老蒋在一起生活了。

还是宋蔼龄沉着冷静，她让宋美龄哭，让她发泄，待她平静了。她从大局出发，条理清晰地分析了事情对宋氏家族的影响和如何解决才能挽回，使宋家的利益不受侵害。她告诫宋美龄处理这件事要注意四点：一是蒋介石在公众心中的形象不仅属于他个人，紧密联系宋家的兴衰，必须维护；二是与蒋的婚姻是维系宋孔家族根本利益的纽带，任何情况下不能自绝；三是陈小姐不是勾栏女子或平头百姓，只能善待；四是要做到釜底抽薪，绝不留死灰复燃之患。

宋蔼龄咬了咬牙，直视着宋美龄。她知道，清醒了的美龄，处理事情的手段可以，足以对付。

宋美龄果然技高一筹，不负大姐蔼龄之望，她捉奸却不捉双，她在蒋介石一度春风离开香闺之后，闯进了凌乱的陈颖的卧室。面对惊魂未定的陈颖，她递给她一张机票和一本美国护照，又送她50万元美金，神不知鬼不觉地把她送到了大洋彼岸。蒋介石发现陈颖不告而别，发了几次无名的邪火也就作罢了。二陈收到驻美大使馆电报才知陈颖又去了美国，留给他们的只有无奈了。

美龄胜了，却心情抑郁；蔼龄笑了，笑得自信舒展。

美龄烦恼是为自己的情感，蔼龄高兴是为了家族利益。

谁知一波未平一波又起。逼走了个陈颖小姐，又来了个陈洁如小姐。

自蒋介石将陈洁如送去美国，两个人一别就是5年，陈洁如却对蒋介石一往情深。她虽然出生寒微，却知书达理，年轻漂亮，具有典型的东方女性气质。她和蒋结婚时，蒋介石还不是什么人物，他们的感情一直很好。蒋介石对她也是一如既往的深情如水，休掉她娶宋美龄不过是为了政治的权宜之计，是功利之心和环境压迫的结果，多少有些"吴起杀妻求将"的影子。感情上仍然难以割舍，藕断丝连。

1927年8月19日，蒋介石委托杜月笙安排陈洁如出洋"考察"，临行前给了陈洁如10万元旅行费，叮嘱陈："要好好学习，回国后可以更好地尽到总司令夫人的职责。"陈洁如在蒋介石的侍从秘书陈舜耕以及张静江的两个女儿张荔英、张倩英的陪同下，乘坐美国大来公司"杰克逊总统号"轮船起程赴美。1928年春天，由江一平律师与陈洁如洽谈离婚条件，经虞洽卿从中劝解，陈洁如看木已成舟，才被迫同意与蒋分手，正式离婚。陈洁如出国时，年方二十出头。由于遭此感情悲剧，矢志终身不再嫁人。留美5年多，以全副精力深造，苦修英文、养蜂和园艺，并在哥伦比亚大学教育学院获得硕士学位。

当年，蒋介石许诺5年后再续旧梦时，陈洁如就知道旧梦早已逝去，他和她此生注定分离。

陈洁如学成归国。她第一个想见的人就是曾为了自己高升一脚把她踹开的人，他现在还记得他曾信誓旦旦许诺5年后就续旧梦的诺言吗？

爱和恨，从来都是一对孪生姐妹，爱越深，恨越真。

在一位老朋友的帮助下，陈洁如从上海出发，长途跋涉，历经艰难，悄悄地来到重庆。他望着眼前这位比宋美龄小10岁，仍然苗条靓丽充满青春气息的前妻，惊喜参半。当初，他抛掉她不是因为色衰，更不是因为感情危机，而是因为换取支持执掌政权的需要。在他还没有完全泯灭的人性里，对陈洁如的愧疚和思念常常涌上心头。现在，她不顾危险前来找他，他要和她重温旧梦，作为对她的补偿，也以此报复、宣泄一下宋美龄的霸气。

为了避人耳目，蒋介石把陈洁如安排在远离市区的山间别墅。陈洁如保养得不错，依然肌肤如凝脂，秀美而挺拔，不像更年期中的宋美龄色衰如肤松，两个人缠绵床帏，久别胜新婚。不仅仅瞒过了宋美龄，就连消息灵通的宋蔼龄也一点不知。

事情坏就坏在了整天行踪不定四处游逛的孔二小姐的身上，当她发现了蒋介石的行踪后，大喜过望的她，可逮着了为干妈立功的好机会，她不告诉任何人，每天把加足油的雪佛兰停在蒋介石官邸附近，蹲坑盯梢。终于抓住了狐狸尾巴，在一次蒋介石进入别墅又离去后，她潜入侦查，发现了蒋介石金屋藏娇的证据，陈洁如就住在里面。和宋蔼龄一样精明的孔二小姐没有蛮横地轰走她，而是先报告宋美龄，好向她邀功请赏。

当时，宋美龄正在昆明视察陈纳德的飞虎队基地。孔二小姐打来电话，为了防止特务监听，只说家里有事，要干妈速回处理，并暗示避开蒋介石。聪明人一点就透，宋美龄明白了。宋美龄给蒋介石打电话，告诉他自己返回重庆的时间，试探着问蒋介石能否亲自到机场接她，心怀鬼胎的老蒋立即答应，不管公务多忙，一定亲自去机场迎接。他甚至虚伪地表扬美龄亲抓空军建设，为抗战立了功。第二天，蒋介石亲率几个大员，手捧鲜花，站在珊瑚机场翘首蓝天。左等右等，也不见专机的影子。与昆明联系，说早已起飞，蒋介石看看表已经过了到站时间一个多小时了，还不见人影，蒋介石心慌意乱，命人四处联系，打听到飞机因为故障，临时改在另一空军基地迫降了。

蒋介石没有想到，这是宋美龄的调虎离山之计。他在机场翘望时，美龄已和接机的孔二小姐去了陈洁如的山间别墅。一见到陈洁如，宋美龄把这一段时间所遭遇的怒火，全都发泄到陈洁如身上，斥责她不要脸，吃回头草骚情母马。面对霸气蛮横的宋美龄，陈洁如一点也不惧怕，这么多年的怨恨和痛苦汇成冷硬的话语，我在他穷困潦倒时嫁给他，你却在他升为总司令时从我手中抢走他，你是个摘现成桃子的女人，是个抛弃了自己爱人抢夺他人之夫的女人，是真正不要脸的女人。把个宋美龄气得差点没晕倒，孔二小姐见状，凶相毕露，刷地拔出手枪。宋美龄一个惊愕，万一陈洁如死在这里，丑闻必传遍天下，自己的形象和名誉全都毁了。她让孔二小姐毫发无损地送陈洁如出重庆，要死，让她自己去死。一个连丈夫都守不住的女人，谅她也无颜面再活在世上！陈洁如毫无畏惧地回应她，是啊，一个连丈夫也看不住的女人，还有什么颜面在这里撒泼撒野！

美龄从别墅回来，在官邸门口正碰上从机场回来的蒋介石，他走下车子，笑容满面地朝宋美龄走去，把手里的鲜花送给她，宋美龄赶紧上前一步，搂住蒋介石的腰，另一只手挥舞着鲜花，一副幸福的模样。

这两件事情联系在一起，宋蔼龄深深地忧虑着。她知道，蒋介石随着在抗战中声望的提高，宋家对他已不是那么重要了。宋氏家庭在蒋家政权中的支柱作用，正一点点地减弱，她必须采取有力的措施，扭转被动局面。

深夜，宋蔼龄无眠，她起身来到窗前，望着满天奔涌的乌云，不知从何处着手，这位精明、干练的女强人踌躇着，谋划着……

宋蔼龄 全传

· Biography of Song Ailing

第十二章

将乱世风景尽收眼底

物极必反，世界上的事物，每时每刻都在变化，一成不变是不可能的。

宋蔼龄多年来对宋氏家族的统治和控制，让她创造了宋家神话，完成了"宋家王朝"在中国产生的巨大影响力。然而，事物总有特例，举目宋家，除了宋庆龄不受她的高压控制之外，所有的弟弟妹妹们都在她的控制范围内，却因她嫉妒身任外交部部长的大弟宋子文，在办理和接受外来援助管理中捞到好处，在也想插手捞点油水被拒绝，竟阴谋策划通过蒋介石之手，夺取宋子文外交部长之职，子文愤怒挣脱其控制。

孔祥熙在内外夹击下，步步隐退，蒋介石愤怒命宋蔼龄带着她的两个助手孔祥熙和宋美龄走开，她出国南美国家，目的是转移财产。

在不利的环境下，宋蔼龄头脑仍然清晰，她为孔祥熙制定了步步为营，增灶减兵的策略。

蒋介石为了引起对孔祥熙的民愤，把美国人对国民政府腐败的指责转移到孔祥熙身上，不依不饶地端出孔祥熙和宋蔼龄鲸吞美国公债的事实，逼迫孔祥熙辞去五个重要职务，彻底击垮了孔宋两大家族。

宋蔼龄失去大陆的舞台。

子文挣脱控制

任何事物都是有盛有衰，这是自然法则。

宋氏家族也一样，不可能总是占上风，胜极则衰，谁也避免不了。

宋蔼龄迎着越来越大的风，不情愿地走着越来越难走的路，来挽救宋氏家族在中国的王朝和地位。她没有想到，子文的失控使宋氏家族迅速地衰落。

她的悲哀日胜一日。

重庆的雾，遮住了所有的建筑和山峦，倚在窗口的宋蔼龄，看不见任何的事物，只知道，雾将山死死地搂在怀里，衔在嘴里，久久地衔着，不肯吐出。就像她多年经营的"宋家王朝"，她是不肯放弃的。

可是，风浪汹涌，她还有能力打捞起渐渐下沉的宋氏家族的大船吗?

这个时候，羽翼丰满，手里的政权日益得到巩固的蒋介石，却认为宋氏家族是蒋氏政权的最大受惠者，是沾他的光最多者。他之所以掌权并权力得到日益巩固，是青帮集团杜月笙和陈氏兄弟鼎力支持的结果。从抗战中期开始，蒋介石把越来越多的控制权从宋家兄妹手中向陈氏兄弟手中转移。

宋蔼龄敏锐地察觉到，宋氏兄妹的势力虽然没有被立即减弱，地位还在，头衔还在，却不再是国家对外的门面。

这个时候，美国派来间谍头子威廉·多诺万。重庆为多诺万举行了盛大的宴会，参加宴会的人中有美国大使，双方各军中将领，宋子文和戴笠也参加了。宴会上的人们开怀畅饮，直到凌晨才结束。几乎所有人都醉了，只有戴笠和多诺万依然清醒。多诺万对戴笠说，如果你想阻挠战略情报局的人，在中国搜集情报，我们的人就将单独采取行动。这是任何主权国家不允许的，多诺万

宋子文与张乐怡

在这样的场合这样讲话也是非常失礼的。戴笠微微一笑，话语如同钢锥直刺过去：如果战略情报局想要撇开中美合作所进行活动，我就要把你的特务人员干掉。多诺万铁青着脸：你干掉我们一个特务人员，我们就干掉你们的一个将军。戴笠眼里喷着火站起来，你竟敢对我说这样的话！多诺万在戴笠面前挥了挥拳头：我就是要对你说这样的话！

中美之间这样的对抗性的谈话应该是一个特例。

以往美国对中国情况的了解，基本在宋家的掌控之中。美国研究中国问题的人员提出的秘密报告，很少能真正送到国务卿手里，多数被国务院领导层中的人劫走，直接传送给中国防务补给公司，由宋子文阅读，由他采取适当的对策。美国来华工作的人员，事实上不是为罗斯福工作，而是为了宋氏家族工作。美国总统罗斯福曾一直听信霍普金斯那样的政客和宋子文周围美国人的话。他在给马歇尔的信中说："我们大家必须记住，蒋委员长好不容易才成为4亿人民无可争辩的领袖，这是一个非常艰巨的任务；使一批各式各样的领袖保持一定程度的团结，这些人包括军人、教育家、科学家、公共卫生人员、工程师，他们全都勾心斗角，要在地方和中央一级争夺权力和主宰权。蒋在非常短的时间内创造了我们花两个世纪才取得的局面。除此之外，委员长认为他必须保持他的崇高地位。你和我如果处在这种情况之下，也会做出同样的事。他不仅是总司令，也是行政首脑，我们对他这样的人讲话粗暴，也不能以我们对待摩洛哥、苏丹可能奏效的方式从他那里获得保证。"

美国制定对华政策，出发点是蒋宋孔家族人物的态度。美国人认为，这完全归功于宋氏家族的权术。

那么，事情从来不是一成不变的。现在，美国派多诺万这样的人来到中国，蒋介石统治中国的真相逐渐露出水面。谢伟思在写给美国国务卿的备忘录中揭露说："蒋介石青年时代在上海的经历，使他的统治手法带着某种明显的痕迹：通过与黑社会的接触，他懂得了威胁和讹诈的用处。除威胁和讹诈的手段以外，他还有讨价还价和在对手间挑拨离间的习惯。蒋的所作所为都有这种特点。凭借使人与人、派与派之间互相牵制的高超技能，凭借一个军人政客而不是军事指挥官的机智，依靠一支匪徒秘密警察，他取得并维护自己在中国的地位。"

谢伟思还为美国联邦调查局局长胡佛提供了关于中国统治集团内部真实情

况的秘密报告：宋氏家族在中国最有影响，实际上掌握着生杀予夺的大权。除了庆龄以外，宋氏家族的每一个人都是财迷心窍，他们每一步行动的动机都是想捞钱。他们玩弄巨大的阴谋，骗取中国人通过租借法得到物资，并把这笔钱中相当大的一部分转为宋家财物。报告说，蒋介石以前正式结过婚，因此宋美龄不是他合法的妻子。她与宋子文关系密切，他们的紧密结合能使他们达到各自的目的。宋家组织严密，手段残酷无情。要是有人敢越雷池一步，不是被收买，就是被消灭。宋家真正的智囊人物是孔夫人，一个邪恶而聪明的女人。她在幕后指挥，宋子文是实际的操纵者，按照她的许多主意办事，他们已使宋家紧密结合在一起，因而中国现在发生的每一件事，都必须至少通过宋家的一名成员。据说孔夫人在中国雇佣过刺客。许多中国官员听说过她和她的活动，但是对此却一言不发。他们既对宋家操纵非常愤慨，也对美国人粗心大意甘愿受骗非常蔑视。每当有人前往中国的时候，他们总是被宋氏家族送进营地，他们了解到的是宋家想让他们了解的情况，而不许他们同那些想说实话的人交谈。财政部的一位官员与"宋家帮"的关系密切，并经常受到他们的款待，他应当能了解情况，虽然他大概受过宋家的欺骗。

环球贸易公司是宋子文在美国开设的，雇用的都是中国人，成立这个公司的目的就是处理美国根据租借法提供的物资。

宋庆龄由此对时任美国驻中国事务处的官员谢伟思说，她想从根本上制止挪用根据租借法从美国得到的款项。

宋庆龄一直比较喜欢有头脑有魄力的宋子文，姐弟俩感情很好。1927年，姐弟俩同时在武汉政府工作。当时武汉政府里有苏联顾问，继续着与共产党的合作。被称为左派政府，与蒋介石在上海、南京的"反共反人民"的政府相抗衡。这个时候，宋蔼龄插手进来，分化瓦解了姐弟俩的关系。宋子文被大姐拉走，做了蒋家政权的财政部部长。使武汉政府失去了财力支撑。加上汪精卫暴露了本来面目也投靠了蒋介石政府，共产党总书记陈独秀奉行"右倾"机会主义思想，苏联顾问也迎合国民党"右派"，武汉政府由此垮台。宋子文由此去武汉的临江公寓看望二姐宋庆龄，曾说服她向蒋介石妥协，被她严词拒绝，两个人因政治分歧已经无法走到一起，但姐弟感情还在。宋子文对宋庆龄的事业不支持，却一直为她的处境及安危担心。现在，宋庆龄提出调查宋子文的环球贸易公司，是担心弟弟再这样走下去，会是陷入极其危险的境地，她不愿意看到自己的弟弟遭受灭顶之灾。

这样的情况下，蒋介石对宋家对美的手段极其不满，开始一点点地收回宋家的权力。

1940年，宋子文被蒋介石任命为外交部长，走马上任后，他积极地争取外国援助，以支持抗战；奔走英美各国，以中国与英美各国共同处于法西斯侵略，需要同仇敌忾一起抗敌为由，与他们谈判废除以前帝国主义列强强加给中国的不平等条约，并办理和接受这些援助。

宋蔼龄开始嫉妒弟弟拥有庞大的财富，看看自己，仅限于在股票、运输等方面赚点小钱，眼红的她跟弟弟委婉地说了自己想插手，却被拒绝。宋子文一直对孔祥熙代替自己做了财政部部长后，对自己整顿国家经济成就肆意破坏怨气很大，如果大姐插手进来，姓孔的势必会添乱。姐弟第一次谈话非常不愉快。宋蔼龄无奈，将社会上的传言拿出来做撒手锏，这些传言说宋子文的环球贸易公司，在处理大约35亿美元的租借法补给时，获得了巨大的好处。他通过大量的军用补给品丢失，以仓库失火、敌特破坏、轮船沉没等理由应付查询。有的东西根本没有离开美国；有的物质运到中国不到两个小时，就在黑市上出现了。

英国外交部一位官员说，宋子文把数亿美元揣进自己的腰包，其中，很大一部分根本没有离开美国。可当宋蔼龄询问宋子文时，他却矢口否认，坚持说这些传闻毫无根据。这样宋蔼龄感觉到了宋子文置这个家族利益而不顾，闹起独立来，她控制不了这个弟弟了，她的恼火可想而知。她开始动员各方面的势力对他施加压力。

在宋蔼龄的活动下，宋美龄和蒋介石也开始向宋子文提出诸多的疑问，怀疑他在处理租借法物资时，有贪污行为。宋子文对此指控坚决不承认，并行贿堵人之口。蒋介石和宋美龄认为他在闹"独立"，想在美国建立他的独立王国，就想把掌管外援的权力从宋子文手里夺过来，交给孔祥熙的财政部，宋蔼龄则拍手赞成。宋子文寸步不让的脾气，让蒋介石很是头痛，他不肯将自己争取来的外援的管理权交出去。宋氏家族的人全都认为，必须来一场斗争才能要来这个权力。

终于有一天，蒋介石、宋子文、孔祥熙及宋蔼龄和宋美龄几个人坐在一起，大谈在外面听到的有关租借法物资处理上的传说，含蓄地希望宋子文交出租借物资的管理权，避免社会上丑闻的流传。谁想宋子文却瞪着眼睛问交给谁。你们说交给谁能管好而不招惹非议？蒋介石说，这样做完全是为了你的清白，对大家都好。宋子文却依然问交给谁？蒋介石无法推托只好说由财政部掌管更顺些。宋子文掏出一张纸，理直气壮地说这是一封寄自美国的信，说着就大声读起来："我们寄去的是北卡罗来纳州查佩尔布尔的斯塔西读经班的一小笔奉献。参加斯塔西读经班的有成年妇女——母亲和祖母，是她们募集了那笔钱。我们中间没有一个富人，但是我们了解儿童，了解他们成长为健康的聪明人需要什么。最近我们听说，我们捐献一点可怜孩子的钱，被在中国黑市上汇兑，肥了某些官员的腰包，愿基督睁开他的眼睛，愿有关的人能到教堂忏悔。"读完，宋子文说："这笔对华救济联合会的捐款就是财政部掌管的，管得怎么样？据我所知，那笔钱总数是1700万元，究竟用在了什么地方？发挥了什么作用？再让他们接管租借法物资，结果可以想象！"孔祥熙坐不住了，他说："子文，那钱怎么是财政部掌管呢？救济款有专门的处理机构，财政部仅仅是代为收转，与财政部并没有任何关系。"宋子文又掏出一张纸，开始念最近美国报纸公布的中国通货膨胀率，自抗战以来，中国的通货膨胀率，一年比一年高，高到了荒唐的地步，从1938年的49%到1942年的235%。他质问："请问世界上哪一国有这样高的通货膨胀率？再问，1933年以前哪一年有过这样高的通货膨胀率？"明眼人都能看出，宋子文的攻击对象指向了孔祥熙。这还不算完，他接着说这家报纸还说："汇入中国的外币必须按官方规定的1美元折合法币20元兑换，但在黑市上一美元却能兑换法币3250元。如按官方汇率，重庆的一包美国香烟要花5美元（100法币），而在黑市上5美元（5×3250=16250元法币）却能买162包美国香烟。因此，捐给中国用作救济的千百万美元，一接触到孔祥熙狂热的货币市场，即不是化为乌有也所剩无几了。重庆的官方汇率已成为普遍的笑料，因为按照这种汇率，在重庆盖一个公共厕所要花1万美元……"

蒋介石如坐针毡，他应该是第一责任人，他慌不择言地说："那么请你讲讲，财政经济问题应该怎么处理才行？"他一言出口等于被宋子文牵着鼻子走了，完全忘记了开会的目的。

宋子文要的就是这句话，他马上接茬侃侃而谈，造成经济混乱的根本原因，是因为机构太多，而又没有一个机构具备解决所有经济问题的权力，政出多门，必然不能进行有效的管理。他提议建立一个专门机构，他可以辞去外交部部长之职，来监督其他机构。

蒋介石沉吟着，成立这样一个机构……

宋蔼龄见状赶紧给蒋介石递眼色，然后说，扯哪儿去了。

蒋介石赶紧把话拉回来，成立这样的机构，势必打乱现行的政府机构，也不符合宪法。

宋子文一看因大姐宋蔼龄的一句话，自己又要被动，恼怒万分，他开始抨击宪法，说宪法就是一个橡皮图章，是一个任人奸淫的"妓女"。这两句话同时影射孔祥熙和蒋介石，蒋介石被激怒，骂了句混账，抓起杯子朝宋子文打去，宋子文的额角立即鲜血淋漓，衣服也被茶水溅湿。蒋介石万万没有想到这次集会不但没有解决任何问题，还以流血而结束。

宋子文立即派弟弟子良去美国，牢牢地控制住环球贸易公司的管理权，以防备他在国内受大姐蔼龄的控制。此后数天，宋子文以受伤为由，拒不参加任何会议，想从他手中接权的企图被拖延下去。

宋子文使尽浑身解数挣脱宋蔼龄的控制，为了达到这一目的，他开始拉拢陈果夫、陈立夫兄弟，他们害怕的不是他，而是宋蔼龄和宋美龄，这一招很快产生效果。

子文失控，宋氏家族内部出现裂痕，宋蔼龄开始失势，她的时代也开始走下坡路。

宋子文在1971年4月25日于美国旧金山逝世，宋氏家族的一代大佬就这样在异国结束了自己不平凡的一生。

但是，在他去世之后，宋氏三姐妹却因为政治的原因，没有一个人参加他的葬礼。在中国内地的宋庆龄因为身份去不了，宋美龄为了蒋介石飞到了美国又飞回台湾，宋蔼龄则犹豫不决。这是一件很出人意料的事情，就连当时的美国总统尼克松都说："我真不理解你们中国人！"

转移财产的日子

1944年6月，夏花烂漫，枝繁叶茂，宋蔼龄却不能再享受重庆的夏天，她带着小儿子孔令杰夫妇陪同宋美龄去机场准备出国。一进机场就被中外记者包围，问题一个接着一个的迎面砸来，宋美龄铁青着脸一言不发，宋蔼龄虽然失势，却依然机智而巧妙地回答着记者的各种问题。奋力甩开苦笑着的记者们爬上飞机，经过漫长的飞行，她们在南美洲的重要城市巴西利亚下了飞机。

自从孔祥熙被蒋介石逼迫辞去财政部部长之职，宋蔼龄眼看着宋家在内讧中失势，心情自然不好。

现在，她们名义上是美龄出国治疗，实际上是出国避难。其时，去美国应该是首选的国家，可是，人在失势的时候，美国这个她们从小就熟悉的国度也不欢迎她们。

于是，她们去了巴西，住进了瓜纳拉巴湾上的布罗科约小岛上的一座诺曼底式的大厦，过着隐居的生活，极力地避免着与记者们相遇。

孔祥熙在宋蔼龄离开中国的同时，也出了国，去了美国的新罕什尔州的布莱顿森林，参加国际货币基金组织世界银行会议。

宋美龄在巴西进行治疗，宋蔼龄却频频地出现在重要的场合，她经过活动，接受了巴西铁腕人物热图利奥·瓦加斯的两次会见。她的机智和聪明发挥了作用，很快就与他成了好朋友，经常在一起喝茶，聊天，打台球，她的交际能力，是蒋介石的任何一届外交部部长都望尘莫及的。

此刻，热图利奥·瓦加斯正和宋蔼龄聊天，他兴奋地抚摸着她刚刚送给他的礼物，那是些中国明、清两朝皇帝御用之物。瓦加斯感觉到了宋蔼龄送他此物暗示着他的至尊至威，是和中国皇帝平起平坐的，他看着宋蔼龄侃侃而谈，知音之感油然跃上心头。他下令政府部门为宋蔼龄在巴西的一切活动提供方便，以显示他的权力和威严。

宋蔼龄在政治、权力斗争中失败了，孔祥熙的其他职位也将失去。她不会躲在光阴的墙角里低低的哭泣，她只是暂时的躲避，她只是趁着斗争的结局没有公开化之前，把国内的巨额财产转移出去，遥远的南美洲是她安放财产最佳选择。那个时候，巴西与中国联系不多，相对比较安全。另外，她看中了这块土地上的矿产丰富，发展前景美好，在这里投资能够获得丰厚的利润。她在巴西购买了石油、采矿、航运等产业的大量的股票，在圣保罗银行里存进了巨额现金。

具有丰富经商经验的宋蔼龄，她头脑清晰而缜密，她懂得理财准则，从不把财产放在一个地方。离开巴西后，她又飞到委内瑞拉首都加拉加斯、阿根廷的首都布宜诺斯艾利斯以及秘鲁、智利等南美洲各地，把巨款分散存进银行，购置了日后有利可图的财产。

办完这一切，宋蔼龄望着大洋彼岸的祖国，抚着自己的胸口，终于喘过来一口气。

当自己的祖国在战火中呻吟时，这位中国最高层的贵夫人宋蔼龄，却用了一年之久的时间，干着在把国内的财产转移到国外的勾当。

不管她们在国外做什么，蒋介石都如愿以偿，宋氏姐妹和孔祥熙一离开，等于失去了斗法的舞台，心头隐患终于被缴了械，他们只剩下独坐一隅哀泣，再也掀不起任何风浪了。

增灶减兵策略

俗话说，上山容易下山难。面对从顶峰跌落，宋蔼龄头脑依然清晰，她针对蒋介石对孔祥熙的打击分寸，感受到了老蒋在严格控制对孔祥熙的政治态度和关系，不许知情人有一丝的流露，其他方面，比如孔祥熙的经济问题，他就不管了，任人们去抨击去揭露。

面对墙倒众人推的局面，她经过深思熟虑，为孔祥熙制定了："边打边撤，步步为营、增灶减兵"的策略。撤是必须得撤，但是要稳妥，慢慢撤，撤得太快，会使全军覆没。孔祥熙在夫人的策略指导下，一步步的退隐，直到全身而退。

政治斗争从来都是残酷的。蒋介石这一手玩得高明，他自己隐在背后，指挥着他人弹劾孔祥熙。当陈果夫和陈立夫兄弟俩说孔祥熙的权力太大了，老蒋开始明里暗里地挤对孔祥熙，逼得孔祥熙不得不辞去行政院副院长和财政部部长的职务，蒋介石自己发表了一通赞扬孔祥熙的讲话或者文章，照准了辞职请求；紧接着有人把美国人对孔祥熙的评价，当成了借刀杀人的利器，把以往严格保密的消息播散出去，这一别有用心的做法很快收到效果。孔祥熙的劣迹通过美国人的口，在中国政界高层传播：罗斯福总统的私人秘书居里来重庆住了不长时间，就发现了孔祥熙许多劣迹，他曾当众说，中国要人的子女有170人在战争期间逃避兵役，在美国过着花天酒地的生活，他说的最主要的就是孔祥熙和他手下红人徐堪的子女；美国人想在中国物色一人担任燕京大学校长，孔祥熙认为他办铭贤学校尝到了甜头，想这是既捞名声又得实惠的好差事，就托司徒雷登帮自己活动，结果，美国政府来电说，孔祥熙政声不好，一口回绝了他；美国情报局早在美国公布过一份材料，1942年孔祥熙动用2亿美元的美国贷款，在上海向商人购买货物，结果，他购买了她老婆的货，黑掉了一半购货款。

甚至还有人说，听说罗斯福早就向委员长施加压力，要他撤掉孔祥熙的财政部部长的职务，委员长却没有采纳。这一次，孔祥熙的丑事都抖出来了，我看委员长非大义灭亲不可了。

这些传闻沸沸扬扬，无一利于孔祥熙，却对蒋介石百利而无一害，人们谁也不会想到是蒋介石想搞掉孔祥熙，还真以为孔祥熙犯了经济之罪，委员长也无法保他了。

陷入内外夹击深渊的孔祥熙，无奈一步步地从政坛上退了下来。

宋子文虽挣脱大姐宋蔼龄的控制，却没有参与整个阴谋活动。

老蒋的不依不饶

孔祥熙从南京政府成立之初就任部长，并升任为行政院副院长、院长，是国民党政府中大人物，小事是搞不掉他的，必须拿出证据确凿的大事，才能引起公愤，把他整下台。

蒋介石懂得这个道理，他精心安排了整垮孔祥熙的阴谋。

舆论造得沸沸扬扬后，蒋介石动真格的了。他打定主意，拿孔祥熙近期私分美金公债的事开刀，此事数额巨大，必能引起公愤；另外事涉美国，他可以轻松地把责任推到孔祥熙的身上，整垮他，自己把责任推脱掉，就可以溜之大吉了。

美金公债事件究竟是怎么回事呢？

太平洋战争爆发后，为了使中国能在大陆牵制日寇，美国政府给了蒋介石的国民政府5亿美元的贷款。孔祥熙当即召开财政部和中央银行高层领导会议，对如何使用这笔贷款进行了研究，一致决定，3亿美元向美国购买黄金，1亿美元购买军火，1亿美元作为发行美金公债的储备；并决定按官价汇率法币20元兑换1美元。公债发行之后买者寥寥，究其原因是因为国民党发行的公债太多了，且有骗钱花招。百姓谈公债噤若寒蝉。直到有人得知确有美金储备，并透出风声，才逐渐有人购买，后来竟成了最抢手的紧俏货。买到公债的人到黑市立即就可以以1美元换到100法币。

一向对金钱敏锐如猎鹰的宋蔼龄，嗅到了美金公债散发出来铜臭的味道，那是她喜欢和追逐的味道。她认准这是个发财的好机会，就问孔祥熙，还有多少公债没有卖出去，孔祥熙估计售出的还不到一半。她说，好，公开销售就到此为止，剩下的我全要了。孔祥熙害怕突然停止销售美金公债，民众万一闹事，会惹大麻烦。宋蔼龄伸出手指点着孔祥熙的脑门，生气地嚷道，闹什么事？卖完了谁有办法？想要早干什么去了？孔祥熙一想也是，马上指示国库局局长吕咸和业务局局长郭景琨等人，要留部分公债慰劳办理公债有功人员，要他们分头去办。于是，第二天报纸上发出一则消息称：民众积极支持抗战，购买公债空前踊跃，全部公债可望周内售罄。办事人员得到指示，一是尽量少卖；二是延长办公时间。结果人挤的多，卖出的速度却很慢，一直持续到下午5点钟，各办事处同时挂出牌子：公债售完。实际上，公债还剩下整整一半5000千万美元，没有卖出。

吕咸和郭景琨等人把没卖出的公债押解回库后，只分给办事人员分一点，局长级的人大约分得两成，其余的就全部进了宋蔼龄的公司，从此，黑市上兑换美国公债黑云滚滚了。宋蔼龄仅这一次在黑市上的兴风作浪，就赚了近30亿法币。有正义之士发现美金公债的这一猫腻，告发国民政府有关机构，蒋介石派人去查，事实证据确凿。却被老蒋压了下来，他要把他作为底牌，没风就压着，有风刮起来，就抖出来，让孔祥熙吃不了兜着走。

现在，老蒋就把底牌亮了出来，他想用这件事一下子整垮孔祥熙，让他永远不能翻身。

1945年初，国民党召开国民参政会，孔祥熙鲸吞美金公债的事，突然在会上传开。这一消息简直如一个炸雷，把整个会场搞得沸沸扬扬。参政员们早就对孔祥熙和宋蔼龄不择手段敛财愤愤不平了，以往写的提案都被蒋介石压住了，这次，他们感到机会来了，立即写了提案，准备在会上通过，将孔祥熙交给政府严办。

参政会主席团成员王世杰认为现在案情性质尚属嫌疑，劝大家等案情调查清楚再写提案不迟，万一政府调查与事实有出入，恐对提案人和大会信誉有损。他要求自动撤销提案另行处理。

王世杰这种做法，如风助浪潮，掀起更大的浪涛。参政员们愤怒的情绪高涨，纷纷在提案上联署签名，并拿出确凿的证据。

这时，监察院院长于右任也提出了对孔祥熙的弹劾案。

陈布雷把这件事向蒋介石作了报告，蒋介石听后阴沉着脸，叹息道："这件事情很糟糕，庸之只好辞职了，所吞美券分期吐出吧。"想了想，又说："只是这件事一列入提案公开，将会对政府造成极坏的影响，让美英苏等友邦认为我们是一个徇私舞弊的国度，将对我们抗战不予支持。这样吧，布雷先生，你找他们谈谈，说清这件事的利害关系，就将大会提案改成书面检举，直接送我好了。"

陈布雷按照老蒋的旨意，说服参政会成员压下了提案，这一做法，惊动了更多的人，愤怒的人们狂澜一样涌动不已，不少人在会上大喊大叫，要求"除权相""杀晁盖以谢国人"；有人还提出了一个质询案，要求孔祥熙亲自来大会说清楚。这样，孔祥熙真的栽大了，栽在了蒋介石的手里。

蒋介石怕物极必反，反而惹出其他是非，就派人来取走了质询案。

一时间，孔祥熙鲸吞美国公债、徇私舞弊的事，闹得满城风雨，威信扫地，名声一落千丈。他乖乖地辞去了行政院院长和财政部部长的职务，之后，又相继辞去了中央银行总裁、中国农民银行董事长、四行总处副主席等职务。辞去了这五个重要职务，只剩下中国银行董事长、国府委员和国民党中央执行委员这几个虚职。他被迫出国"开会"一年，再也没有任何能力庇护宋蔼龄捞钱捣鬼了。

宋蔼龄 全传

Biography of Song Ailing

第十三章

留在大陆的最后时光

人生有高潮就有低谷，所谓三十年河东三十年河西，就是这个道理。

足智多谋，喜欢处处占上风的宋蔼龄，也有马失前蹄跌入低谷的时候，她和宋美龄一起出国，避难也好，转移财产也好，在南美洲生活一年后，再次回国，已是物是人非。

重返太谷，去北平见老朋友，她尝受了世态炎凉的滋味。

在青岛受到美国上将柯克的热情接待，为去美国定居铺好了路，让她的心有所安慰。

当飞机起飞，她诀别大陆去美国，心有不甘地坚信她还能回来。

宋蔼龄是不甘心失败的，她留下自己子女——两虎一凤，作为伏兵，继续利用国民党政权挣钱，同时，帮助宋美龄巩固在"蒋家王朝"中的权力地位。

她的如意算盘，打得并不如意。

再次回国的日子

孔祥熙和宋蔼龄出国一年后，再次回归，抗日战争已经结束，欢庆的锣鼓声中，宋蔼龄看到的不仅是物是人非，还有离国期间的政界风浪的余波。

宋蔼龄和孔祥熙离开重庆，搬迁回南京故宅，旧时曾热闹的官邸，如今只剩下寂寞和荒凉。

昔日宾朋在哪里？门可罗雀任悲伤。

宋蔼龄怎肯甘心退出历史舞台？

隐忍了一段日子后，宋蔼龄去找蒋介石，她向他一一细数自1927年起，她是如何支持他创立南京政府，为他从武汉政府拉回宋子文，给他以财政支持；如何与美龄一起为他拉拢美国，争取外援的功绩；自己的丈夫孔祥熙又如何坚持多年如一日地唯蒋命是从，特别是主管财政以来，为保证蒋介石的军费需求和积累官僚资本所做的努力，为蒋介石个人增值财富所给予的特殊照顾；她对蒋介石过河拆桥的恶劣行径深表不满，她不断地质问蒋介石，为什么这么对待孔祥熙和自己。

蒋介石冷冷地听完，不做任何解释，只告诉她下面揭出的丑闻，究竟是真是假？你们身为国家要人，应该替政府打算，只知一味地贪财，多少能够满足？事到如今，老孔已经辞职，年纪也大了。我不会忘记你们的功劳，以后在适当的机会，再为老孔说些好话，你们安度晚年吧。

宋蔼龄心里冷笑一声，阴阴地表示谢意就告辞了。她这次来见蒋介石就是试探底细，看蒋还有没有新花招，她已经达到目的，只要不再对蒋的行为多加干预，基本可以相安无事。

夜，已经很深了，孔家的主卧室里的灯还亮着。

灯下，宋蔼龄和孔祥熙两个人头碰头密谋着他们将何去何从。"出国定居"这个四个字一出口，两双眼睛都直勾勾看着对方。许久，两个人决定，走为上策，不在蒋介石眼皮子底下惹烦。宋蔼龄的眼珠子转了又转，她怕这样走走不利索，难免又生枝节，溃退之时被人追杀，就是出了国也不得安宁。她眨着困乏的眼皮，为孔祥熙制定了一个以攻为守的策略，也叫佯攻实退。

宋蔼龄要孔祥熙继续去政界活动，却受到了抵制，孔祥熙想起宋子文曾说给老蒋当部长不如一条狗的话，心灰意冷，说啥也不肯。

宋蔼龄瞧着他一顿骂，你还是博士、孔圣人的子孙呢，中国的文化权术一样也没吃透。《孙子兵法》说，善战者胜而不败，败而不亡，亡而不死。我们现在败也败了，亡也要亡了，只剩亡而不死了，这一条再做不到，就连命也没有了。

孔祥熙一拍大腿，恍然大悟。

蒋介石的伪国大会上，孔祥熙开始了他的活动，在自己的山西祖籍上，大做文章。他积极联络冯玉祥、阎锡山等北方出身的代表，请些下层人士吃饭、送礼品，以套近乎拉关系，摆出一副要竞立法院院长或副院长的姿态。他的活动奏效了，竟然有人开始同情他，毕竟从政这么多年，功劳，苦劳，疲劳的，谁会没有？混成今天的样子也太惨了，竞选呼声出人意料的高。

陈果夫和陈立夫兄弟，历来把持着立法院。他们一看孔祥熙的攻势不小，怕他万一选上就不好动他了，就和政学系首脑张群联手活动，小会动员，私下串联，一致抵制，结果，孔祥熙败下阵来。

宋蔼龄为自己的神机妙算很是得意，孔祥熙虽然落选，却再一次显示了败而不亡，还有活动的力量，真乃令人不能小觑。这下，她可以和孔祥熙从容安然地清理财产，准备出国事宜了。

正在这时，一件怪事让宋蔼龄颇费思量。

蒋介石的国民政府离开重庆搬回南京后，四川的尹昌衡、刘存厚、田颂尧等60多人，联名给蒋介石写了一封呈文，同时，将副本呈报孔祥熙。呈文要求派孔祥熙到四川任省长，主持川政。这篇呈文把孔祥熙捧得极尽肉麻，好像他就是救世之主，没有他四川人都活不下去了。

孔祥熙被捧得不知天高地厚了，甚至热血沸腾，高兴得就差手舞足蹈了。想起自己这一年处处受到的冷遇，和过去的生活天壤之别的境遇，竟然有些动心。当他对刘存厚等人说，我孔某对四川有感情啊，果得人民信任，自是义不容辞，只是委员长那里……谁知，刘存厚等人立即躬身到地，只要庸公有意，委员长那里，我们定会极力争取，您就等着听消息吧。

孔祥熙内心燃起了一把大火，那火正熊熊燃烧。

送走了刘存厚等人，宋蔼龄认真地看了呈文，她的思索冷静而透彻。她一句句地分析给孔祥熙听，从民国政府从没有过真正的民意测验开始，大讲蒋介石的独裁统治，然后，告诉他，中国不是没有人能统治四川，而是人太多了，里面大有名堂，一个个眼红地盯着这个职位，不要手腕是争不来的。接着，她用《三国演义》里的死诸葛吓走活仲达的故事，告诫孔祥熙不要被捧晕了。蒋介石和四川军阀矛盾重重，四川军阀内部派系林立，现在抬出你来，不过是借你压制其他人，压那些不合他们意又没有正当理由来反对的人。我们到了今天这种地步，千万不能做为别人火中取栗的事。

宋蔼龄的一盆冷水浇醒了孔祥熙的一方诸侯之梦，他马上找人给蒋介石捎话，自己无意担任新职，四川之地更不愿前往，蒋介石立即照准。

就要出国定居了，宋蔼龄深夜难眠，自从和老蒋同船之渡，虽然换来孔祥熙地位暂时的显赫，也积累了万贯家产，却时时处于阴谋帷帐之中。宋家是她一手锻造的，今天却在忘恩负义、心狠手辣的蒋介石的玩弄下处于分崩离析的状态，大弟子文至今都看不透蒋介石的那一套玩弄权术的手法，视亲姐和姐夫为仇人，宋家就这样花落随水去风雨飘零了吗?

不! 孔祥熙走了，宋蔼龄走了，我们还有"二虎一凤"，再说，蒋介石要继续获得美国的支持，还离不开美龄，没有美龄与美国保持联系，蒋介石的政府就维持不下去。假如美龄有一天接了老蒋的班，那天下还是在宋家手里。只是目前还有个蒋经国在虎视眈眈。要设法让自己的孩子全力辅助美龄，那样，将来之天下，是谁的就不一定了。

宋蔼龄想到这，不再哀怨，她的眼睛，又恢复了以前炯炯有神的样子。

她立即把孔令侃、孔令俊和孔令杰找来，如此这般，面授机宜。

重返太谷更伤悲

一切安排妥当，宋蔼龄与孔祥熙相携一起，再次重返太谷。

站在太谷的土地上，宋蔼龄思绪飘飞，情绪激动。

第一次来太谷时，正是秋叶枯黄，疾风劲吹，却喜气洋洋，坐在16台大轿上，听着喜庆的唢呐和锣鼓奏响的乐曲，还有太谷城里的鞭炮声，看着围观的乡亲们，心里暖暖的。这次却不同，虽然春光明媚，草长莺飞，却心情沉重，不见一丝喜气，官僚乡绅们的客气里，充斥着敷衍的冷漠，邻里乡亲们远远地看着，没有人上前打招呼，那种冷落让人心里不是滋味。

宋蔼龄站在黄土高坡上，放眼太谷景致，心情的沉重，被涂抹上了另外的一层意思。一别就是32年，可是，这里的贫瘠不但没有改变，却更加荒凉、残破；人们破衣烂衫，满脸的菜色，让人显得呆滞，哪里能见到孔祥熙说的"纽约不如太谷"的模样？幽默也好，夸张也罢，担任要职20多年来，当财政部部长就是十几年，可是，为百姓都做了些什么？为什么国家依旧贫穷，百姓依旧在水深火热中挣扎？把国家治理成这个样子，难道心里就不愧疚吗？

祭扫先人之墓，是他们回太谷的比较重要的大事。这一走，不知何时再回来了。宋蔼龄站在公婆的墓前，心里一阵难过。

孔祥熙在父母的墓前摆上了时鲜的水果和酒水点心，又在孔家老坟的每一座墓前都供上了丰盛的祭品。宋蔼龄和孔祥熙并肩站在一群兄弟子侄的最前面。孔祥熙甩了甩袖子，一群人呼啦啦地跪倒，只有蔼龄没有下跪，不是不想夫唱妇随，而是因为信仰不同，她俯身弯腰施礼。

在太谷的日子倏忽而过，就要走了，此一去万里之遥，是否还能再回来？

宋蔼龄满心惆怅地望了望孔祥熙，恐怕此时，他和她的心情一样的沉重吧？

这一天，孔祥熙说要带宋蔼龄去太谷城西5里远的程家庄，她没说什么，跟着去就是了。进了井儿院，孔祥熙带她进了西厢房，手指土炕，讲了自己的身世和少年贫困生活的真相，宋蔼龄吃惊地张大了嘴巴。

孔祥熙告诉她，之所以隐瞒幼年家贫的历史，一生也没有对任何人吐露过家庭真相，开始是为了面子，为的是借此抬高身价；担任政府要职后，目的就是为了证明现在的财产大部分是祖传的，并非利用官职舞弊所得。可惜，身价是由此而高了，最后还是落得了个贪污的臭名。

宋蔼龄心里不知是什么滋味，怪丈夫骗她一辈子？还是佩服他表面平庸、实则老谋深算？

孔祥熙却在絮絮叨叨地埋怨，这辈子被蒋介石坑了。

宋蔼龄一听到这里，就咬牙切齿，表示君子报仇十年不晚，跟他的账慢慢算。

孔祥熙颓废地叹了口气，我们输完了，我已经67岁了，来日不多，哪还有机会？

宋蔼龄怪他没有出息，要他学习姜子牙，80岁开创周朝八百年基业。

两个人被不快笼罩着，哀怨而落寞地走出程家庄。

诀别大陆去美国

宋蔼龄和孔祥熙离开太谷到了北平，又一次体会到了人间的世态炎凉。

官员们对孔宋二人的接待不冷不热，那客气中的冷漠，礼貌中轻蔑，足以让两个凉透了心。倒是几位平时不怎么来往的旧友，情真意挚，非常热情。孔祥熙望着手中那杯已经凉了的茶，若有所思。他第一次骂人了，骂那些势利小人，在他得势的时候，极尽溜须拍马之能事，现在，却冷淡疏远他。还是宋蔼龄看得开，和他一起去青岛会几个美国朋友，另外开辟一条路。

踏上青岛的土地，孔祥熙感慨颇多，这里曾是他步入政界的发祥地，旧地重游，心里肯定五味杂陈。现在，自己的境遇究竟是一生中一劫呢？还是最后的命运？出国定居是将客死他乡呢，还是一条东山再起的终南捷径？

宋蔼龄是善于抓住关键问题的，她没有时间悲哀和凄怨。一到青岛，她就积极精心地安排了同美国太平洋舰队司令柯克上将的会见。她知道，这次会见是关系到他们到美国定居生活的一系列问题。

在青岛海滨的洋房别墅里，柯克将军盛情地款待了宋蔼龄夫妇，进行坦诚的交谈。让心情黯淡的孔祥熙获得了心理安慰。

这次见面和去巴西转移财产时会见瓦加斯不一样，宋蔼龄改变了战术，她没有像送瓦加斯古董文物，再加些廉价的吹捧那样，而是向柯克将军提供了一些美军感兴趣的东西，比如未来中国可能发生的变化，她预料这些情况，能让柯克将军处于比美国同行更有利的位置，知道世界包括中国各种力量的真正底数，特别在这方面，宋家和孔家能够发挥的作用。她努力使柯克将军相信，宋家和孔家仍然是对中国以后发展趋势有操作力的力量，是保证美国在华利益的可靠伙伴。

聪明机智的宋蔼龄的努力，没有白费，柯克将军明确保证他们在美国居留时将受到友好的对待。

临行前，宋蔼龄到上海的万国公墓拜谒了父亲、母亲的陵墓。她始终认为她还会回来，明年是父亲宋嘉树逝世30周年祭辰，她要把弟弟妹妹们都召集在一起，搞个纪念仪式，和家人好好团聚一下。

上海虹桥机场，宋蔼龄坐在候机大厅里，低头不语。

她等待着飞机起飞，心里五味杂陈。

忽然有人递给她一封电报，她抬起头接过电报，满眼是泪地读着报文。电报是宋庆龄打来的，她祝大姐蔼龄旅途顺利，到美国后生活愉快，也希望她能认清形势，适当的时候重返国内。

当飞机起飞后，她回眸看生她养她的祖国大地，泪水夺眶而出。伏在舷窗前，望着片片浮动的白云飞速地退去，她孤独的心，忽然不安，被懊悔和沉重所摄住，她感到自己这大半生最对不住的人，是胸襟光明磊落、纯洁无瑕的二妹宋庆龄。

宋蔼龄是独自去的美国，她不想让外界知道她和孔祥熙出国定居，一个人是迷惑别人的。孔祥熙会在适当的时候去美国的。她的老谋深算，让她这次出国很是顺利。

身在异乡，宋蔼龄被一滴硕大的泪浸泡着，只在记忆中遥望炊烟袅袅升起，田野铺展辽阔的桑梓之地。自己这次来美国和15岁到美国留学的感受，是那么的不一样，她的去国怀乡之愁，一日胜似一日。

不久，宋蔼龄病了，她给孔祥熙发了电报，孔祥熙以她身染重病为由，匆匆离开中国，踏上美国的土地。

宋蔼龄万万没有想到的是，蒋介石把他们夫妇逼出了国，自己在大陆兵败如山倒，两年后也屁滚尿流地逃亡台湾，她一手扶持并积极效力的腐朽政权彻底垮台，她根本就不可能重返大陆和蒋介石斗法了，祖宗墓园所在之桑梓，只能在梦中相见了。

祸兮福兮？在中国人民解放军彻底捣毁"蒋家王朝"的最后岁月，孔祥熙已从国民党的政治舞台消失了，因此，他是"四大家族"中唯一没有被列入战犯的人。

中国共产党和人民政府始终向一切愿意回国的人敞开大门，宋蔼龄却始终没有回来。倒是宋庆龄因为多年来一直坚持孙中山的革命理想，毫无畏惧地同背叛孙中山主张的三民主义和"三大政策"的蒋介石进行着斗争，为人民的事业做出了杰出的贡献，受到人民的热爱，在新成立的人民政府中担任重要的领导职务。她不计前嫌，向大姐蔼龄和大弟子文发出深情的呼唤，但是他们没有回来，一直飘零海外，直到葬身异国。

暮色中，浮云游子意，落日故人情。

是谁总是在拥有中失去？

秋天深处，那几声凄婉的虫鸣，仿若线装书里无言的独白。

"二虎一凤"是伏兵

宋蔼龄一直心机深深，思考问题周密严谨，老谋深算。自己要走了，宋家在"蒋家王朝"的力量被削弱了，但她是不会甘心的。她想到了她和孔祥熙的3个子女——孔令侃、孔令俊和孔令杰，他们可以成为她留在"蒋家王朝"里伏兵，为宋家保留着衰而不死的人气，或许，有朝一日，他们再重新杀回来，谁胜谁败还真不好说呢。

宋蔼龄在去美国之前，召集"二虎一凤"开了个会，面授机宜，交给他们两大任务：继续利用国民党政权赚钱，她对"二虎一凤"讲，她考察过的所有国家中，只有国民党掌权的中国赚钱最容易，所以，要他们把握好时机，多赚钱，那样我们才有出头之日；宋蔼龄觊觎"蒋家王朝"的权力已久，她一直妄想着有朝一日宋家能取蒋而代之。因此，她安排她的伏兵想方设法地跟蒋经国捣乱，帮助美龄巩固地位，使她在争夺蒋介石继承权中处于有利态势。

宋蔼龄的这"二虎一凤"却记牢了如何赚钱，忽略了和蒋经国争夺政权的厮杀。

时至1948年的夏天，"四大火炉"之一的南京，闷热难挨，蒋介石站在地图前，不时地擦着脑门上的汗，心中的焦虑胜似这该死的热天。突然，他伸出手指在地图上快速移动，东北、西北、华北、中原等战场上，中国人民解放军长驱直入，国民党军队却节节败退，蒋介石除了骂娘，一点招都没有，养了一群饭桶，美式装备的飞机大炮居然打不过共产党的小米加步枪，眼看着"蒋家王朝"风雨飘摇，他已无力回天，他颓然坐在沙发上，手抚额头，闭上了眼睛。

蒋经国走上前来，向父亲报告，眼下全国经济混乱，满朝文武大臣都在趁乱捞钱，现在，覆亡之际，捞钱更是无所顾忌。下面走私贩私，投机倒把，整个国统区的物价飞涨，1937年100法币能买2头牛，现在却只能买2粒大米。照此下去，政权肯定是保不住了。

蒋介石听了蒋经国的报告，心里压着的大石头更加沉重了。他想起前不久大国舅宋子文报告说，一艘装着60辆坦克的轮船在太平洋上沉到海底，可派人一打听，那60辆坦克在美国根本就没装船。再打听，那60辆坦克在美国的军工厂根本就没有制造，那么订购坦克的钱呢？蒋介石悲哀地摇了摇头，去年一年的军费开支已达到100万亿法币，而全年的财政收入总共不过17万亿，这么大的窟窿怎么补？

心乱如麻的蒋介石突然意识到，经济上混乱比军事上的失败更糟糕。

他吩咐蒋经国立即赶往上海，把私人手里的黄金、白银和外汇，全部收回换成金圆券，严厉打击投机倒把的奸商，平抑物价，把大后方的经济形势稳住。这样，才能跟共产党打到底。

蒋经国接受了经济管理督导员的任命，踌躇满志地奔赴上海，为了蒋家的天下，他决心跟那些只管自己发财的贪官奸商大干一场。

1948年8月20日清晨，蒋经国率领"行政院戡乱建国大队""大上海青年服务总队""青年联谊会"等亲信组织的大批人马，浩浩荡荡地抵达上海，掀起了中国现代史上的一场经济风暴。

蒋经国到上海后，第一时间颁布了命令：黄金、白银一两都不准出口，一两不准存留，全部送到银行兑换金圆券；一切商品的物价，全部停留在8月19日的水平上；所有商店、仓库的货物，必须敞开销售，不准囤积居奇，不准转移外地……如有违反，严惩不贷！并且号召市民告密，揭发那些贪污受贿、走私贩私、投机倒把的官员和商人。他在电视广播中慷慨激昂地高喊口号："打倒投机家，消灭暴发户！""专打'老虎'，不拍'苍蝇'！"

蒋经国这回动真格的了，他亲自指挥上海宪兵、警察，连同选拔的几万青年，一齐出动，检查物价，审查账目，查封仓库，接受告密，刮起了一股"打虎旋风"。

蒋经国为了震慑那些大"老虎"，大开杀戒，大有杀鸡给猴看之意图，财政部秘书陶其明，泄露经济机密，大搞股票投机，被人赃俱获被杀；上海警备区司令部经济科科长张亚尼和稽查处第六大队队长戚再玉贪污勒索被杀；行政院长孙科的经纪人、大富商王春哲囤积居奇，哄抬物价被杀。

一连杀了3个人，蒋经国威名大振。被外国记者称为"经济沙皇"，上海市民欢呼雀跃，那些贪官污吏和奸商们却胆寒气虚，唯恐罪行暴露，被蒋经国抓个现行而丧命。

孔令侃和孔令俊兄妹俩却"稳坐钓鱼台"。

这天，两人坐在四川路嘉陵大楼上喝茶，各自显摆着谁赚钱最多，手下喽啰跑来报告，杜老虎昨夜往香港运金条，被抓起来了！孔令侃一听很是吃惊，难道这蒋经国不知道他是杜月笙的儿子吗？小喽啰告诉孔令侃说，就是蒋经国下的令，他这次动真格的啦，就是玉皇大帝违令也不行。孔令俊一挥手，小喽啰下去了。孔令侃在屋内徘徊，他怎么也想不通，蒋经国竟然敢抓杜月笙之子，难道他不知道这杜月笙曾经助老蒋上台吗？

孔令俊乜斜着眼睛，看着哥哥孔令侃心神不定的样子，放下手里的茶杯，讥讽他怕了，不如尽早去向督导先生投案去，争取宽大处理。

孔令侃停止了徘徊，站定在哪里，陷入了深思。这蒋经国也许不过是做做样子，抬高自己而已。1939年，他任赣南行政督察专员兼保安司令时，不就是这样狐假虎威、狗仗人势吗？一上任就高喊什么"打倒封建恶霸势力"，禁烟、禁赌、禁娼，严刑峻法，该杀的杀，该关的关，该罚的罚，还真的使那些有名的恶势力收敛了许多。这次来上海就摆出一副铁面无私、六亲不认的架势，给谁看呢？我看敢动别的公司，谅你也不敢动我的扬子公司。我连行政院长的绝密情报都敢截获，还有什么不敢做的？现在，我公司只做现货交易，不做期货生意；只收黄金美钞，不收国币，哪还有第二家？我套用国家外汇购进美国汽车，专卖黑市价，哪一笔利润没有三四倍？前年，我走私运进一批马口铁，被海关查住，结果还不是乖乖放行？我把它卖给了国家，还不是多赚了几百万？想到这里，他稳了稳神，恢复了天不怕地不怕的模样。

蒋经国在上海的"打虎"风暴中，很是得意，特别是抓了杜月笙的儿子后，竟然有一种大功即将告成的感觉，谁知从各方面报来的情况看很是不妙：银行收兑的黄金越来越少，今天就只收到六钱；各公司的物价不见上涨却挂牌宣布无货，市民们陷入了一片恐慌之中，这无疑是兜头浇了他一盆凉水。

夜色迷蒙，上海进入梦乡。蒋经国还在伏案思索，下一步棋应该如何走，如何使上海的经济复苏。突然，嗖的一声，一把飞刀扎进桌面，蒋经国受惊不小，倒吸一口冷气，浑身冷汗，他拔出刀来，看见一张纸条，定睛一看：督导员先生：打虎精神，可钦可佩。不过杜老虎之流，尚属虎崽，斑斓猛虎是否敢打？如有胆量，是否敢去青岛蒲石路扬子公司、四川路嘉陵公司一行。这封具有恐吓和挑衅的信，让蒋经国精神为之一振，不擒虎王，难以服众，这次行动也难以有收获，更别谈功劳了。

灯光下，蒋经国拍了拍脑门，深深地吸了口气，他的思绪被引到宋蔼龄的身上，这位让人既恨又怕的女人，确实不好惹。抗战前，她就利用国家财政机密，大搞股票投机，被工业部长吴鼎昌查实揭露，但最后，宋蔼龄没损毫发，吴鼎昌却丢了乌纱帽；孔令侃和孔令俊兄妹俩在抗战中，多次违法乱纪，营私舞弊，也一直逍遥法外。这次，蒋经国以为手中有老蒋的"尚方宝剑"，还真不信这个邪了，他要"老虎屁股上拔毛，太岁头上动土"了。他集合好人马，安排心腹爱将王升去嘉陵，他自己去扬子公司！王升却惧怕圣亚魔女孔令俊，蒋经国就叫他去扬子他自己去嘉陵，王升神秘地拉他进屋说出自己的真实想法，这件事莽撞不得，并用吴浩宇查孔家仓库一事提醒他，捅了孔二小姐的马蜂窝，怕她做出绝事来。为国牺牲事小，耽误了委员长整顿经济事大。无奈，蒋经国先带人去孔令侃的扬子公司，看看动静再说。

当蒋经国率领着全副武装的缉私队来到扬子公司，13层大楼堆满汽车零件、呢绒、西药，宣布查封后，进行了仔细地搜索，没有查到黄金。他们又来到一条窄巷子里破旧仓库。亮出搜查证，在破铜烂铁里折腾了半夜，弄得尘土飞扬，却一无所获，只好撤离。

走到半路，蒋经国突然命回去再查。王升问其缘由，他说，我们搜查的时候，那个范河马一副无所谓的样子，我们撤离时，他明显地长出了一口气，一副如释重负的样子，这里面一定有问题。

蒋经国的回马枪杀的很有收获。仔细一搜，果然在一堆烂箱子下面，发现一箱箱的黄金。附近有一扇小门直通海港，显然是准备偷运出境的。

蒋经国正准备抓人，走来一位西装革履、戴金丝眼镜的青年男子，扬言说货是他的，要抓就抓他。蒋经国一看果然是孔令侃，把心一横，私藏黄金，违犯法令，喝令手下将不可一世的孔令侃抓起了来。

孔令侃托人找来孔令俊，要她想办法救他出去。孔令俊笑嘻嘻地告诉他，不出3天，我保你安然回家。

孔令俊破马张飞似的驱车跑到南京，直奔宋美龄卧室，求她救救孔令侃。宋美龄有些为难，她和蒋经国敌对已久，她是说不上话的；孔令俊要她直接跟蒋介石说，宋美龄表示蒋经国是他安排去上海整顿经济的，让他出面不是自打嘴巴吗？孔令俊恳求无效，只好使出撒手锏，要美龄告诉老蒋，3天后如果不见孔令侃出来，她就在报纸上公布他们在海外的财产！

孔令俊知道，蒋介石的海外存款都在美国和巴西，由孔祥熙代管着。这时正赶上美国认定蒋介石政府是个腐败的政府，要求换掉蒋介石；国民党内部的反蒋势力也格外活跃，这魔女要是真急眼了，真把老蒋的海外财产内幕公布出去，蒋介石非立即下台不可。宋美龄无奈第二天就飞去上海，要蒋经国放了孔令侃，蒋经国倚仗着父亲不肯就范。蒋介石无奈，于第三天乘"美龄号"飞机从北平赶到上海，当着许多军政大员宣布："扬子公司一案立即撤销，上海经济管制结束。"

蒋经国万万没有想到，他踌躇满志地经济整顿就这样草草收场，他万分不情愿地发了个《告上海同胞书》，要上海市民自己防备奸商，灰溜溜地回了南京。

身在美国的宋蔼龄对孔令侃和孔令俊很不满意，没为宋家得到丝毫的好处，反倒使孔家失去了在上海赚钱的机会。事已至此，不罢也得作罢。

站在窗前看着美国天空浮动着的白云，以及白云下面鳞次栉比、风格各异的建筑，宋蔼龄深深地叹了口气，若有所失的惆怅笼罩了她的心。

宋蔼龄 全传

Biography of Song Ailing

第十四章

异域仍旧风光无限

世上的事情就是这样，"祸兮福之所倚，福兮祸之所伏。"

孔祥熙被贬，当时心情糟糕透了，却在解放大军掀翻"蒋家王朝"后，变成了好事，因为他早已淡出国民党政界，营造了自己的安乐窝，没有被列为战犯。随着时间的推移，宋蔼龄和孔祥熙因祸得福重铸梦，仍然做出有一天能够东山再起的梦。

为了再度出山，也为了能在美国站稳脚跟，眼光超前的宋蔼龄和尼克松交了朋友，并出重金支持他爬上了副"总统"的位置，从而，她在美国找到了靠山。

宋美龄为了阻止李宗仁以"总统"的身份去和杜鲁门会见，情急之下，想出了收买记者和监视李宗仁之计，失败后，气急败坏，宋蔼龄出主意，让大使顾维钧躲开，让李宗仁和杜鲁门联系不上，果断抽掉踏板。

再助老蒋东山再起，宋蔼龄一次就给宋美龄3000万，助她在美国演讲游说。

因祸得福重铸梦

宋蔼龄被迫出国定居，心情肯定糟糕，不久就病倒了。孔祥熙接到她的电报，立即飞到美国，二人住进了早已购好的里弗代尔别墅，过起了隐居生活。

异国他乡的生活被惆怅和哀伤所笼罩，宋蔼龄感到，她的心中，除了汹涌的浪涛就是夜晚的黑暗，不会再有阳光了，泪水常常从抑郁的眼睛里流出。为了排遣寂寞和郁闷的心情，她将一副楠木雕刻的对联挂在卧室墙壁上，不时地看一看，读一读："水宽山远烟霞回，天淡云轻古今同。"

宋蔼龄和孔祥熙读着曾国藩作的对联，告诫自己千万不要伤了身体，静心养身，宽心处事，忘掉被贬之伤，留得青山在不怕没柴烧。

孔祥熙心中的郁闷，虽然不能一扫而光，却随着时间的推移，逐渐走出阴影。在美国居住了一段时间，他就跑到香港，办了一份报纸，密切关注着国内动态，毕竟他忘不了当年在国民党政府做官时的情景，那前呼后拥、作威作福的画面，在他的脑海里，电影镜头一样迭出，他的心中，仍然残存着东山再起的愿望。美国的生活再好，毕竟是异乡，没人买他的账。

《老子》第五十八章云："祸兮福之所倚，福兮祸之所伏。"人世间的事情就是如此，福与祸相互依存，可以互相转化。坏事可以引出好的结果，好事也可以引出坏的结果。

这个时候，正当国内各方面的势力斗争日趋激烈，矛盾分化瓦解，革命斗争风起云涌时期。国民党内部的"四大家族"必然分裂，蒋介石政权必然垮台。只是，孔祥熙没有想到会来得这么快。

首先是四大家族的第三次分裂。宋子文被蒋介石免去了行政院长，最高经济委员会委员长、四银行联合办事处理事会副主席等要职，只剩下政府委员，中央执行委员。真是三十年河东三十年河西啊！这让孔祥熙兴奋不已，想当初，自己被贬，宋子文从自己手里接过这些权力时的得意，他就恨不打一处来。你宋子文也有今天！他又看到，宋子文的确与自己不同，那个时候，自己被约主持川政而未去，而宋子文却高兴地去履行广东省长之职，年底他再被委任为广东省绥靖公署主任、军管区司令，继续为蒋介石卖命。

紧接着，解放战争的炮火，让蒋介石的日子越来越不好过。辽沈战役，让他失去了东北；平津战役，和平解放了北平；淮海战役，让老蒋失去了半壁江山；百万雄师过大江，蒋介石丢了老巢南京，屁滚尿流地滚到台湾去了，在一个小岛上苟延残喘。

孔祥熙看到宋子文被免职后继续为"蒋家王朝"卖命，被列为仅次于蒋介石的第二号战犯时，他的心态完全放平了。因为他早已淡出国民党政界，战犯的名单上没有他，这不是因祸得福吗？虽然，他和宋蔼龄被逐，属于争权夺利的撕咬中占了下风，但毕竟是一种失败。现在，国民党在中国的统治结束了，他再也没有在大陆出山的机会了，他的兴奋不减。

孔祥熙立即飞回美国，他要和宋蔼龄一起分享这些喜讯，以扫除被贬后的抑郁。不料，宋蔼龄也有喜讯告诉他。深藏不露的宋蔼龄，虽然身在美国，情报渠道却依然畅通。孔祥熙接过她递过来的密报仔细地看起来：

宋子文在老蒋快要完蛋前，逃到美国，被台湾要员所指责，强烈要求蒋介石开除他；

"四大家族"彻底分裂，二陈失势，蒋介石不再让他俩控制秘密警察，威风随之扫地；

何应钦被老蒋解除军权，挂名"战略委员会主任委员"，实际上被打入冷宫；

阎锡山是大陆国民党政府的最后一任"行政院长"，到台湾却被夺权，隐居到台北附近的一座山上写"反共"文章去了；

白崇禧和薛岳更惨，被蒋介石怀疑搞阴谋，被蒋经国带人抄了家，搜查时翻箱倒柜不算，连地板都被撬了。

这些消息无疑为孔祥熙的心情抹了兴奋剂，因祸得福的得意，越发深切。整我的人下场更惨！还不如自己及早撤出，营造安乐窝。现在，既不看蒋介石的脸色，也不受蒋经国的窝囊气。如果当初不是先下台，哪有今天的安闲舒适？

孔祥熙心平气和了，每天陪宋蔼龄看病，隔天到中国银行上班，照料他的财产。

1947年美国的秋天，碧空如洗，落叶满地。那个艳阳高照的中午，孔祥熙在美国纽约近郊的小镇餐馆里，见到了国民党将领冯玉祥，寒暄之后，两个人在幽美恬静的环境中，谈起了国内的时局，都很激动。冯玉祥说："蒋介石是不会改弦更张的，美国援蒋的方针也很难改变，我已经公开同蒋介石决裂了，正在写《我所认识的蒋介石》一书，以使世人看清他的真面目。"

老奸巨猾的孔祥熙也表示了对时局的忧虑及对蒋介石的不满："抗战胜利了，其他同盟国都已转入恢复与建设，而中国人却在自相残杀。"

冯玉祥说："蒋介石已无可救药，唯一的办法是在国民党上层、在蒋的周围组织对抗的力量与行动，如当年张学良、杨虎城将军的'双十二'那样。"说到这里，冯玉祥问孔祥熙能否参加到这个行动里来，有所作为。

孔祥熙同意冯玉祥对时局的剖析，却不想参加到这些活动中去，他若有所思，却没有明确表态。

可能是因为自己的处境，以及其同蒋介石的关系，他不可能有公开的表示与举动，他的情绪却是支持冯玉祥的。

孔祥熙对这次与冯玉祥将军见面，感到十分满意，他们进行了一次不为人知的长谈。

宋蔼龄无论做什么事情，都考虑周到缜密，不露痕迹，比孔祥熙显得豁达、大气。

那是在和冯玉祥见面后不久，有一天，他在银行上班，领班前来通报，说是有个自称孔祥熙老部下的人要求进见。孔祥熙看了此人的名片：曼哈顿房屋发展公司总经理，名字是山东韩复榘部下的一个团长。他陷入了往事的回忆中。那一年，孔祥熙从韩复榘手中骗回税收大权时，这个人曾经暗中帮忙，出过大力。韩复榘丢弃山东被蒋介石处决后，孔祥熙对老蒋说出这段故事，此人得以继续率领部队，并连连高升，到抗战胜利时，已是一军之长了。在接受日伪财产时，已经下台的孔祥熙看在台上的宋子文独吞果实，很是嫉妒不安。就和宋蔼龄商量，招来这位军长，令他在福建抢收，所得分为四份，一份上交，三分由蔼龄、美龄和他本人瓜分。孔祥熙和宋蔼龄赴美后，此人没了消息，现在，突然找他，见还是不见？

经过仔细地思考，他还是告诉领班打发走了他。

没想到第二天上午10点，马军长等在他的家门前。孔祥熙无奈，只得出来相见了。马军长见他紧抱双手，嘴里喊着恭喜，上前献给他一个大花篮。孔祥熙莫名其妙，喜从何来？马军长就把孔祥熙如何慧眼洞察局势，不恋权位，及时退步抽身，所有财产都转移出来，丝毫未受损失。

孔祥熙一听，这是哪里跟哪里呀？心中不高兴。谁知道当初受人逼迫不得已为之呢。嘴上却说，因祸得福吧。我这院长早下台了，别再给我戴高帽，惹我心烦啦。

马军长就说我把对不住你的人的下场给你说说你就不烦了。

孔祥熙就爱听这话，赶紧让马军长进门，让进客厅，并让马军长详细谈谈那些整过自己的人的悲惨下场。马军长粗门大嗓，生动而有趣，老孔听得津津有味，摇头晃脑。这时，马军长人不知鬼不觉地转移了话题，眼看着"共军"占领了北江，我还相信蒋介石的什么长江天险固若金汤、"划江而治"和伺机"反攻"的鬼话。结果，我只把家里的细软送到了国外，企业、房产等都扔在了国内，如今，财产也丢失了，就剩下这条命了。看中了一处房子，钱凑不齐啊，院长能否看在过去的交情上，帮我一把？

孔祥熙沉吟了会儿，告诉马军长说自己的财产是转移出来些，都让我投资了，在美国做生意，没有经验，赔的多赚的少啊。

马军长说，我只想贷点款子，只要生意开了张，还利息不成问题。我知道你刚在纽约又花160万美元买了房子，还在纽约最繁华的百老汇租了房子，一天就是150美元啊。你总不能看着我去住贫民窟，给中国人丢脸吧。

孔祥熙知道，这位马军长对他的情况了如指掌，正不知如何是好呢，宋蔼龄从里面走出来，热情地跟马军长打招呼，把一张两万美元的支票塞到他手上，初来乍到，生活上肯定有诸多不便，这钱你先用着，以后有困难尽管说，别客气啊。

马军长表示写借据，宋蔼龄故意板起脸来，你要借钱去美国银行，咱们是老朋友了，互相帮忙是应该的。哪一天你发了财，说不定我会去求你呢，你要跟我认真，以后可就不好相见了。

马军长听了，躬身相拜。孔祥熙急忙转弯留他吃饭。

马军长走后，宋蔼龄对孔祥熙讲了知道咱们底细的人不能得罪，在美国要多交朋友，特别是政界的朋友，注意慢慢避开从国内逃出来的人。只在我们圈子内的人当中活动，万万不可惹出麻烦来。

孔祥熙一直佩服宋蔼龄处事的精明，此刻，她依然处处圆滑周到，这让他心里颇感安慰。

蔼龄和尼克松

宋蔼龄是个不甘寂寞的女人，到美国生活后，她悉心地研究美国的政治形势以及政治家们，逐步筛选出可以全力结交的政治家，尼克松虽然初出茅庐，却是经过她千挑万选的重点结交的政治家之一。

宋蔼龄结交这些政治家，无非是在另辟蹊径，当然不仅仅是停留在美国站住脚，或寻找靠山这么简单，而是寻求政治的出路，作为女人，她的野心和谋略堪称世间少有，用宋庆龄的话说："倘若大姐是个男人，委员长恐怕早就死了，她在15年前就会统治中国。"

当年，父亲宋嘉树在送女儿们去美国留学时，就说："爸爸要你们到美国去，不是让你们去看西洋景，而是要将你们造就为不平凡的人。这是一条艰苦的、荆棘丛生的路，要准备付出代价。不管多么艰苦，都不能终止你们的追求。"

在父亲的教育下，宋蔼龄从没有把梦想视为儿戏，她知道只要有梦，人的生命能量可以无限大，就可以从底层进入一个社会卓越伟大的行列中。

现在，身在异乡，宋蔼龄没有忘记做梦，她绝处逢生，希望鲤鱼跃龙门那样一跃，寻求新路的谋略出炉了。

她的谋略是清晰的，目标是明确的。那就是在美国寻找靠山。

尼克松是美国最年轻、最强硬的反对派。宋蔼龄慧眼识珠，一眼就看中了他，认为他日后必在政界占有位置，会大有发展。

首先，她命孔令侃去和尼克松交朋友，其次，在他需要的时候，不惜一切代价地支持他，就像当年扶持蒋介石上台一样。

宋蔼龄在纽约长岛洛卡斯特谷菲克斯港购买了一幢豪华别墅，在苍翠树木的掩映之中，置身其中恍如远离了所有的都市尘嚣，宁静幽远的感受令人心驰神往。她常常约请尼克松来这风景优美的别墅里做客。他们在美国乡村生活的格调里，坐在文雅精巧客厅，一起自然而轻松地聊天、听音乐、游泳；站在六角形观景凸窗前，观看室外景致；然后在南北相通的餐厅，享受美酒佳肴。

尼克松想在政界出头苦于没有钱，宋蔼龄有钱需要寻找美国政界靠山，两人一拍即合，很快成了最好的朋友。

1950年，美国参议员选举，宋蔼龄拿出100万美元，让小儿子孔令杰赶到洛杉矶，捐给尼克松做竞选活动经费。她亲自出马，四处活动，为尼克松能得到更多的选票出谋划策，并动员加利福尼亚州的华侨都来投尼克松的票，尼克松顺利当选议员，成为宋蔼龄在美国政界的第一位代言人。

从此，尼克松的才华得到了充分的施展，在美国政界平步青云，宋蔼龄理所当然地享受着尼克松带给她的惊喜，看着自己的投资产生了效益，她的心得到安慰。她知道，有了这张王牌，她在美国的居留就有了可靠的保障，在败逃台湾的国民党人心中逐渐地提高了地位。

这时的台湾并不平静，总督府挂上了青天白日旗，改成了"总统"府。蒋介石未经任何手续就自称为"总统"。他把这个只有3万多平方公里的小岛称之为"中华民国"，发誓从这里出发重新"收复"大陆。

蒋介石以为国民党在台湾，已经没有了原蒋宋孔陈"四大家族"的市场，桂系、奉系、川军、滇军等各地方势力，在解放战争中被老蒋推到前线，部队基本被消灭，根本没有和老蒋抗衡的力量了。他就可以为所欲为了。其实，他的算盘打错了，没有了他认为的阻力，他的日子也并不好过，他本身是中共通缉的战犯，加之国民党内部的大多数人不承认他的地位，过去长期支持他的美国人并不把他看成政权的头目。

美国政坛也在发生着变化。1944年，罗斯福总统由于卓越的贡献和正处于第二次世界大战期间，打破了美国宪法规定的一个人只能连任两届总统的惯例，第四次当选总统，几个月后，却病逝在任期。按规定副总统杜鲁门继任总统。杜鲁门上台后，表示仍然支持国民党政权，却不支持蒋介石。他认为蒋介石独裁腐败，不符合美国的民主政治的要求。他只承认在解放战争中蒋介石下台后的代理"总统"李宗仁。

当年，蒋介石费了九牛二虎之力把宋蔼龄、宋子文和孔祥熙撵出了政权的核心圈，现在看来，他其实是离不开宋家的，没有在美国受过教育的宋家兄妹的支持，他是搞不定和美国的关系的。他看透了这一点，不知是否晚了些？他扼腕哀叹，没有宋家就没有美国的支持！

考虑清楚了的蒋介石，开始着手重新调整对宋家的关系。

与宋美龄的关系不用操心。他们年纪大了，处境岌岌可危，不会再闹离婚，况且，多年在一起生活，对方那里还有自己想要的东西。这样，利益和命运再一次把他们紧紧地连接在一起了。

现在，蒋介石面前最大的问题是失败的责任，内部纷争早已逝去，宋蔼龄和孔祥熙不再威胁自己。为了争取美国的支持，蒋介石打出了一张王牌，不断地吹捧当年被自己逼下台的孔祥熙，仿佛是在像孔宋递橄榄枝，他不断地抛着媚眼，试图与宋家重修旧好。

明眼人一看就知道，这是老蒋一石二鸟的鬼把戏，即：开脱自己的责任，借以打击他人。

杜鲁门不喜欢不支持蒋介石，对于台湾来说，暂时并无大问题，中国共产党没有强大的海军，一时还打不过去，海峡两岸可能会长期对峙。因此，宋美龄给蒋介石出主意，除了加强金门、马祖等前沿岛屿的防卫，还要发展经济，站稳了脚跟再图"反攻"大陆大业。蒋介石却认为有从大陆带来的黄金和从上海运来的工厂设备，足以维持了。现在党内人心不齐，美国佬也不知哪天会抛弃我们，搞经济也难解燃眉之急啊。

宋美龄见蒋介石无心搞经济，自己又对杜鲁门毫无办法，叹了口气。突然，她仿佛想起来什么，告诉蒋介石说，大姐蔼龄在美国结交了一批政界的朋友，已经形成了一股势力，有些人还很有希望在美国掌权，这可是改变台湾目前处境的一线希望。

蒋介石的眼里，马上跳跃起一团希望火焰，一反上次与宋蔼龄谈话的那种仇视、冷漠和绝情，用一种谄媚的口气告诉美龄，庸之先生是理财能手，主持抗战财政很有成绩。后来，有人跳出来挑拨中伤。如果庸之先生依然主持财政，我们就不会被共产党打得如此的惨。这都是党内那些不负责任的混账东西为了争夺私利搅和坏的。我对他们没有意见，你转告他们，一家人嘛，还得同舟共济啊。

宋美龄听了赶紧要他公开表示，先做个姿态，对那段历史也是一次澄清，对大姐也是个安慰。多年的事实证明，蒋宋两家，和则两利，分则两伤。

蒋介石听了也马上表态，在后来的大陆失败检讨会上，他着重讲孔先生的辞职，使财政一片混乱，为导致失败的重要原因，借此压一压反对派。

这时，侍卫官送进来一封电报，蒋介石一看电报内容，脸上立即堆满了愁云。宋美龄赶紧凑过去一看，气得啪的一声把电报摔到桌上，这李宗仁明知你已复正大位，他还以"总统"的身份去见杜鲁门。蒋介石要宋美龄马上去美国阻止李宗仁和杜鲁门的会面，以保住自己的面子和台湾的前途。宋美龄情急之中，告诉老蒋此去少不了大姐的帮助。蒋介石也聪明，马上表示明天就宣布孔祥熙先生为"总统"府资政。

果断抽掉踏板

宋美龄到美国后，顾不上去看大姐，下了飞机直奔医院看望李宗仁。

宋美龄送给李宗仁一大束鲜花和高级补品，关切地询问李宗仁的病情，告诫他，一定远离政治活动，安心静养，千万注意别复发呀。

这又是一场权力之争。李宗仁是去海南岛视察时突发胃出血，来美国做手术的。他已经知道了蒋介石在台湾宣布复出，在来美前明令行政院长阎锡山以责任内阁处理国政，不许蒋介石插手。现在，他虽然躺在病床上，却一眼看出宋美龄此次来美的真实意图，他表示自己愿意静养，可杜鲁门总统来请，不去恐怕失礼吧。说着，从枕头底下摸出一封信，递给宋美龄。她疑惑地接过来一看，是艾奇逊国务卿写给李宗仁的：

总统先生阁下：

　　欣闻贵体于动手术之后日趋康复，迅速复原……实所至祷！如贵恙瘥可后，杜鲁门总统切盼能来华府一行，为贵我两国之相互利益，拜晤一叙也。

艾奇逊

　　宋美龄看了信，不由得受到震动。她不能不表示自己的态度了，她希望李宗仁作为党国德高望重的元老，以大局为重。蒋先生已在全国军民的拥戴下，复任"总统"之职，这是举世皆知的事，如您仍以"总统"的身份前往会见外国首脑，岂不是我民国天出二日分裂不和之象？因此，蒋先生建议你以副"总统"的身份做他的专使，去同杜鲁门会见，这样比较妥当。

　　谁知李宗仁霍地坐了起来，义正词严地告诉宋美龄，按我国宪法第四十九条规定，"总统"缺位时由副"总统"继任。正副"总统"均缺位时由"行政院长"代行权，并由"立法院长"在3个月内召集国民大会，补选"总统"。蒋公在国家最危难时，卸任而去，把一个行将崩溃的摊子搁下不管，我按宪法规定继任"总统"，名正言顺，人人皆知。现在蒋先生要复任"总统"，根据宪法的哪一条？这国家首脑，怎么成了他不想当就由别人顶着，他想当了别人就得随时让位？宪法岂不成了儿戏？别人岂不成了任人摆布的木偶？我的"总统"是授之于宪法的，不是蒋先生私下传授的。

　　宋美龄无言以对，匆匆离去。

　　宋美龄只好去驻美大使馆找大使顾维钧商议对策。她要求顾维钧安排她立即见杜鲁门总统或艾奇逊国务卿，要他们放弃见李宗仁的想法。李宗仁的桂系部队已经在广西被"共军"歼灭，他一个光杆司令没有任何力量和蒋介石抗衡，她表示，她要警告目光短浅的美国佬，如果放弃蒋介石，在中国就没有任何人可以代表他们的利益。顾维钧表示一定设法周旋，让杜鲁门早日会见你。

　　宋美龄疲惫地住进了大姐蔼龄在里弗代尔的别墅，孔祥熙一点热情也没有，她只好把蒋介石对老孔的许诺说出来。宋蔼龄表示一定对过去的事有个说法，我们对姓蒋的怎么样？说清楚了才能和解。宋美龄赶紧表示，蒋介石要公开重新评价孔先生的贡献和业绩，这不就是对那些人的否定嘛，也是承认他自己听信谗言的错误，你们的名义不就恢复了吗？孔祥熙抓住不放，既然承认对我不公，就应该恢复我的职务，给个虚衔哄孩子呢。

宋美龄难过地叹了口气，把杜鲁门如何不承认蒋介石的事情如实说出来，希望大姐和姐夫不计前嫌，齐心协力地帮助老蒋渡过难关。

宋蔼龄当即表态，我帮他，我要让他看看我们到美国不是避难行乞，我们仍然有实力有发展，比守在他身边的人更有能力帮他。

宋美龄听了这话放心了，她夸赞道，我从小就佩服大姐，就大姐有办法。

3个人都笑了，宋美龄笑得最甜，只要大姐肯帮忙，这事就有谱了。

宋蔼龄说到做到，第二天就安排了宋美龄和尼克松的见面。

当英俊年轻的尼克松站在宋美龄的面前，她心里呼地升起了对大姐的信服。孔令侃介绍了尼克松，说他是美国参议员，美国院外援华集团的骨干成员，过去就为争取美国对华援助出过大力。他还特别欣赏注重实力的蒋"总统"，愿意为台湾的未来献计献策。尼克松向美龄鞠躬致敬，说着赞扬恭维的话，这让宋美龄很高兴，双方坐下来开始了友好的畅谈。尼克松表示中国是一个伟大的国家，人民勤奋、聪明、勇敢。中美两国应该携起手来，在世界上共同发挥作用。他不赞成杜鲁门总统的做法，可惜他没有权。有一天我掌了权，会改变对华政策，采取有利于中国的措施。

聪明的宋美龄立即表示，今后一定全力支持尼克松，为他在政界崛起提供后援。

宋美龄刚把尼克松送走，顾维钧就来了，一副垂头丧气的样子。他告诉美龄，杜鲁门根本不见他，艾奇逊倒是接见了他，却说要把台湾建成民主政治示范区，靠蒋先生是根本不行的。因为，蒋先生已经成为贪官污吏政府的代名词。

宋美龄一听非常的着急，难道真的山穷水尽了吗？

默默不语的宋蔼龄突然问顾维钧，如果杜鲁门要见李宗仁，应该算两国"总统"会见，那么外交上应该通过什么途径？顾维钧不明蔼龄意思，告诉她在外交礼节上应该通过大使。她眼盯着他不紧不慢地问，你愿意给李宗仁当踏板了。顾维钧赶紧表示他当然不愿意，一连说了两个天人可鉴。宋蔼龄一笑，既然两国首脑会见要通过大使馆，我们不妨……她神秘地一笑，卖关子不说了。宋美龄却明白了，大姐的意思是让顾大使躲开，抽掉踏板，他们暂时就不好相见了。顾维钧连说好主意，宋美龄命他今晚就走。又嘱咐孔令侃买通记者大造舆论，阻止杜鲁门会见李宗仁，同时派人密切注意李宗仁的一举一动。

安排好这一切，宋美龄深深呼出一口气，瘫软地靠在沙发背上，闭上了眼睛。

再助老蒋东山起

宋美龄对孔令侃面授机宜，要他买通记者和派人盯着李宗仁，孔令侃不敢怠慢赶紧照办。

宋美龄的这两着是否管用？所有人都紧张地等待着。

不久，孔令侃派去监视李宗仁的人，回来报信说李宗仁找不到顾维钧大使，已派了他的私人代表甘介侯直接与美国政府交涉去了。宋美龄一拍大腿，皱着眉头，得，这招不灵！她眼珠一转吩咐侍从赶紧给顾维钧发电报，让他赶快回来，有他在，也好牵制李宗仁。

她对孔令侃说，就看记者们的啦。

白宫门前，孔令侃买通的一大群记者伫立着，看见杜鲁门出来了，一窝蜂似的围了上去。一个接着一个问题从记者们口中飞出，朝杜鲁门砸去，他们专等着挑他话中毛病，好在报纸上喝倒彩，不想杜鲁门沉着稳健地回答着记者们的问题，有的问题回答得精彩，记者不由得鼓掌喝彩。特别是当记者问道，你认为台湾的出路在哪里的时候。他明确地指出，台湾唯一的出路，是建成一个民主政治的示范区，与大陆的"极权"政治形成对照，以争取既失的民心，从而，为中国的民主政体打下基础。对于国民党来说，这是万分绝望中的唯一希望，如果国民党人不能在这方面做出努力，台湾就毫无希望！记者忘了被收买的使命，不由自主地为他鼓起掌来。

一名女记者却在这个时候提出了，"中华民国总统"蒋中正先生已经在台湾复正大位，可是，我却听说你准备以总统之礼会见李宗仁先生，一个国家怎么可能出现两个"总统"呢？你这样做会不会被说成是对中国内政的干涉？尖锐的问题不仅让杜鲁门多看会女记者，然后，他不紧不慢地开口说，李宗仁的"总统"地位是按照宪法继任的。蒋介石先生的"总统"职位是怎么来的？我从国务院得到的报告"中华民国"只有一个"总统"，那就是李宗仁先生。我倒要请问记者小姐，你说蒋介石"总统"的根据是什么呢？女记者嫣然一笑，啊呀，这个情况台湾方面早就公布了，看来国务院运转不灵，把这么重要的情况都漏报了。

一旁的艾奇逊生气地说，如果有一个精神病人明天来纽约，宣布他是美国总统，那么你是不是就准备把他当总统来宣传？我看不是国务院运转不灵，倒是有人可能得了钱，忘了职业新闻道德。

他的话犹如一枚石子投进平静的湖水里，荡起圈圈涟漪，杜鲁门和艾奇逊赶紧钻进轿车里走了。

躲在暗处观察的孔令侃一看，这着不灵啊，赶紧回家报告去了。

这两计非但没有奏效，反而弄巧成拙，宋美龄懊悔不已。

1953年3月2日，李宗仁从纽约来到华盛顿，顾维钧早已等在白宫门口。艾奇逊叮嘱顾维钧，一定以"总统"的身份介绍李先生，否则就降低了我国总统的身份了。顾维钧左右为难，既不能有负蒋夫人，又不想得罪美国佬，情急之中，使用了折中方法，用代"总统"的身份向杜鲁门介绍了李宗仁，杜鲁门听了皱了皱眉没说什么。

午宴后，杜鲁门和李宗仁边走边谈，进了一间大客厅，顾维钧寸步不离地紧紧跟随。大厅里面还有小客厅，杜鲁门和李宗仁一起走进了小客厅，顾维钧准备跟进去，艾奇逊却拉他在大客厅坐下，跟随李宗仁前来的甘介侯也准备在大厅坐下来，国防部长约翰逊却推了他一下，心领神会的甘介侯赶紧跟了进去。小客厅的电动闸门落地关严，像一堵墙横在顾维钧的眼前。里面是什么情况？除非他有孙悟空的身手，才能得知了。顾维钧只有叹息和无奈无助了。当他再次见到宋美龄时，打着哭腔诉说，对我的轻视，就是杜鲁门对"中华民国"的轻视。

当义愤填膺的宋美龄要求大姐想办法把杜鲁门拉下台时，宋蔼龄却一反常态，你不愿意美国人干涉中国的事，那咱也不干涉美国人的事，没有必要树这个仇敌。

宋美龄急了，埋怨大姐变了，杜鲁门给我难堪，难道就忍了。

宋蔼龄板起脸来，字字如珠慢慢吐出朱唇，匹夫见辱，拔剑而起，挺身而斗，此不足为勇也。天下大勇者，当善待时机，伺机而动，不作无用之功啊。何况我现在是老弱残，样样俱全，身心交瘁，怎比年少之时？

孔祥熙插话，批评蒋介石毛病多、办法少，把国家治理成这个样子，怎能239

让人看重他？

宋美龄赌气要打道回台湾。

宋蔼龄和孔祥熙互相交换了眼神，同时摇头，不作挽留，任她而去。

这一天，美国朋友山姆来宋蔼龄家做客，带来了尼克松明天下午来访的消息，宋蔼龄和孔祥熙兴奋起来，自尼克松当上副总统，来孔府的时间就少了，这次来一定是有重要的事情。

山姆却告诉蔼龄夫妇，副总统这次来一是来看望你们，而是顺便会见一下蒋夫人。

孔祥熙听到这里，在心里嘀咕，敢情不是来看我们，是借我孔府和宋美龄会晤。尼克松刚刚访问了台湾，为什么这么快就跑这里来谈？

第二天上午，宋美龄到了，下午，尼克松来了。

宋蔼龄、孔祥熙和宋美龄三人站在大门口迎接。热情寒暄，宾主落座，尼克松单刀直入地向美龄表示祝贺，宋蔼龄和孔祥熙一听才知道，美国的第七舰队已经进入台湾海峡，在台湾的空军基地也在大规模地扩建，还将派地面部队驻扎，台湾的安全有了绝对的保障。如果中共要进攻台湾，首先遇到美国问题，蒋先生现在可以睡安稳觉了。

宋美龄高兴地向尼克松致谢，并说，如果美国人抛弃台湾，人家会说美国靠不住的。

还是宋蔼龄看出问题的实质，美国之所以向台湾派兵，是因为朝鲜战争爆发，牵制中共不能把更多的军队投入朝鲜的手段罢了。

宋美龄兴奋地问，副总统先生，听说你们在朝鲜进展顺利，马上要打到鸭绿江了。

尼克松的表情严肃起来，许多人只听杜鲁门在广播里吹牛了，真实情况是彭德怀的部队已经突破三八线，飞渡汉江，直指汉城，我们快被赶下海了。

宋美龄如泄气的皮球，半天才说，我们愿意出兵朝鲜，但解决了朝鲜问题后，美军要向东北进军，帮助我们"收复"大陆。

尼克松却表示，问题不在于兵的多少，而是决策人不行。要在朝鲜取胜，就必须把杜鲁门赶下台，把他的亲信麦克阿瑟赶下台。

宋美龄最感兴趣的就是这句话，杜鲁门对"中华民国"很不友好，他下台再好不过，可是，我们如何帮助你们呢。

当然能。尼克松有力地挥了一下手，我们可以揭露朝鲜战争失败的真相，想把麦克阿瑟拉下马，换上我们的朋友，第二次世界大战的英雄艾森豪威尔元帅。这样，杜鲁门就失去了台柱子，在台上站不稳了。夫人，我们需要你的演说，见解深刻，语言生动，演讲艺术炉火纯青。你的演说曾经倾倒了许多美国人。为了台湾的前途和我们的共同利益，你再一次出马吧。

宋美龄明白尼克松在利用自己，尼克松趁热打铁，强调了美国会采取各方面的攻势，并希望得到中国财团的大力支持，深明大义的孔先生和孔夫人一定会带个好头。

孔祥熙想，这个可不是好玩的，万一不成功，不是等于花钱请人把自己赶出美国吗？为难情绪让他不敢前行，他嗫嚅着自己老了，没有了号召力，并以此为由推脱，恐怕有负副"总统"先生的重托了。

宋蔼龄嘴里说着从长计议的话，心里却打了小算盘。

尼克松见状，说着祝蒋夫人旗开得胜的话就告辞了。

宋美龄活跃起来，到处找人谈话，搜集材料，准备到各地演讲。她跟大姐要3000万的活动经费。

宋蔼龄颇为踌躇，她告诉美龄，这次活动的本质，不是我们在利用美国人而是美国人在利用我们，卷入外国人争权夺利斗争的旋涡，在财产和人身安全上是冒着很大的危险的，这件事还需要认真地考虑。

孔祥熙倒是爽快答应出这3000万元，但要求美龄一定让宋子文也出些钱。

宋蔼龄不满意老孔的做法。孔祥熙出这个钱当然有目的，是为将来落叶归根回到台湾去，早做的打算。蔼龄骂他白日做梦，台湾不会要你的。说着给巴西经管财产的总经理打电话去了。

宋美龄马不停蹄跑到哥哥宋子文家里，说明了台湾的前途只在于此一搏了，却遭到宋子文的强烈反对，并说当初他没有坚决顶住，让她嫁给野心家和独裁者的蒋介石，如今他已经丧尽了人心，你还为他卖命。

宋美龄压着火，把孔祥熙的支票拍到桌上，这次活动对大家都有利，问宋子文到底出多少。

宋子文一看是孔祥熙签的字，立即从沙发上跳起来，大骂孔祥熙一个黄土高原的土财主，居然在政府爬上那么高的位置，把自己为国家经济所做的努力都破坏了，他究竟掠走多少财富？孔祥熙和蒋介石沾着我们宋家的光，全成了大富翁、暴发户！而自己一心为国，倒被挤兑得无容身之处。好了，需要钱你找他要去，我一分也没有！

宋美龄在大哥宋子文那里碰了一鼻子灰，沮丧地回到大姐家，正巧孔令侃风风火火地回家，看见美龄告诉她，我刚才得到消息，大舅可能正参与一个阴谋。

宋蔼龄、宋美龄和孔祥熙面露惊讶地凑在一起，商量起对策来。

宋蔼龄 全传

Biography of Song Ailing

第十五章

花落独飘零

行走，攀登，巅峰，衰落。

这些，宋蔼龄都经历了，也许她是循着一个穿透心扉的召唤，固执地拾阶而上，她见过了争权夺利、钩心斗角、灯红酒绿、浮世繁华。

现实就是这样残酷，她和丈夫孔祥熙蛰伏在凄冷的角落，不可松开的复出之梦，终将破碎。

为了保护自己的财产，她与杜鲁门斗法，竟然大获全胜。

不甘心的杜鲁门，把公开的调查转入秘密调查，探究宋孔财产之谜，宋蔼龄与他斗智斗勇，终于不了了之。

宋蔼龄一直认为，蒋宋两家命运和利益是联系在一起的，为此，她出资3000万美元再助老蒋。

宋蔼龄的晚年，对故乡的思念，日甚一日。孤独和寂寞，像一棵老藤纠缠在她的心里，但她终究没有回大陆，老死异域万事休。

花落独飘零。

破碎的复出之梦

异域的生活，不管风如何刮，宋蔼龄所有的活动，都围绕着自己的利益，她一直认为，蒋宋两家命运和利益是联系在一起的。现在，她出资3000万美元再助老蒋，就是想有朝一日，丈夫孔祥熙再度出山。

这个梦折磨得她日夜焦虑。

然而，世上的任何事情都是不以人的意志为转移的，宋孔的复出之梦会如愿以偿吗？

宋蔼龄绝对想不到，这事最大障碍竟然是自己的弟弟宋子文。

当尼克松说服宋美龄帮他拉杜鲁门下台之际，杜鲁门也在活动，他在白宫会见了宋子文。说，你的小妹蒋夫人正在利用美国的言论自由到处发表演讲，反对我，攻击麦克阿瑟，目的是把我搞下台去。她跟尼克松、斯佩尔曼红衣主教、埃弗雷特、德克森参议员、迈阿密运输公司的老板、美国驻巴西大使等院外援华集团的骨干成员正组成一条战线，这是不能容许的！你对此有何看法？

宋子文还没弄明白杜鲁门的意思，以为是要他负责或者劝说美龄，当了多年外交部部长的宋子文深知利用这种机会的价值，他沉吟着，他要让杜鲁门知道，国民政府在大陆垮台，是和他的对华方针密切相连的，这样，小妹的做法就可以理解了。

杜鲁门听了赶紧解释，我并不是不支持国民政府，而是不支持蒋介石的"独裁"统治。接着，他向宋子文抛了个绣球，说他愿意支持受过西方教育并愿意在台湾建立民主政体的人掌权。并直接告诉子文，你才是中国的希望，你何时行动，我会全力配合。

杜鲁门又表示，他支持宋子文，可是，宋美龄却在与他作对。他要和宋子文做一笔交易，需要他在美国发出与宋美龄作对的声音。

宋子文低头默想，自己现在美国和美龄唱反调，会被大家认为自己是在谋求在美国立足，不会暴露在台湾采取的行动，确实是声东击西的好办法。

就在宋美龄到处发表演说攻击麦克阿瑟、鼓吹艾森豪威尔才是下任总统最佳人选的时候，宋子文也披挂上阵，成立了反对麦克阿瑟下台的指挥部，向支持杜鲁门的人提供援助，并且亲自出马发表演说，挖苦艾森豪威尔明知道自己不能当一个公道的总统，何必去竞选呢？

美国《纽约时报》在第一版显著位置刊登了宋子文演说的照片，配发评论："我们深深欣赏宋子文先生的口才，佩服他对事业的热情和坚强意志。他是中国第一个头脑清醒、敢说实话的演说家和政治家！"而宋美龄演说的消息放在了社交版，显得无足轻重。评论说："蒋夫人是世界上头号俱乐部的女会员，她的演说只是一种东方式的梦魇，无论见解和口才都不能望其兄之项背……"

很明显，宋子文在杜鲁门的支持下占了上风。

宋美龄气愤地在屋里徘徊，心里如海潮在翻腾，这杜鲁门真是邪门，这么就想出了个中国人对付中国人的办法，叫我们兄妹窝里斗？她跑去找大姐，想要大姐劝劝哥哥子文，宋蔼龄稳坐不表态。宋美龄知道她和孔祥熙都对蒋介石心存芥蒂，只好表态，要把蒋介石的台湾外汇存底都放在孔祥熙的中国银行里，这样，你可以一次牵制他。她此话一出口，孔祥熙和孔令侃都面露喜色，他们知道，此事非同小可，这不仅给孔家带来巨大的经济利益，还等于给孔祥熙恢复了政府职务，他可以对台湾的经济起某种遥控作用了。七八十年代，台湾外汇存底达到700亿美元之巨，一直被孔家的银行操纵着。

宋蔼龄沉吟着，面无表情，她让美龄抓紧办手续，强调这样对两家都有好处。然后，凑近美龄，压低声音，对她说，你哥这招应该是项庄舞剑，不一定是针对你在美国的活动。宋美龄警觉起来，啊，他还会在台湾有所行动？

宋蔼龄一字一板地帮美龄分析，宋子文做了一辈子文官，胆子小，精于算计。如果没有更远大的志向，他很难让人拉上自己与你作对，又涉及下届总统人选争斗的问题。难道他不知道这样做对他居留美国的风险吗？即使这次杜鲁门胜了，也只能再任职4年，艾森豪威尔还有机会上台，所以，他可能与杜鲁门有交易，将在台湾有所动作。他与第三势力的往来你没有听说过吗？

宋美龄这一惊非同小可，多亏大姐你了，我还没想到这一层。他肯定另有打算，这就不是我的面子和对美关系的事了，这涉及谁在台湾做主的大问题了。大姐，如何防止台湾出现不测？

宋蔼龄往后缩着，老蒋是我妹夫，子文是我弟弟，他们谁掌管台湾对我来说都一样。

宋美龄急忙说，那可不一样，老蒋对你们不好，还有我可以施加影响，他要是得势，不听你的，我可就没法了。

孔祥熙在一边早就急不可耐了，对蔼龄说，你就帮小妹吧，子文毕竟还是未知数，能不能成还两说着，我们还是把宝压在保险的一方，再说大事上我们出了力，老蒋不会没数的。

屋里气氛活跃起来，宋蔼龄幽幽地叹了口气，说了宋子文任职期间曾6次遇刺，自己真不愿意与他为难等等话。看似说者无意，却给孔令侃提了醒，她又假意提出分化子文和第三势力的关系，拉出三两个重要人物，其余的人害怕暴露企图，也就妥协了。如果一时拉不出人，不妨用离间计，让他们互相猜疑去。

果然，不久，宋子文就在一次演讲中遇刺，本人虽无险，随从却遇难，他随后发表讲话，结束政治生命。从此，一心收藏青铜器，不再过问政治。

这样，宋美龄的势头越来越旺。杜鲁门撤下麦克阿瑟，换上了克拉克为朝鲜联合国军司令。几板斧下来，台湾形势大好。杜鲁门下台后，艾森豪威尔当选为新一届的总统，蒋介石"坐稳了江山"。宋美龄不负前言，孔祥熙更加愿意去银行上班了。1954年，蒋介石在台湾召开第二届所谓的"国大"，选举"总统"的闹剧上演，目的是证明他是选出来的"总统"，孔祥熙闻讯就瞄上了副"总统"的位置，想去台湾试试运气，冷静的宋蔼龄告诉他希望不大。

这一天，台湾的宋美龄接到了美国的电报，说是大姐病了，急忙飞去纽约，见面一看，大姐啥事没有，正坐在桌前吃着橘子。原来，宋蔼龄是为了孔祥熙的副"总统"职位一事，招来宋美龄一起谋划的。他们分析了候选人陈诚、蒋经国等人的势力，然后，宋蔼龄话锋一转，给美龄讲了个智力测验题，说是一个小岛上有9个人在度假，他们是州长、医生、副总统和歌唱家等，突然传来消息说，当晚小岛会在地震中沉没，而救援的飞机只能再走8个人，问留下谁让他听天由命？

看着宋美龄不解的模样，宋蔼龄觉得好笑，告诉她正确答案，应留下的是副"总统"，因为副"总统"是最没用的人，州长和歌唱家等都是社会生活中必需的人物，而副"总统"在"总统"健在时没有一件事可做。对台湾来说，副"总统"连"总统"缺位时替补的作用都没有，因为老蒋的身体肯定能任满期，这样，把一个非常能干的人选上副"总统"就把人才浪费了，不如给他安排一个更能发挥作用的职务。

宋蔼龄看美龄掉进了她设好的圈套里了，才告诉她要推选一个人，这个人有功劳、有资历、有威望、就是没野心、没威胁，不争权，不生事，老蒋可以绝对放心。

孔祥熙这时走进来，要美龄千万帮这个忙，表白他只要个名，不谋求任何利益，你帮这次，以后你再有事，我一定效劳。

宋蔼龄不满地瞟了一眼孔祥熙，至于吗？我们过去给小妹那么多的支持，人家是不会忘记的。知恩图报，人同此心，是吧，小妹？

宋美龄只好答应。

宋蔼龄辨析事理，预设计谋，孔祥熙是否如愿登上副"总统"的宝座，实现其复出之梦？

复出的梦，在孔祥熙的头脑里缠绕了多年，现在，乌云散去，天亮了一道缝，他岂有不抓住机会的道理？

当他听到宋美龄答应了帮他竞选后，他就行动起来，马上派了心腹魏道明到台湾活动。魏道明系原任台湾省主席，有一定的人脉和根基，最合适去台湾活动。

孔祥熙万万没有想到，蒋介石费了多少精力，才把"四大家族"中宋孔陈三家的势力逐出决策圈，怎么会再请回来？他说孔祥熙好话，不过是利用他而已。当宋美龄请求他帮孔祥熙实现最后的愿望时，他答应着，给足了宋美龄面子。背地里，却把孔祥熙的欲望透露出去。以至于魏道明一到台湾，就被蒋经国、陈诚等人群起而攻之，他们利用台湾媒体大骂豪门"误国"，影射魏道明是豪门走狗，并翻出他任台湾省主席时的烂污事，大有与魏清算旧账的势头。让魏道明陷入纠缠之中，哪里还有为孔祥熙卖力之本？孔祥熙还想再派人前去，宋蔼龄已经看出竞选无望，一面劝说孔祥熙放弃，一面命魏道明停止活动。这样，他们还不放过，竟将魏道明扣押，不准返美。后来，宋美龄出面，台湾当局才允许他离开。

孔祥熙最后的复出之梦破碎了。

与杜鲁门斗法

宋蔼龄的一生喜钱、爱钱，做一切事情都以钱为轴心，没有利益的事情，她是不做的，她究竟积聚了多少财产一直是个谜。

为了钱，她可以巧取豪夺；

为了钱，她可以损害他人和国家的利益；

为了钱，她可以鲸吞美国债券；

为了钱，她可以大发战争财。

有人评价宋氏姐妹，蔼龄爱钱，美龄爱权。

当孔宋家族敛财的传闻，成了人们街谈巷议的话题和媒体追踪的热点；当宋蔼龄和孔祥熙大发国难财被揭露，他们被迫流亡美国，没有想到是，美国并不是他们安静的"避风港"。

孔祥熙的财产之谜，险遭美国人揭露。

当国民党的青天白日旗被解放大军的炮火摧毁，蒋介石在大陆败退至台湾，美国政界人士强烈认为是国民党贪污腐败所致，他们送给蒋介石的几十亿美元的军援，都被国民党贪污了。

当美国总统杜鲁门得知与他较劲的宋美龄，在美的演讲活动，竟然有宋蔼龄和孔祥熙3000万美元支持后，吃惊得张大了嘴巴。他愤怒地立即下令联邦调查局查清孔祥熙财产的来源和数量。

杜鲁门跺脚大骂："他们（指孔宋）全都是贼，没有一个不是贼……他们从我们送给蒋介石的38亿美元中偷了7.5亿美元。他们偷了这些钱，把它投资在圣保罗的房地产中，有些就投资在纽约这里！"

杜鲁门的这些言论，很快就传到了宋蔼龄的耳朵里，她立即开始了行动，和孔祥熙一起到美国朋友家里串门，在参议员、众议员、公司大老板和美国驻外大使的身居要职的朋友家中，宋蔼龄一遍又一遍地解释，他们的财产都是孔祥熙进入政界前，在山西老家经商积攒下来的，她请朋友们帮他们澄清财产来源，适当的时候，提醒杜鲁门总统注意说话的根据和分寸。

杜鲁门听到了宋蔼龄的解释，他轻蔑地撇着嘴，向人们展示联邦调查局的调查材料。

其实，宋蔼龄的解释，不过是此地无银三百两而已。她对自己心知肚明，她嫁给孔祥熙后才知道，孔祥熙虽然是个经商的天才，会赚钱，但在从政之前，取得了山西全境的美孚石油经销权，同时经营小日用品，且时间短，收效小，积攒了3000两银子。就是20世纪初中国一个普通财主，和宋蔼龄今日拥有的财富相差何止千万倍？就是一个清朝的王爷也不可能有这么多的财产。

宋蔼龄的解释还是起到了一定的作用。一位红衣主教站出来，坚持现在中国大陆已落入中国共产党之手，联邦调查局不可能去中国大陆查清楚那些年代久远的事实，所以，他怀疑材料的真实性。另外，对私人财产的调查违反美国法律，总统如果坚持这种调查，他要将这种违法的调查公之于众。杜鲁门不得不把公开的调查转入秘密调查，以保证掌握确实的材料。

杜鲁门在调查宋蔼龄和孔祥熙财产时犯了一个错误，就是向宋蔼龄的朋友出示材料，以致暴露了他正在进行的调查，而让宋蔼龄得到消息，警觉起来。

宋蔼龄见解释的作用不大，必须采取一系列的反调查措施，才能保护自己的财产。

不久，联邦调查局得到了这样的数据：1943年，宋蔼龄在美国的花旗银行存款8000万美元，宋子文7000万美元，宋美龄1.5亿美元。杜鲁门认为，10年前的这些数字，并不是宋孔两家的全部财产，那么，他们现在究竟有多少财产呢？银行界有人告诉杜鲁门，宋孔两家在曼哈顿银行存有20亿美元。杜鲁门的气恼，可想而知，他到处谈论蒋介石政府里的"贪官和坏蛋"，20亿美元的确切情况他却无法查到，因为，宋蔼龄反调查活动，早已布下密织如丝的网。

宋蔼龄和孔祥熙拥有的那些美国朋友，使他们的反调查如鱼得水。

联邦调查局虽然掌握了孔祥熙在大通银行、花旗银行、西雅图和波士顿银行都有巨额存款的线索，但他们已经无法进一步核实具体数字。当调查局再次前往这些银行调查了解具体数字时，孔祥熙在美国金融界编织的关系网已启动，调查局官员都吃了各银行"无可奉告"的闭门羹。银行指出，如果非要调查不可的话，调查局必须按规定出示传票。但出示传票就有公开总统调查意图的危险，这又是杜鲁门所严禁做的。

调查局无可奈何，眼看总统的调查就要泡汤，美国专栏作家皮尔逊站出来指出："孔博士对美国政坛的了解不亚于他对中国财政的了解。在路易斯·约翰逊参加杜鲁门的内阁以前很久，孔曾挑选他做他的私人律师……约翰逊当上美国国防部长的时候，最坚决地主张美国支持台湾……孔博士是声望很高的新罕布什尔州参议员斯泰尔斯·布里奇斯的座上客……布里奇斯在1948年竞选连任的时候，曾经列举纽约的艾弗雷德·科尔伯格在竞选中提供两千万美元的捐款。科尔伯格是院外援华集团的头面人物，是孔博士的朋友……布里奇斯不仅投票和发表讲话支持院外援华集团的政策，而且让孔宋王朝得到极大的好处……布里奇斯在从科尔伯格那里得到院外援华集团捐款那一年，布里奇斯任命爱达荷州前参议员克拉克为参议院拨款委员会的公正代表……布里奇斯占有拨款委员会主席的重要职位。"

皮尔逊还说，这些人中有一部分是领着国民党的津贴的，有些甚至受到孔祥熙和宋蔼龄的资助，因而他们在执行一种能使宋蔼龄的财产得到保护并不断增值的政策。

皮尔逊提供了材料，说宋家的人在朝鲜战争爆发前几个星期购买了大量的大豆，战争爆发后，大豆价格猛涨，他们将货抛出净赚了3000万美元……显然他们做这笔生意是从美国某重要部门得到了绝密情报的。宋子良的儿子宋尤金和宋蔼龄的儿子孔令杰把大量的锡卖给了中国大陆……

孔祥熙早年就看好并投资的那些美国朋友，现在占据着美国的重要职位，他们帮助孔顶住了杜鲁门总统对他的私下调查。

杜鲁门抓不到孔宋贪污美国军援贷款的直接证据，也无法核实他们的财产，当然就无法对他们进行打击。

手里有钱，谁又奈何得了她？

宋蔼龄和杜鲁门斗法，竟然胜利，不能不说这是金钱的魔力，她和孔祥熙终于渡过危险期，优哉游哉地过上了清闲的日子。

探究财产之谜

杜鲁门与宋蔼龄斗法失败，却不愿意就此罢手，他的联邦调查局继续对宋蔼龄的财产进行秘密侦查。

首先，他们对宋蔼龄在里弗代尔独立大道4904号公寓进行了监控。清洁工、修鞋匠和乞丐等一些形迹可疑的人，日夜在孔府的公寓周围活动，却毫无收获。那是因为，当初，宋蔼龄在购买和装修房子时，是破费一番心机的。她之所以选择这里居住，就是因为地方极其偏僻，行人稀少，没有正当理由是没有人长期待在这里的；还有这里树木繁密，视野受阻，楼房隐藏在树丛之中，彼此相隔较远，从远处观察不到房内的具体情况。

宋蔼龄的远见，致使联邦调查局的监控失败了。

百密总有一疏。联邦调查局却意外查到从东海岸和西海岸的许多城市都有宋蔼龄和她的子女的公寓大楼和办公大楼。在洛杉矶郊区范奈斯一个偏僻的私人机场，发现了孔宋从中国运来的大量黄金。

侦查的意外收获，让杜鲁门兴奋起来。他肯定宋蔼龄和孔祥熙拥有数额庞大的财产，但令他沮丧的是，他无法查到具体数目。

这时，美国《镜报》发表了一篇文章，披露了宋蔼龄财产的大约数目，美国朝野人士兴趣盎然。记者开始围追堵截宋蔼龄和孔祥熙，试图刨根问底，令宋蔼龄和孔祥熙难以躲掉，烦恼不已。

一天，宋蔼龄从医院出来，一大群记者突然堵在她的轿车前，开始了无休止的追问。一位高个子记者站在她面前，提出了这样一个问题，宋美龄在美国呼吁美国国会和民众，必须协助蒋介石防守台湾，否则台湾就会落入共产党之手，你认为是否有这种必要呢？她点头，作为回答；记者穷追不舍，继续问，求人莫如求自己，我认为中国人首先应该自救，孔夫人为什么对台湾局势袖手旁观呢。宋蔼龄回答干脆，我是爱国的；记者下面的问题，就非常的尖锐了，那么，是否请孔夫人首先捐出3亿美元，购买先进武器加强台湾防守，以缓台湾之急呢？宋蔼龄出汗了，片刻，她的眼泪流了下来，我是落魄流亡美国的难民，看病和生活都非常的困难，怎么可能有3亿美元捐出来呢？记者穷追不舍，一片哗然，嚷嚷道，孔先生是世界知名的大富翁，捐出3亿元也不过是一小半，请问孔夫人，你到底拥有多少财产？范奈斯的黄金，圣保罗的房地产，还有俄亥俄州的石油……接下来发生的事情，让宋蔼龄猝不及防，一位女记者突然把拿在手里的收音机举起来，请听BCU电台的广播：新资料，现在公布世界富豪前50家排名榜：第一名，摩根，金融业，美国。第二名：洛克菲勒，石油业，美国。第三名：孔祥熙……人群里一阵呼叫，那声音越来越高，宋蔼龄的狼狈可想而知，她一头钻进一辆出租车，向司机喊了声里弗代尔！逃离了现场。

宋蔼龄心有余悸地回到家里，孔祥熙没等她关好门，就对她讲起了受记者围攻纠缠的经过。夫妻俩面面相觑。孔令侃回来，进门就把一张报纸摔到桌上，宋蔼龄赶紧拿起报纸，看到这样一段话："美国多数民众及国会议员，认为必须协助国民政府防守台湾，以免落入共产党手中，不过在此危急存亡之秋，中国人应先自救。何以素称爱国而富有如孔宋者，尚袖手旁观，坐视不救呢？"孔祥熙叹着气，看来防民之口甚于防川啊。

宋蔼龄咬着牙陷入深思，她在心里盘算，再装聋作哑或者被动应付是不行的。必须有所动作，才能从根本上解决问题。

那个晴天朗日的时候，宋蔼龄请美国朋友到家做客，她闪动着眼波开始诉苦，想以此感动大家。美中文化交流协会的副主席听了，问她到底有多少财产，如果你自己说不清楚，就别怪外界胡乱猜疑。她马上想到，因为不明而产生猜疑，顺着这条路去想，可以请人出个证明之类的东西。"副主席"告诉她，律师事务所出具证明是要事先调查的，对他们的调查无法隐瞒事实。她沉默了。不一会儿，又笑逐颜开，望着急得直搓手的孔祥熙眨着眼睛，孔知道她有办法了。

不久，美国参议院外交委员会和财政部公布了一份华人在美资产类似"证明"的材料。这份材料说，全部华侨，连同中国各银行在内，所有在美国银行的存款，也不超过5000万美元，其中最大的存户也只有100多万美元。而且这些存户中，大部分是侨居美国经营商业的华侨，且都是久居美国的人。这里面虽然没有单独提到孔祥熙，但是对他来说比什么证明都有力。

事在人为，多难的事，也难不倒聪明绝顶的宋蔼龄，她清楚地知道，官场比律师更有权威，而且比律师好说话。

这个时候，杜鲁门已经下台，艾森豪威尔开始统治美国。

她经过一番运作，就得到这样扭转乾坤的"证明"，从此，她可以高枕无忧了。

不久，华尔街的一家酒店热闹非凡，孔祥熙正在这里召开记者招待会。他出示了这份材料，请有正义感、客观公正的记者们为他澄清以往的谣传。他装作真诚坦白的样子，告诉与会记者，他的祖上在中国经营商业，有着"山西首富"之称，家产是有些的，后来，他把它投资在发展中国的工商业上，随着大陆被共产党接手，这些财产都丢失了，现在，只靠少量的积蓄维持最低水平的生活。美国财政部公布的这份材料，给了最好的证明。请记者们主持正义，不要再听任那些居心叵测者往一个落难者身上泼污水了。

有国家财政部的材料，孔祥熙又说得可怜兮兮的，杜鲁门早已下台，有谁还会纠缠此事？

于是，记者的提问无关痛痒，孔祥熙一一作答，然后，赠送每个记者一个装有"有关材料"的袋子，打发掉了记者们。紧接着美国的报刊广播出现了"孔博士丢掉大陆财产，来美后生活拮据"的报道。

财产之谜的纠葛画上句号，宋蔼龄和孔祥熙从此走出了唉声叹气、度日如年的日子。

走出财产之谜纠葛的宋蔼龄，病体也痊愈了，她雄心勃勃，再次踏上南美的土地，视察她的财产。圣保罗，巴伐利，圣地亚哥，里约热内卢，加拉加斯，都留下了她的足迹。她在这些地方的财产也都完好无损，并正常运转，不断增值。兴奋挂在她的脸上，她向教会医院和孤儿院捐赠了一笔现款，她获得了"慈善家"的美誉。

回到美国，她匆匆赶去参加路易斯安那州新油田开钻仪式。

当她登上井架平台，手搭凉棚向远处望去，几十个井架巍峨耸立，她仿佛看见，一沓沓的美钞就像石油从井口喷涌而出。望远镜里，她看到了一位骑马的美国小伙子出现在井架旁，她兴奋的心突然意识到她是在美国的土地上，她不知道，究竟是自己开采了美国的石油赚了美国人的钱，还是替美国人开采了石油，让美国人使用了自己的投资？

当开钻的炮响后，她在轰鸣的钻机声音中，把孔令杰叫到车内，口授了一份包括美国政界、军界、新闻界几十位要员在内的名单，让她的小儿子令杰分头请他们对油田的开发入股，条件是如果赔钱，保证他们的投资分文不少退回，如果赚钱，他们可以按股分红。

时间进入了20世纪60年代，赫鲁晓夫的势力直接威胁着美国，孔祥熙害怕苏美爆发核战争，吃不下饭睡不着觉，孔令杰安慰父亲，告诉他，自己在休斯敦建了一座躲避核武器的防空避难所。数年后，避难所曝光，大家才看到避难所共有上下两层，计3.8万平方英尺，比希特勒在柏林国会大厦底层的地下室还要大；里面三套供电和灭火系统，500多个床位，几十间双人卧室和男女卫生间，还有诊室、健身房、餐厅等；为防中子穿透，避难所上面特意修有人工湖；入口处修有炮楼，大门上装有钢甲，可以防止坦克进攻；地面上还有4架飞机，一队卡迪拉克装甲车；有一个连卫士守卫。整个避难所造价高达1800万美元。

宋蔼龄一家的财产扑朔迷离，没有人说得清。

老死异域万事休

宋蔼龄老了，异域独处的寂寞和孤独时时摄住她的心，让她感到荒凉和渴望。

回忆在这个时候就显得格外的珍贵。

上海虹口家园里曾经的童年生活，跟随孙中山革命的日子，跟着孔祥熙在山西太谷的时光，电影镜头一样在眼前闪现。她想起二妹庆龄对她的多次呼唤，捎来一封封劝她回国的信件里，那声声泣血的话语，可她却没有颜面回到祖国去，她已经忘记了站在祖国的土地上的滋味了。锦衣玉食中，她的内心是多么的渴望听到乡音，回到故土上去啊。

那个早上，孔祥熙吃过早饭就倒在沙发里唉声叹气。蔼龄一再关心的询问，他才说夜里梦见自己在井儿院把半筐捡回的煤渣倒在灶前，奶奶瘪着嘴露出笑容；后来又梦见在铭贤学校给学生讲矿产开发课，学生们嚷着要我带他们去实践。他叹了口气，哀叹如果时光倒流，他不会到政府做官。宋蔼龄也伤感起来，说她也老是梦见童年和父母兄妹们在一起的事，醒来心口堵得慌。这么多年来，没有到父亲的墓前看过一眼。两个人无言，竟嘤嘤泣泣起来。

孔祥熙问宋蔼龄，你想家想祖国？

她含泪点头称是。

那么，我们回去？

她浑身一哆嗦。

从1927年把宝压在蒋介石的身上，到1949年，20年过去了，共产党能饶过我们吗？

把财产都送上，算是折罪。

不行啊。

杜聿明放出来了，沈醉也开始当起了文史专员，我们回去总不能比他们差吧。

我可是听说共产党给人划分了成分，我们回去还不是地主、资本家？监督劳动改造？

树高千丈，叶落归根，眼看我们都是快要入土的人了，难道要落外丧，做野鬼？

两个人最后商定先回台湾看看。

孔祥熙先行一步到了台湾，蒋介石派蒋经国到机场迎接，然后一起吃饭、叙旧。那段日子，他活在乡音里，中国话让他感到那样的亲切、舒服，黄种人的面孔是那样的耐看；过去的旧友、相识都前来看望，融融的友情、亲情让他高兴万分，他赶紧给宋蔼龄发了电报，请她来台湾。

宋蔼龄很快飞到台湾，住进了宋美龄给她在草山安排的住处，找来一些朋友为她接风。姐妹俩又一次相拥，又一次次深谈。总觉得这次见面特别的珍贵。

住了一段时间后，宋蔼龄的心，越来越想念祖国。台湾这块弹丸小岛不比她熟悉的上海和南京，三转两转就没意思了。她接触的人，多数是从大陆撤到台湾的老年人，话题就是怀旧和死亡以及死后是否能回大陆。特别是于右任老先生吟诗的样子，简直就是一种刺激，蔼龄始终不忘他吟的诗句："仰望高山兮，怀我故乡。"她的心脏，承受不了了。

有一次，和蒋介石一家一起春游，在离台北60公里处，宋蔼龄发现了一个山明水秀的地方，感到似曾相识，一座四合小院掩映在浓密的树荫之中，跟着蒋介石走进四合小院，她边走边观看那暗红色的围墙、楠木画廊，以及室内的明清式的家具，心里越加想念故乡。蒋介石看她沉郁，走过来对大家说，今天趁大家都在，我告诉大家，我之所以喜欢来这里散心，是因为它太像我的故乡浙江奉化溪口镇了。我今生恐怕回不了大陆了。今天我对大家宣布，算是遗嘱吧。我死后，灵柩就先停在这里，但我的最终愿望，是把我安葬于南京紫金山下总理的脚边，经儿，纬儿，你们要争取能回到大陆。

蒋介石的一番感慨，让宋蔼龄的游兴全无，她不再说话，默默地跟着大家。

当她携孔祥熙回到美国后，在广播里听到中央社发了一条消息：前行政院长孔祥熙博士飞美做健康检查，在美治疗后仍将返回台湾。宋蔼龄撇撇嘴，她知道老蒋是要个面子的。

宋蔼龄和孔祥熙晚年仍然漂流海外，那种孤寂和荒凉感，时时地摄住心，

1969年7月20日宋蔼龄生日与蒋、宋合影于台中梨山

难过和悲伤，如同河水一层层蔓延上来，她觉得她快被乡愁淹没了。

1967年7月22日，88岁的孔祥熙忽然感到不适，送到纽约医院抢救，终于不治去世。

一生中经历了家族分裂、亲人反目、官场沉浮、世态炎凉以及国共分裂、大荣大辱、日寇入侵、抵御外辱，还有勾心斗角、争财夺利、流亡海外、转移财产、有国难回等无数的风风雨雨的宋蔼龄，没有掉泪，就让他安静地去吧，自己的病体也坚持不了多久了，很快，自己也要随他而去了。

葬礼是肃穆的。宋美龄带着五人的护旗队和蒋纬国从台湾赶来，同城而居的宋子文却没有出现在葬礼上。

美国的《纽约时报》报道：孔先生是一位有争议的人物，他以前的一位下属最近说：他是一个很难相处的人。他喜欢闲谈，但是他从来不愿意发出明确的指示。至于他的能力，他像所有山西银行家一样，是一位精明的办事员。但是，他不是一位有政治家风度的理财家。

孔令俊看了这则报道责怪宋蔼龄，你们花多少钱结交美国朋友，我爸死了就给这么个评价？

宋蔼龄倒是淡定，美国人嘛，就这么回事！人都死了，跟他们计较有什么用？

倒是蒋介石亲自签署的《"总统"褒扬令》给宋蔼龄些许的安慰：

> "总统府"资政孔祥熙，性行敦笃，器识恢弘。早岁负籍美邦，志存匡济，追随国父，奔走革命，宣力效忠。北伐以来，翊赞中枢，历任实业部长、工商部长、国民政府委员、中央银行总裁、行政院副院长兼财政部长，行政院长等职，多所建树。万以财政金融制度，擘画兴革，克臻统一，八年抗战，长期戡乱，而军需民食，未曾匮乏，其汁谟勋业，自足千古。况时值政府戮力安攘，乃以外交军务，或承命以驱驰，或排难而弭乱。在艰弥励，益懋勋猷。综其生平，为国尽瘁，不矜不伐，当兹复兴之际，方冀老成匡辅，遽闻溘谢，震悼殊深。应予明令褒扬，并将生平事迹宣付国史馆，以示政府崇报耆勋之至意也，此令。

孔祥熙去世，蒋介石还发给宋蔼龄一个2500字的《孔庸之先生事略》的电传，除了吹捧孔祥熙一通外，还把逼孔祥熙下台的那场内部斗争栽到共产党的头上。

宋蔼龄看到此，气得一把将电文摔到地上，什么狗屁文章！谁不知道共产党骂得最多的是他蒋介石，独夫民贼，美帝走狗，不是骂他吗？若以共产党的舆论，第一个应该下台的是蒋介石，第一个应该砍头也是蒋介石，他为何不下台，为何不自毙以谢国人？真正的黑白颠倒，欲盖弥彰。

接下来，孔令侃每读几句，宋蔼龄都大发脾气，最后大骂老蒋流氓，气晕过去。

从此，宋蔼龄一病不起，常年住在纽约哥伦比亚长老医院里。宋子文病危时，她本想去看他，却力不从心了。躺在病床上，她思绪万千，她的这一生，是令人仰慕的巾帼豪杰，还是落魄的流亡者？虽有万贯家财，现在，却只有一张床，一碗饭而已。那么，自己一生追逐钱财是错还是对？她是那么的想念故乡，却回不去了！只是在心里一遍又一遍回忆故乡的模样。曾名噪一时的宋家姐妹，如今天各一方，见一次面都难，百病缠身的自己，生命之烛随时可能熄灭，她拿出一张三姐妹在卫斯理安女子学院学习时的合影，一滴硕大的眼泪涌出，顺着脸颊流了下来。

1973年秋天，宋蔼龄在医院溘然长逝。

宋蔼龄

美国《纽约时报》这样评述她：这世界上一个比较令人感兴趣的，掠夺成性的居民就这样在一片缄默中的气氛中辞世了。这是一位在金融上取得巨大成就的妇女，是世界上少有的靠自己的精明手段敛财的最有钱的妇女，是介绍宋美龄和蒋介石结婚的媒人，是宋家神话的创造者，是使"宋家王朝"掌权的设计者。

老死异域万事休。

宋蔼龄的一生，是富有传奇色彩的一生，她和宋庆龄、宋美龄两个妹妹一起为宋氏家族光耀了门庭，她虽然极少抛头露面，却颇引人注目。她曾一手促成三妹和蒋介石的婚姻；却对二妹与孙中山的婚姻耿耿于怀，既尽手足之情又同根相煎，她的两面手法令人瞑目；她受过西洋教育，又深谙中国人情世故，善于结交三教九流，还有手眼通天的本事；外表温文尔雅，却心机深深，善于经营，财运亨通；她是宋氏家族崛起的真正推手，她站在弟弟妹妹们和丈夫的背后，成为操纵国家大计的垂帘者，而成为20世纪30年代在世界颇具影响的女强人、大富婆。

有人称宋蔼龄为未加冕的女王。

她在中国民国政坛上叱咤风云，她具有强大的公众影响力，她在风光无限的同时集各种矛盾于一身。

宋蔼龄书写了自己独特的历史，纵观她的一生，揭示她的命运，是否会有所启示？